서울 경제 혁신 시나리오

서울 경제 혁신 시나리오

박희석, 김묵한, 남기범, 우영진, 이지윤
정원석, 배두현, 한지혜, 박가열, 남재욱

서울연구원
The Seoul Institute

"경제 패러다임의 변화와 서울의 경제 상황을 고려한다면
정책적 지원 방식에도 변화가 필요할 것이다.
경제 전반의 패러다임이 변했으며 사람들의 생활양식이 바뀌었다.
게다가 경제적 불확실성은 커지고 있다.
따라서 정책적 지원도 이를 반영하여 기존 방식과 달라져야 한다."

들어가며

경제 전반에 패러다임의 변화가 감지되고 있다. 경제 패러다임은 시대의 요구에 맞추어 서서히 혹은 급격히 변한다. 최근 경제 패러다임 변화는 4차 산업혁명이 촉발했으며, 코로나19가 변화 속도를 급격히 높여 주었다. 4차 산업혁명의 시작과 함께 신기술이 출현하면서 전 산업 분야에서 디지털 전환이 가속화되었다. 이런 흐름은 산업계를 중심으로 변화를 촉진했지만, 사람들의 근본적인 생활양식을 급격하게 바꾸지는 못했다.

그런데 코로나19의 유행이 사람들의 생활양식을 바꾸어 놓았다. 코로나19의 대유행은 4차 산업혁명이 하지 못한 일을 해낸 것이다. 재택근무를 본격적으로 경험하게 했으며, 일상에서 온라인 쇼핑의 편리함을 체험하게 했다. 사람들은 물리적 이동을 최소화하고 대면접촉을 줄였다. 그만큼 게임을 비롯한 가상세계에서 보내는 시간은 늘어났다. 이와 같은 패러다임의 변화는 4차 산업혁명에서 시작되어 코로나19로 꽃을 피웠다는 표현이 적절할지도 모르겠다.

서울의 경제 상황은 계속 변화하고 있다. 서울은 환경 변화에 적응해 나가야 한다. 코로나19 바이러스는 전파력을 높이는 대신에 치명력을 약화하는 방식으로 확산되고 있다. 지속해서 발생하는 감염병 위기에 서울도 구조적인 문제를 해결하면서 경제 상황에 적응해야 한다. 거시적 경제환경의 변화 속도는 빨라지고, 경제에 악영향을 미치는 돌발변수의 출현 빈도도 잦아지고 있다. 더군다나 미래의 불확실성은 더 커지고 있다. 서울 경제와 세계시장의 연결성은 긴밀해지고 있으며, 그 영향을 받는 경제적 변수는 더욱 다양해지고 있다.

경제 패러다임의 변화와 서울의 경제 상황을 고려한다면 정책적 지원 방식에도 변화가 필요할 것이다. 경제 전반의 패러다임이 변했으며 사람들의 생활양식이 바뀌었다. 게다가 경제적 불확실성은 커지고 있다. 따라서 정책적 지원도 이를 반영하여 기존 방식과 달라져야 한다.

서울의 경제 문제는 지역적 차원에서 해결될 수 있는 것이 아니다. 서울이 처한 경제적 상황은 끊임없이 변한다. 경제적 상황의 변화 요인은 지역적 차원의 문제에서 시작될 수도 있다. 하지만 오늘날 세계 주요 도시로 우뚝 선 서울의 경제적 위기는 주로 세계적 · 국가적 차원의 문제에서 야기되는 것이 사실이다. 과거 서울에 큰 영향을 준 주요 경제적 현상을 보면, IMF 사태나 서브프라임 사태 등 세계적 차원의 문제였다. 그렇다면 서울 경제가 앞으로 나아가기 위해서는 세계적인 경제 흐름을 제대로 진단한 다음, 대처 방안을 세우는 것이 적절하다.

지방정부 차원에서 새로운 성장 패러다임을 맞이하기 위해서도 분석은 필수이다. 다만 분석 대상은 지역 차원에만 머무르면 안 된다. 앞서 언급했듯이 세계 경제는 긴밀하게 연결되어 있기 때문이다. 따라서 새로운 성장 패러다임을 모색하려면 세계적인 현상도 지역적인 차원의 문제와 함께 분석되어야 한다.

새로운 성장 패러다임을 모색하기 위한 지방정부의 정책적 지원은 시행의 가능성을 우선순위에 두어야 한다. 그러므로 지방정부의 지원 정책은 지역적 차원을 중심으로 다루어져야 할 것이다. 이는 세계적 차원의 해결방안에는 신경을 안 써도 된다는 말이 아니다. 현황을 진단하여 시사점을 도출하고 문제해결을 위해 방안을 모색하는 방법은 똑같다. 게다가 지역적 차원의 정책은 세계적 차원의 문제해결에 도움이 될 수 있다.

이 책에서는 서울과 관련 있는 몇 가지 경제 이슈를 중심으로 현안을 살펴보고 이를 통해 새로운 성장 패러다임을 모색한다. 서울 경제는 다양한 주체가 형성해 나가고 있으며 다양한 이슈가 존재한다. 그러나 모든 경제 주체와 이슈를 한꺼번에 다루기는 쉽지 않기에 이 책에서는 서울 경제의 전반적인 사항과 더불어 창업, 소상공인, 중소기업 등의 키워드를 중심으로 논의를 진행한다. 각 장은 먼저 전환기의 경제를 진단하기 위해 현재 상황을 언급하는 것으로 시작하며, 최근 세계적으로 다루어진 것뿐 아니라 지역적으로 다루어지는 이슈까지 담아낸다. 또한 각 장은 경제적 상황을 진단한 후에 지속적인 성장 패러다임을 살핀다. 이를 위해 저자들은 주요 이슈를 도출하여 해결 방안을 모색하기도 하고, 미래의 방향성을 제시하기도 하며, 서울시의 정책적 역할을 설정하여 시행 방안을 도출해 내기도 한다.

'전환기 서울 경제의 지형 변화를 읽다'(1장)에서는 서울 경제의 구조적 변화에 대응하기 위해 패러다임의 전환과 새로운 경제가치 도입의 필요성을 언급한다. 이전의 경제위기는 서울 경제에 여전히 영향을 미치며 구조적인 양상으로 남아 있다. 그 와중에 최근 코로나19는 서울 경제에 큰 변화를 유도했다. 이처럼 과거의 구조적 양상이 해결되지 않은 상황에서 코로나19가 촉발한 경제적 변화 양상에 서울시가 어떻게 대처해야 할지를 구체적인 방안으로 제시하고자 한다.

'건강한 도시는 계속 성장한다'(2장)에서는 서울 경제의 성장과 산업구조와의 관계를 토대로 현재를 진단하고 지속성장을 위한 산업구조를 모색하는 것이 필요함을 언급한다. 서울의 산업구조를 사람의 건강과 비교하여 논의를 전개하는 것이 인상적이다. 저자는 현재 서울을 청년의 기민함은 잃어버렸지만 인맥과 자원을 두루 겸비한 중장년의 모습으로 비유한다. 이런 진단과 더불어 서울시의 지속성장을 위해서는 산업구조의 흐름을 감지하고, 그 변화 속에서 전략 수립이 필요하다고 주장한다.

'디지털 플랫폼 시대를 열어야 할 때'(3장)에서는 디지털 전환, 글로벌 가치사슬 변화, 인더스트리 4.0과 리빙랩 등 산업의 주요 패러다임을 소개하는 것으로 논의를 시작한다. 그리고 도시, 특히 대도시는 산업의 발전과 혁신에 유리한 장소임을 언급하고, 최근 도시를 중심으로 논의되는 산업 거버넌스의 변화 양상을 고찰한다. 이를 바탕으로 미래 서울이 이루어야 할 산업적 전환 방법을 모색하는 동시에 정책적 지원 방안을 제안한다.

'중소기업도 시대에 따라 변해야 산다'(4장)에서는 서울에서 큰 비중을 차지하는 중소기업의 특징을 파악하고, 주요 이슈를 진단하며 정책적 지원 방안을 찾는다. 서울시와 세계 주요 도시의 중소기업 지원 정책도 함께 살펴본다. 이를 통해 맞춤형 근로자 역량 강화, 디지털 역량 강화, 환경과 사회적 책임 등 전환기 시대에 제기되는 이슈를 도출한다. 이러한 이슈를 중심으로 서울의 중소기업 경쟁력을 향상시킬 수 있는 방안을 모색한다.

'ESG는 기업의 새로운 성장 동력이다'(5장)에서는 ESG의 현황과 이슈를 점검하고 서울시 차원에서의 정책적 지원 방안을 모색한다. 환경(Environment), 사회(Social), 지배구조(Governance)의 앞 글자를 딴 ESG 경영은 전 세계적으로 중요한 화두가 되고 있다. 현재 ESG 논의는 대기업을 중심으로 진행되고 있으며, 중소기업을 위한 ESG 경영 방안 모색은 쉽지 않은 상황이다. 그러므로 정책적 지원이 뒷받침된다면 중소기업의 ESG 경영에 도움이 될 것이다. 여기서는 서울시가 중소기업의 ESG 경영에 도움을 줄 수 있는 구체적인 정책적 지원 방안을 언급한다.

'서울시 소상공인 S·E·O·U·L 하자'(6장)에서는 소상공인에게 영향을 미치는 주요 변화 양상의 소개와 함께 미래를 준비하는 소상공인 정책의 필요성을 언급한다. 소상공인은 도약이 필요하지만, 디지털 전환기의 적응에 어려움을 느끼고 있으며 그 해결 방안을 찾기란 쉽지가 않다. 따라서 여기서는 서울(SEOUL)의 알파벳에 따라 소상공인에게 미치는 패러다임의 변화와 영향을 소개한다. 그와 함께 서울시의 소상공인에게도 패러다임 변화에 발맞추어 적절한 지원이 필요함을 역설한다.

'잠재적 유니콘 기업을 키우기 위한 제언'(7장)에서는 창업지원 정책의 변화 필요성과 함께 창업생태계의 개념과 현황을 살펴본다. 이를 통해 미국, 중국 등 주요 국가와 비교하여 상대적으로 미흡한 국내 창업생태계의 문제점을 진단한다. 그리고 창업생태계의 현황에서 나타난 미흡한 점과 언급된 문제점을 극복하도록 돕는 정책적 지원 방안을 제시한다.

'혁신역량 강화로 기술 기반 창업을 활성화하라'(8장)에서는 저물가 · 저성장 · 저금리로 대표되는 뉴노멀(new normal) 시대에 대응하기 위한 방안 중 하나로 기술 기반 창업을 제시한다. 먼저 서울의 창업생태계 현황과 기술 기반 창업생태계 조성 가능성을 진단했다. 이를 통해 기술 기반 창업생태계의 정착을 위한 앞으로의 과제를 파악한 후 정책적 지원 방안을 모색한다. 특히 서울시 차원에서의 기술 기반 창업생태계 혁신역량 강화를 위해 도시 공간 조성을 통한 지원 방안을 찾아본다.

'대전환기 일의 미래와 남겨진 숙제'(9장)에서는 기술 발전과 일자리의 관계를 살펴보고, 일의 미래를 예측한다. 일의 미래는 다양한 요인이 상호작용하여 구성될 것이다. 특히 기술 발전은 일자리에 영향을 미친다. 디지털 혁신은 기존 일자리에 위협이 되기도 하지만 새로운 일자리를 창출하기도 한다. 다가오는 미래에는 일자리를 위한 재훈련이 요구될 것이며 위기대처능력이 중요해질 것으로 전망된다. 따라서 저자는 적응 노력과 인간 본연의 문제해결 중심의 역량 강화로 일자리의 미래를 대비해야 한다고 주장한다.

'디지털 플랫폼 노동과 일하는 사람의 권리'(10장)는 최근 고용 관련 이슈 중 가장 관심이 컸던 디지털 플랫폼 노동자 문제를 다룬다. 먼저 디지털 플랫폼 노동을 제대로 파악하기 위해 정의, 유형, 규모, 구성 등 다양한 측면에서 살펴본다. 그리고 한국의 디지털 플랫폼 노동환경을 점검한다. 이를 통해 저자는 디지털 플랫폼 노동자가 처해 있는 문제를 해결할 정책적 방안을 제시할 뿐 아니라 더 나아가 혁신에 따른 희생이 일하는 사람에게 전가되는 것은 바람직하지 않다고 주장한다.

이 책은 단행본 출간을 목적으로 진행된 연구의 결과물이다. 그렇기에 서울연구원에서 수행하던 다른 유형의 연구들과는 다른 방식으로 진행되었다. 이는 새로운 경험이었다. 연구보고서가 아닌 단행본의 형태로 소통을 한다는 것이 쉽지만은 않았다. 처음 단행본 출간이 결정되었을 때는 많이 당황했다. 하지만 저자들의 원고가 모이고 내용의 체계가 잡히면서 점점 흥미로워졌다. 더불어 전공 분야 외의 지식을 얻는 즐거움도 컸다.

각 원고의 필자들은 바쁜 와중에 시간을 내 원고를 작성해 주셨다. 서울연구원의 김묵한 박사님, 우영진 박사님, 한지혜 박사님은 연구과제를 수행하면서도 원고 작성에 시간을 내주셨다. 서울시립대학교 남기범 교수님, 정책미래소상공인연구소 정원석 소장님, 연세대학교 이지윤 교수님, 대한상공회의소 배두현 선임님, 한국고용정보원 박가열 박사님, 한국교원대학교 남재욱 교수님은 각자 전문 분야에서 흥미로운 내용으로 원고를 작성해 주셨다. 그리고 출판 과정에서 많은 우여곡절을 겪었다. 편집 과정에서 고생한 서울연구원 도시정보실 김상일 실장님, 출판팀 송도숙 선생님, 시민경제연구실의 정현철 연구원에게 감사의 인사를 전한다.

박희석

Contents

3부

역동적 창업생태계를 조성하라

4부

기술 발전에 따른 고용환경 변화에 주목하라

1부

경제 패러다임이 바뀌고 있다

01

전환기 서울 경제의 지형 변화를 읽다

박희석 _ 서울연구원 선임연구위원

경제위기가 서울 경제에 미친 영향

모든 경제위기는 시민의 삶에 흔적을 새긴다

사전적 의미로 위기(危機, crisis)는 '위험한 고비나 시기'를 의미한다. 한편으로 위기라는 단어를 언급하면 사람들은 '위기는 기회다'라는 말을 많이 연상한다. 그만큼 위기라는 단어는 복잡하고 다양한 의미를 담고 있다. 경제적 관점에서 위기를 이야기하면 우리는 대부분 'IMF 외환위기'를 떠올린다. 이처럼 경제적 위기는 실물경제(경제성장률 둔화, 가계부채 상승, 실업, 파산)에 커다란 영향을 미치고 구조적 변화(소득 양극화, 비정규직 확대, 자산 가격 상승)를 가져온다. 이에 따라 기업은 새로운 기술과 비즈니스 모델을 도입하여 이윤 창출을 모색하고 장기적으로 해당 산업의 패러다임을 전환한다. 그러면 과거 40여 년 동안(1980~2021년) 한국 경제는 모두 몇 차례 위기를 경험했을까? 경제

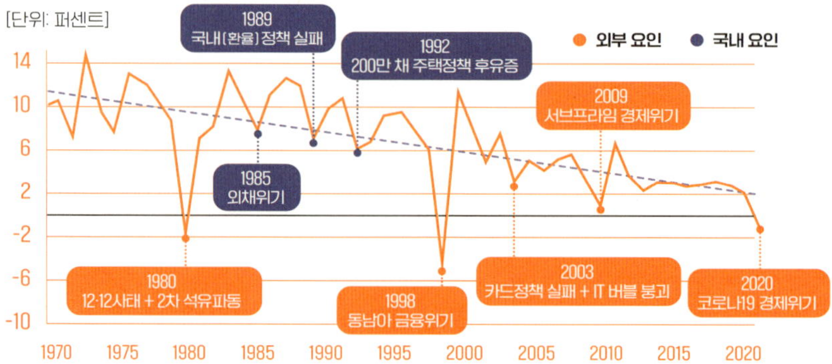

자료: 신세돈, 2020.

그림 1 과거 40여 년간 한국의 경제성장률 변화와 주요 경제위기

학계에서는 모두 여덟 차례의 크고 작은 경제위기를 직면했었다고 분석한다.

여기서 5개는 외부 요인에 의한 것이고 나머지 3개는 내부 요인에 의한 것이다. 이러한 경제적 위기 중에서 시민이 체감한 대표적인 것은 IMF 외환위기(1997년)와 글로벌 금융위기(2008년)이며, 코로나19 경제위기는 현재진행형이다. 세 번의 경제위기는 모두 외부 요인에서 비롯한 것으로 우리 경제에 큰 영향을 미쳤다. 대표적인 현상으로는 노동시장 유연화가 가져온 비정규직 확대, 부실기업의 구조조정으로 기업의 도산 증가와 자본집중 가속, 자산 가격 상승에 따른 소득 양극화 확대, 저성장 기조 고착화, 신규 일자리 감소, 청년실업 증가 등이 있다. 문제는 이 같은 현상들이 위기 극복 이후에도 구조적 양상으로 존재할 수 있다는 것이다.

구분(시기)	원인	구조변화	경제적 이슈
IMF 외환위기 (1997. 12.)	·동남아시아 통화위기로 단기간에 국내 차입된 외국자본 유출	·노동시장 유연화 ·부실기업 구조조정 ·자본시장 개방	·양극화 ·비정규직 ·실업
글로벌 금융위기 (2008. 9.)	·IT 버블붕괴로 장기간 금융완화 정책 ·자산 가격 급등으로 긴축정책 회귀 ·경기침체로 가계부채 급증	·기업 구조조정 ·부실채권 정리 ·공공기관 통폐합 및 민영화	·가계부채 ·저금리 ·자산버블 ·저성장 ·산업생태계
코로나19 경제위기 (2020. 1.)	·세계화, 교역 증대, 이동 편의성 등으로 신종 감염병이 팬데믹으로 확산	·수요와 공급에 동시적인 충격 ·경제행위의 패러다임 변화	·자산 양극화 ·가계부채 ·실업

표 1 한국의 주요 경제위기의 원인과 영향

경제위기는 구조적 양상으로 남아

그동안 발생했던 경제위기를 돌이켜 보면 한 가지 질문이 남는다. 우리는 경제위기를 성공적으로 극복했는가? 위기에서 발생한 구조적 문제가 현재까지 영향을 미치고 있는가?

한국개발연구원(KDI)에서는 IMF 외환위기 20주년을 맞아 2017년에 대국민 인식조사를 시행했다. 조사 결과에 따르면 다수의 시민이 IMF 외환위기가 '양극화 심화(31.8퍼센트)', '실업 문제 심화(28.0퍼센트)', '비정규직 확대(26.3퍼센트)' 등 부정적인 영향을 미쳤다고 인식했다. 경제적 측면에서는 '일자리 창출과 고용 안전성 강화(31.3퍼센트)'를 비롯하여 '경쟁력 제고(19.2퍼센트)', '양극화 해소(18.4퍼센트)'가 앞으로의 과제라고 응답했다. IMF 외환위기를 생각하면 가장 먼저 '국민

조사대상 전국 19세 이상 성인 1,000명
조사방법 RDD 이용 전화조사(유선 12.4퍼센트, 무선 87. 6퍼센트)
표본오차 95퍼센트 신뢰수준에서 ±3.1퍼센트포인트
자료 한국개발연구원 'IMF 외환위기 발생 20년 대국민 인식조사 결과'
단위 퍼센트

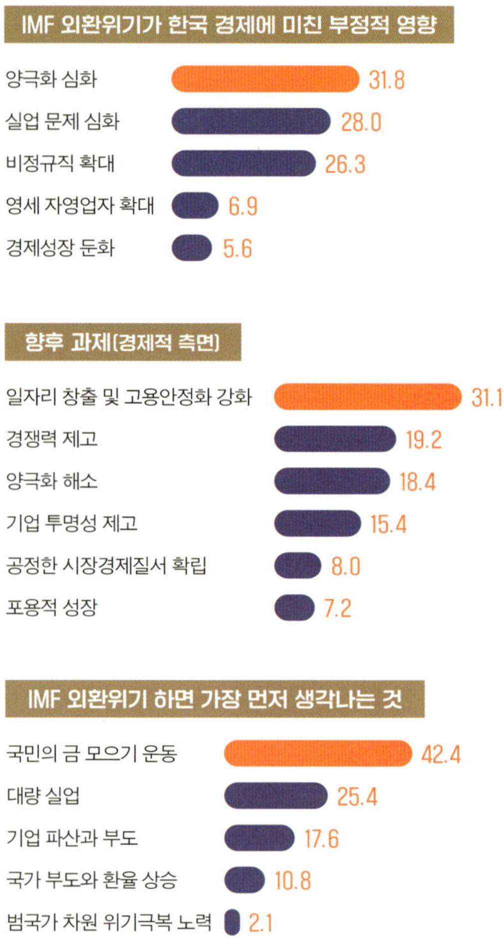

자료: 한겨레(2017. 11. 14.).

그림 2 IMF 외환위기 대국민 인식조사

의 금 모으기 운동(42.4퍼센트)'을 떠올렸으며, 이를 제외하면 '대량 실업(25.4퍼센트)', '기업 파산과 부도(17.6퍼센트)', '국가 부도와 환율 상승(10.8퍼센트)' 등 경제구조 문제를 주로 연상했다. 이러한 시민의 응답을 종합하면 IMF 외환위기 이후 경제구조가 변화했으며, 이 때문에 발생한 문제가 우리 사회에 현재까지도 심각하게 영향을 미치고 있음을 알 수 있다.

서울 경제는 어떠한가? 서울도 경제구조가 변화했다. 경제위기는 사회 전반에 걸쳐 구조적인 영향을 미치기 때문이다. 서울의 경제성장률은 2000년대 초반(2000~2004년)에는 연평균 4.8퍼센트를 유지했다. 그러나 2010년대 후반(2014~2019년)에는 연평균 2.7퍼센트로,

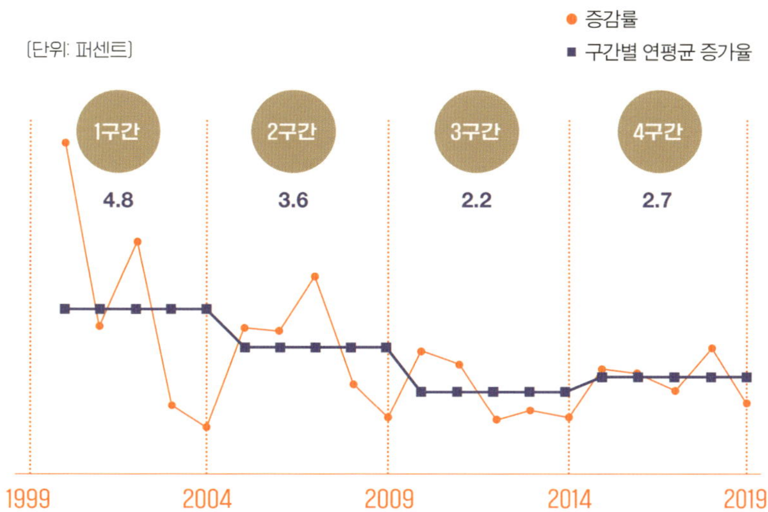

자료: 통계청(각 연도).

그림 3 서울의 지역내총생산 경제성장률 추이

2000년대 초반 대비 2.1퍼센트포인트(약 1.7배) 감소했다. 내 · 외부적인 영향과 경제위기로 촉발된 구조적 요인의 영향으로 성장잠재력이 약화된 탓에 경제성장률이 하락했다. 즉 경제위기로 지역경제가 장기적으로 저성장 기조에 진입했다.

경제위기는 성장률 저하와 산업구조 조정에 큰 영향을 미친다. 연평균 성장률과 전체 산업에서 차지하는 비중 변화를 보면 과거 20여 년(1999~2019년)간 성장패턴을 확인할 수 있다. 경제위기의 영향은 업종별로 다르게 나타난다. 경제위기가 특정 업종에 미치는 영향을 연

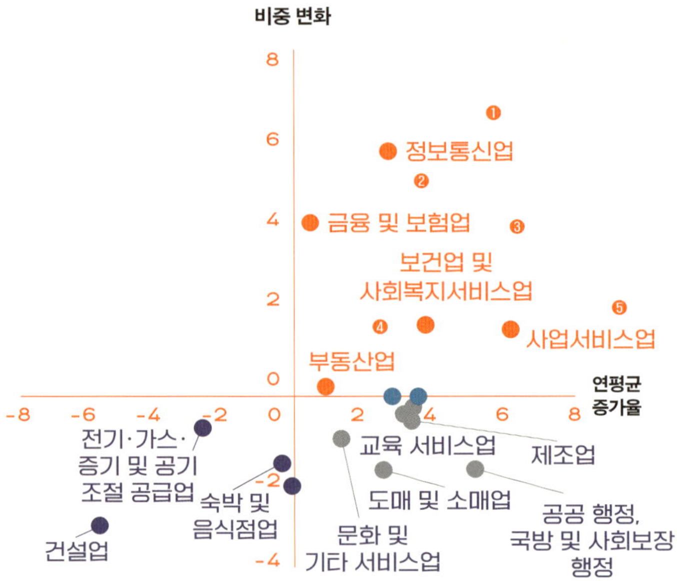

자료: 통계청(각 연도).

그림 4 1999~2019년 서울의 세부 업종별 비중 변화와 연평균 증가율

평균 증가율 증감과 비중 확대 · 축소 등의 지표를 활용하여 4가지 유형으로 분류할 수 있다. 지난 20년간 전체 산업에서의 비중이 확대되고 연평균 성장률이 증가한 업종으로는 ① 정보통신업, ② 금융 및 보험업, ③ 보건업 및 사회복지서비스업, ④ 부동산업, ⑤ 사업서비스업 등이 있다. 반면, ① 전기 · 가스 · 증기와 공기조절 공급업, ② 숙박 및 음식점업, ③ 건설업 등은 전체 산업에서 비중은 축소되고 연평균 성장률은 감소한 업종이다.

코로나19와 서울 경제의 변화

코로나19가 서울 경제에 미치는 영향을 이해하기에 앞서 신종 감염병에 대해 알아볼 필요가 있다. 코로나19는 신종 감염병이다. 과거 새로운 감염병의 출현은 경제 전반에 큰 영향을 미쳤다. 코로나19 역시 경제 전반에 큰 영향을 미쳤으며 서울 경제도 예외가 아니다. 따라서 이전에 경험한 신종 감염병의 출현과 경제에 미치는 양상을 살펴본다면, 코로나19 때문에 나타나는 현상을 좀 더 이해할 수 있을 것이다.

1998년 이후 발생한 신종 감염병은 무려 50여 종에 달하며, 세계 각지에서 꾸준히 발병하고 있다. 신종 감염병이 초래한 경제적 위기는 예전에도 있었다는 소리이다. 하지만 코로나19는 세계화로 확산 속도가 빨랐고 치료제가 없어서 전 세계적인 감염병 대유행(팬데믹)이 시작되었으며, 더욱이 장기화되면서 사회 · 경제적으로 심각하게 영향을 미쳤다.

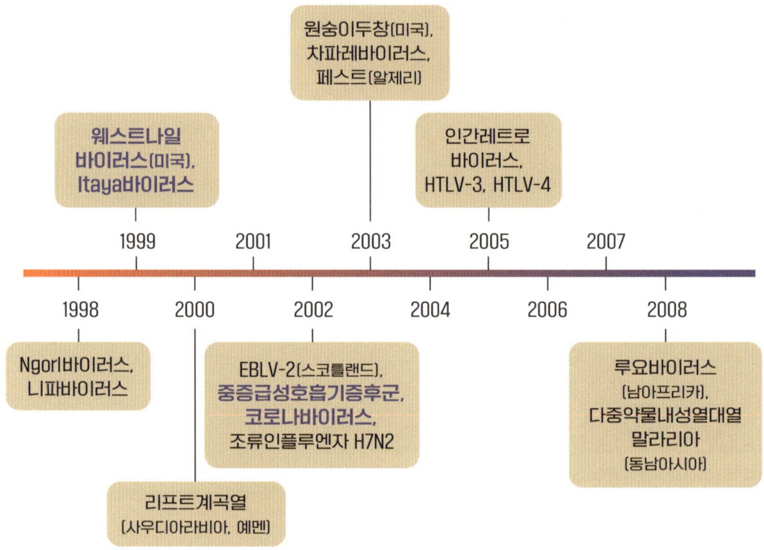

자료: 영국 정부 홈페이지(GOV.UK).

그림 5 신종 감염병의 발생 시기와 지역

코로나19의 확산세는 지속되고 있다. 게다가 변이 바이러스의 출현으로 그 위험도도 계속 높아지고 있다. 2019년부터 시작하여 현재진행 중인 코로나19 감염병 위기는 소비와 공급 영역에 모두 경제적 충격을 주는 등 과거에 경험한 경제적 위기와는 다른 양상을 보인다. 또한 변이 바이러스의 출현으로 대유행이 반복되고 있으며, 이에 따라 경제적 충격 양상도 반복적으로 진행되고 있다.

감염병 확산이 경제에 미치는 영향은 명확하다. 그러므로 감염병과 경제위기의 관계를 이해할 필요가 있다. 감염병 확산에 따른 경제

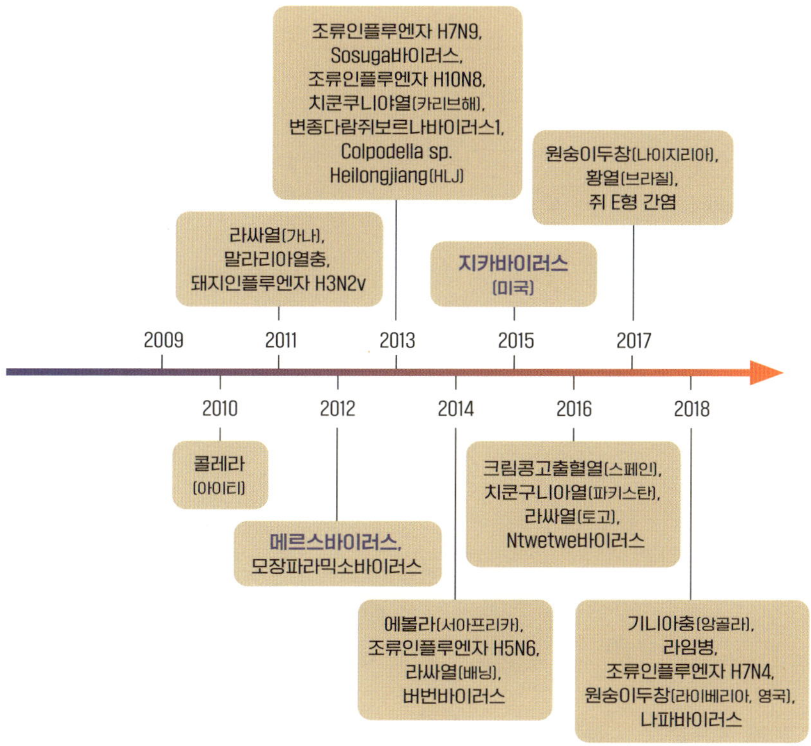

적 위기에 잘 대처하려면 적절한 의문을 가지고 문제해결을 위한 방법에 접근해야 한다. 우선 감염병 확산에 따른 위기는 과거 경제적 위기와 어떤 차이점이 있으며 어떤 측면에서 영향을 미치는가? 감염병 위기를 극복하고 이후 지속적으로 성장할 수 있는 새로운 경제 패러다임은 무엇인가?

여기서는 이러한 문제의식을 바탕으로 코로나19가 미친 영향을 사회·경제적 부문, 영향, 기업의 경영 부문, 노동시장 부문으로 나누어 살펴볼 것이다.

사회·경제적 부문: ESG, 비대면, 디지털, 원격근무

코로나19 팬데믹은 전 세계적으로 광범위하게 영향을 주어 우리 삶의 양식을 변화시켰다. 그 결과 새롭게 등장한 가치체계가 사회·경제적 활동에도 커다란 영향을 주고 있다. 위드 코로나 시대의 대표적인 사회·경제적 변화로는 ① 홈 이코노미(home economy)의 부상, ② 데이터 활용성(data utilization) 증대, ③ 가치 중심 소비(affordability first) 확대, ④ 탈탄소화(decarbonization) 추세 확산, ⑤ 미국과 중국의 기술 냉전(techonomic cold war)으로 글로벌 가치사슬(global value

자료: EY한영회계법인 보도자료(2021. 2. 17.) 내용 수정.

그림 6 위드 코로나 시대 6대 변화

chain, GVC) 재편, ⑥ 비대면 소비(untact consumption) 주류화 등을 들 수 있다.

이러한 6대 변화는 가계·기업·정부라는 3대 경제 주체의 경제행위, 경영 전략, 공공의 역할 등에 커다란 영향을 미친다. 특히 기업경영 측면에서 우리가 받아들여야 할 주요한 영향은 ① 친환경 산업으로의 패러다임 전환, ② 비대면 비즈니스의 전방위적인 확산, ③ 데이터 기반 디지털 혁신 확대, ④ 원격근무 체계의 일상화 등이다.

기업의 경영 부문*: 글로벌, 탈세계화, 디지털 전환, ESG, 고객 중심

과거의 경제위기와는 달리 코로나19는 수요와 공급 모두 동시적으로 충격을 미치고 있다. 그러한 이유로 코로나19에 대한 기업의 대처 방안은 이전과 다른 구조적인 변화를 요구하고 있다. 위드 코로나 시대 기업의 경영 전략은 ① 글로벌 가치사슬 재설계(redesign of global value chain), ② 탈세계화 대응(beyond deglobalization), ③ 디지털 전환(digital transformation), ④ ESG(environmental, social, governance) 기반 경영, ⑤ 고객 중심 서비스(customer centric service) 등의 5가지 사항을 고려해야 할 것으로 보인다.

코로나19 대유행으로 첨단산업에서 단순 제조업에 이르기까지 글로벌 가치사슬이 얼마나 중요한지가 드러났다. 선진국을 중심으로 자동차 반도체와 마스크 등에서 글로벌 가치사슬의 중요성을 경험했으

* 삼정KPMG 인용하여 수정함.

	단기	중·장기
GVC(글로벌 가치사슬) Redesign	특정 지역, 소수 업체에 대한 의존도 감소	수요·공급 기업 간 선순환 생태계 구축
Beyond Deglobalization	제조· 서비스 비즈니스 연계 강화와 해외 동반 진출	소부장(소재·부품·장비) 등 핵심 전략 기술 강화 및 업종별 사업 재편
Digital Transformation	디지털 기반 고객경험 제공으로 사업 경쟁력 강화	R&D 고도화와 비즈니스 생태계 확장
ESG (환경, 사회, 지배구조)	비재무적 평가 향상으로 사회책임 투자 확대	EGS 관련 신사업 기회 창출
Customercentric	소비자 만족도 증대로 상품 재구매 확대	브랜드 가치 향상과 소비자 신뢰도 확보

자료: 삼정KPMG(2020.12.).

그림 7 위드 및 포스트 코로나, 5대 경영 전략의 기대 효과

며, 이는 신보호무역주의 확산으로 이어졌다. 특히 첨단기술 분야에서 미국과 중국의 패권 경쟁은 더욱 가속화될 전망이다. 신보호무역주의 확산은 미국, 중국, EU 경제권의 무역 갈등을 심화시켜 국제공조 약화로 인한 탈세계화 기조가 나타날 것으로 보인다. 4차 산업혁명 기술의 급속한 발전과 코로나19의 충격으로 전 세계의 디지털 전환은 예상보다 빨리 일어날 것이다. 디지털 전환은 이와 연관한 산업생태계에 영향을 끼쳐 새로운 가치를 창출할 것이다.

또한 이를 이용한 새로운 비즈니스 모델이 생겨날 것으로 보인다. 최근 유행하는 경제 시사용어 중 하나가 ESG이며 뉴스 등에서 쉽게 접할 수 있다. 단순 번역하면 기업의 비재무적 요소인 환경, 사회 그리고 지배구조를 의미한다.

그러면 왜 ESG일까? 경제학 교과서에 따르면 기업의 목적은 이윤 추구이다. 궁극적으로는 이윤의 극대화라고 되어 있다. 전통적인 기업 경영 방식은 재무적인 성과를 강조하나 지속적인 발전을 위해서는 이것만으로 충분하지 않다. 장기적 관점에서 기업이 지속적으로 성장하려면 비재무적인 요소인 환경과 사회 그리고 지배구조 요인을 고려해야 한다.

우리나라도 유가증권시장에서 자산 총액 2조 원 이상의 상장사는 2025년부터 ESG 공시 의무화가 적용되어 지속 가능 경영보고서를 반드시 공시해야 한다. 감염병이 유행함에 따라 소비자의 행동 변화가 빠르게 진행되고 있다. 기업은 소비자의 욕구에 맞추어 소비경향을 파

자료: 매일경제(2021.1.14.).

그림 8 국가별 ESG 공시 의무화 일정과 현황

악하고, 감염병 장기화나 주기적인 발병에 대비하여 비대면 경제에 맞게 기업경영 전략을 수립할 필요가 있다.

노동시장 부문* : 노동 투입 감소, 임금 상승 유발

정책당국은 코로나19의 유행이 일으킨 노동시장의 구조적인 변화에 심각하게 대처해야 한다. 폐업 자영업자, 소상공인, 일용직 · 임시직 근로자 등을 대상으로 체계적으로 시급히 구조적인 변화에 대응할 수 있는 정책 방안을 마련해야 한다.

코로나19 팬데믹에 의한 경제적 충격으로 기업은 생산 차질, 소비 부진, 그리고 수출 감소 등을 겪었다. 코로나19 팬데믹은 가계의 경제활동도 위축시킨다. 노동시장의 수요충격은 고용 증감, 실업률 등락, 기업 제시 임금 변화, 일자리 창출과 소멸 등으로 나타난다. 또한 노동시장의 공급충격은 경제활동 참여율 변화, 가계 유보임금 변화, 잠재 노동 공급 변화 등으로 나타난다. 이처럼 코로나19 팬데믹에서 비롯한 경제적 변화는 기업과 가계의 노동시장에 수요와 공급 부문에 부정적인 영향을 미쳐 구인 감소와 구직활동 위축 등을 초래한다. 그 결과 노동 투입 감소와 임금 상승이라는 부정적 파급효과가 유발된다. 궁극적으로는 고용과 임금에 구조적인 영향을 준다. 대표적인 예가 직종별 · 지역별 일자리 창출과 소멸이며, 이는 잠재적인 노동 공급 변화를 가져올 것이다.

---

* 박창현 · 유민정(2020) 참조로 작성함.

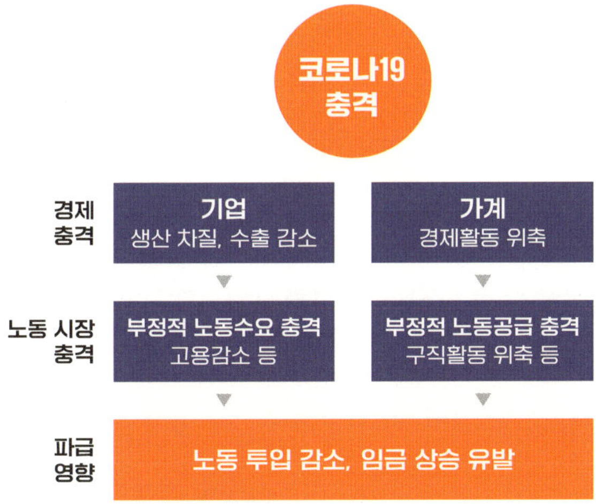

자료: 박창현 · 유민정(2020) 내용 수정.

그림 9 코로나19 충격이 일으킨 노동시장 변화

서울 경제가 나가야 할 방향

코로나19 팬데믹은 우리 경제가 해결해야 할 많은 문제점을 남겼다. 그중 몇 문제는 시간이 지남에 따라 자연스럽게 해결될 수 있을 것이다. 그러나 과거 대부분의 경제위기가 그러했듯이 코로나19도 우리가 해결해야 할 구조적인 문제점들을 남기고 있다. 이제부터는 '위드 코로나'라는 대전환기를 성공적으로 극복하기 위한 새로운 경제 이슈와 정책 방향, 주요 중점 목표와 전략 등을 언급할 것이다.

각 분야 전문가들이 기후변화 대응, 감염병 경제, 신기술 적용 비즈니스 모델, 공공 규제 등 다양한 의견을 제시하고 있다. 여기서는 위드 코로나 시대에 코로나19의 구조적 변화와 생산성, 패러다임 전환과 새로운 경제가치 도입, 새로운 경제가치 도입을 위한 5대 경제목표와 전략 등을 중심으로 문제해결과 관련한 논의를 진행하고자 한다.

구조적 변화를 생산성 향상으로 극복하자

경제위기 이후 생산성 저하를 해결할 대응책이 필요해졌다. 과거를 돌이켜 보면 경제위기를 겪은 시기에는 서울의 총요소생산성이 마이너스로 전환하는 등 경제에 부정적 영향이 컸다. 코로나19 위기는 과거의 경제위기와 마찬가지로 실물경제의 생산성 둔화와 역동성 저하를 심화시킬 것으로 전망된다. 코로나19는 보건 위험, 기후변화 등 비경제적인 위험 요인을 비롯하여 가계·기업·정부 등 경제 주체에 복

자료: 강현주(2020).

그림 10 코로나19 위기를 극복하는 미래 키워드

합적으로 영향을 미쳤다. 또한 과잉유동성, 정부 비중 확대 등으로 자본시장에도 영향을 주었으며, 그 결과 기존 기업의 지배력이 강화되었고 업종 간 차별화가 진행되었다.

코로나19 위기에서 야기된 생산성 저하를 극복하려면 기존의 정책적 방식보다 과감할 필요가 있다. 과거 경제위기와 다른 점이 있기 때문이다. 코로나19 위기로 인한 생산성 둔화와 역동성 저하를 극복하기 위해서는 혁신성장을 통한 일자리 창출이 바람직하다. 이를 통해 저성장 기조를 극복해야 한다.

패러다임 전환과 새로운 경제가치의 도입

서울이 지속적으로 성장하려면 새로운 성장전략이 있어야 한다. 또한 글로벌 도시로서 경쟁력을 갖추어야 한다. 이러한 차원에서 서울의 새로운 경제 비전은 '글로벌 경쟁력 도시로서 서울 경제의 재도약'으로 규정할 수 있다. 서울의 새로운 경제 비전을 실천하고 목표를 달성

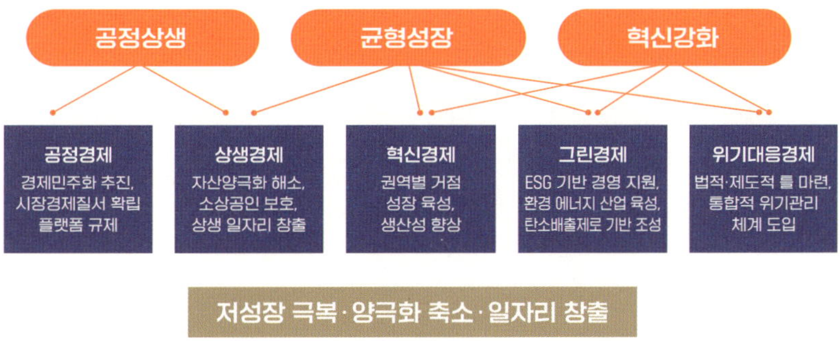

그림 11 글로벌 경쟁력 도시로서 서울 경제의 재도약

하려면 이전과 차별화되는 경제가치의 도입이 필요하다.

서울시가 도입해야 할 새로운 경제가치로는 ① 공정상생, ② 균형성장, ③ 혁신강화 등이 있다. 공정상생은 공정경제 · 상생경제, 균형성장은 상생경제 · 혁신경제 · 그린경제 · 위기대응경제, 혁신강화는 혁신경제 · 그린경제 · 위기대응경제 등과 연결하여 생각한다면 저성장 극복, 양극화 축소, 일자리 창출 등을 해결하는 데 도움이 될 것이다.

첫 번째 경제가치, 공정경제: 공정거래법, 경제민주화

공정경제는 사회적으로 매우 중요한 이슈이고 우리 경제가 반드시 실현하여야 할 정책목표이다. 4차 산업혁명과 더불어 기술이 빠른 속도로 발전하고 있고 새로운 비즈니스 모델이 생겨나고 있다. 그에 따라 플랫폼 · 특별고용노동자 · 프리랜서의 노동환경 개선, 분쟁조정 등의 문제가 발생하고 있다. 중소기업진흥공단의 조사에 따르면 응답자의 71.8퍼센트가 '우리나라 산업의 기업 간 경쟁이 불공정하다'고 답했다. 그 주요한 이유로는 '불공정거래 관행(32.9퍼센트)'이 꼽혔다. 공정경제와 관련한 주요 키워드는 공정거래법, 규제 등이며, 이를 근간으로 경제민주화, 공정경제 3법 도입 등이 추진되고 있다. 공정경제를 실현하려면 지속해서 제도적 보완, 거래 관행 정립 등 공정경제의 기반이 되는 생태계를 조성해야 한다.

자료: 서울비전2030위원회(서울시).

그림 12 2030 공정상생위원회 개념도

두 번째 경제가치, 상생경제: 자산 양극화 해결, 상생 협력 체계

우리나라의 순자산 격차(5분위 대비 1분위*)는 2014년 40.3배에서 2020년 48.6배로 확대되는 등 양극화가 심화하는 추세이다. 특히 금융위기 기간에 해당하는 2018년에서 2019년까지는 45.1배에서 48.8배로 1년 동안 3.7배나 증가했다. 코로나19로 인한 감염병 위기로 2020년 이후 자산 양극화 현상은 더욱 심각해질 것으로 보인다. 자산 양극화 심화로 취약계층, 소상공인 등의 고통이 가중될 것이며 이에 대한 해결책이 필요한 시점이다. 한 가지 대안으로 중앙정부에서 실시하는 상생형 지역 일자리 정책을 주목할 필요가 있다. 코로나19로 고

* 상위 20퍼센트는 1분위, 하위 20퍼센트는 5분위를 의미함.

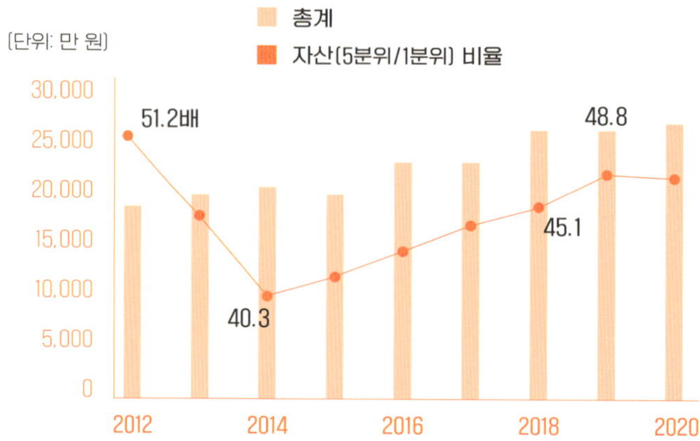

자료: 통계청, 대한민국 정책브리프.

그림 13 연도별 한국의 순자산 격차

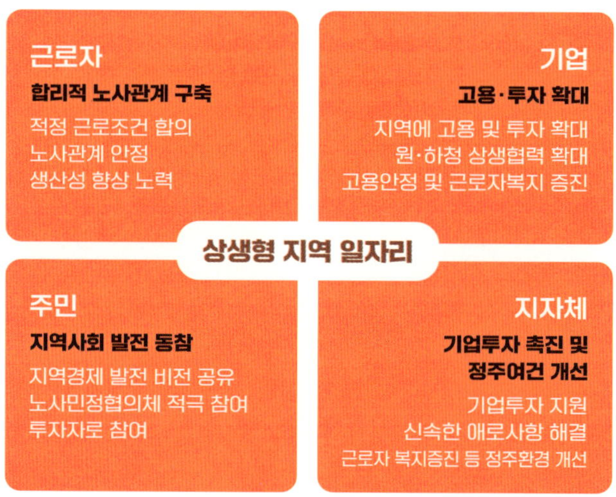

자료: 통계청, 대한민국 정책브리프.

그림 14 상생형 지역 일자리 주요 내용

통받는 서울 지역의 동네 상권, 전통시장, 자영업자를 대상으로 지자체 · 기업 · 근로자 · 주민이 함께 참여하는 상생 협력 체계와 이를 통한 일자리 창출이 중요하다. 더 나아가서는 사회적 신뢰 확립과 상생 협력으로 동반성장의 기반을 마련해야 한다.

세 번째 경제가치, 혁신경제:
4차 산업혁명, 비즈니스 모델화 지원

코로나19 팬데믹 이전의 화두는 4차 산업혁명 기반기술(AI, IoT, Big Data, Cloud Computing)을 이용한 혁신산업 및 융합 서비스 분야의 발굴과 육성이었다. 이러한 흐름은 2019년도 경제정책의 최우선 과제에서 알 수 있다. 한 신문사의 조사 결과에 따르면 '혁신성장 동력 발굴 · 육성'이 38.0퍼센트로 가장 큰 비중을 차지했다. 이는 위드 코로나 시대에도 유효한 정책과제이며 지속적인 성장을 위해서는 더욱 중요하다. 관련 기술은 소상공인 디지털 전환, 중소기업 성장동력 강화 등에도 중요한 요인이다. 현재 서울은 '서울형 강소기업'을 지원하며 권역별 유망산업을 육성하고 있다. 서울 내 주요 대학을 거점으로 캠퍼스타운과 연계한 창업밸리도 조성하고 있다. 이 정책을 성공적으로 시행하려면 적극적인 규제 샌드박스를 도입하는 것과 함께 신기술에 적극적으로 대응하여 비즈니스 모델화 지원, 미래 먹거리 발굴에 집중해야 한다.

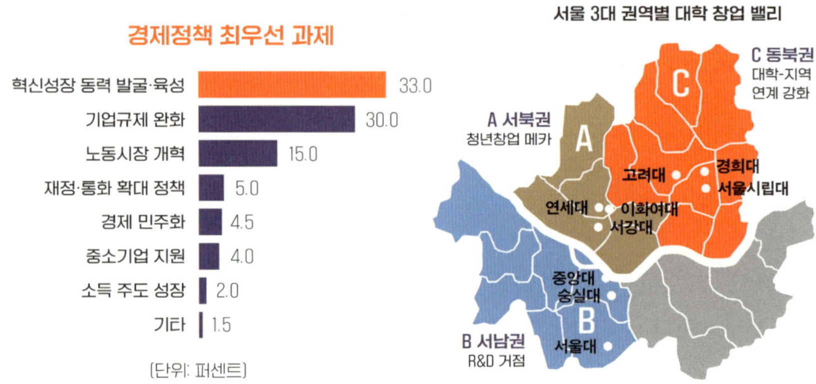

자료: 문화일보(2019. 1. 2.), 서울시.

그림 15 경제정책 우선 과제(좌)와 서울 3대 권역별 대학 창업밸리(우)

네 번째 경제가치, 그린경제: 온실가스 감축, 에너지 혁신지구

지구온난화로 인한 탄소배출권 문제 등 환경의 중요성은 코로나19 이전에도 강조되었다. 대표적으로 1992년 채택된 유엔기후변화협약(UN Framework Convention on Climate Change, UNFCCC)이 있는데, 이는 탄소배출권을 활용해 온실가스를 감축하는 내용이었다. 그리고 1997년 교토의정서에 따라 2012년까지 이산화탄소(CO_2) 배출량을 1990년 대비 평균 5퍼센트 감축을 결정했다. 최근에는 2016년 발효된 파리협정으로 2050년까지 탄소 중립(Carbon Zero)을 목표로 정책들이 추진되고 있다. 이러한 추세에 맞추어 도시의 개념도 빠르게 변화하고 있다. 과거의 전환도시·선형도시를 넘어 지속 가능한 개발과 기후변화 문제에 대응하여 탄소중립도시를 지향하면서 온실가스 감

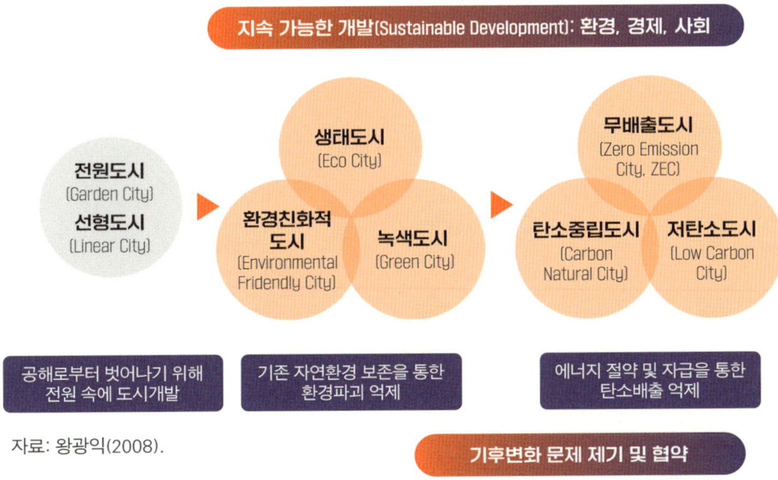

그림 16 그린경제로 전환

축 문제에서 지자체의 역할이 중요해졌다. 서울시는 '2050년 탄소 중립 실현'에 초점을 맞추어 현재 실시하고 있는 '에너지혁신지구' 사업 등을 적극적으로 추진하고 중장기적인 정책을 시행하여야 할 것이다.

다섯 번째 경제가치, 위기대응경제: 감염병 예방, 경제진단 위원회

신종 감염병은 세계 각지에서 지속해서 발생하고 있다. 어느 한 국가 혹은 대륙에서 발생한 신종 감염병은 경제 규모와 교역량이 커지고 국가 간 이동이 자유로워지면서 이전보다도 더 큰 위협이 되고 있다. 신종 감염병의 급속한 전파는 경제성장률을 하락시키는 작용을 한다. 과거 사스, 신종플루 그리고 메르스 발발 후 한국의 경제성장률은

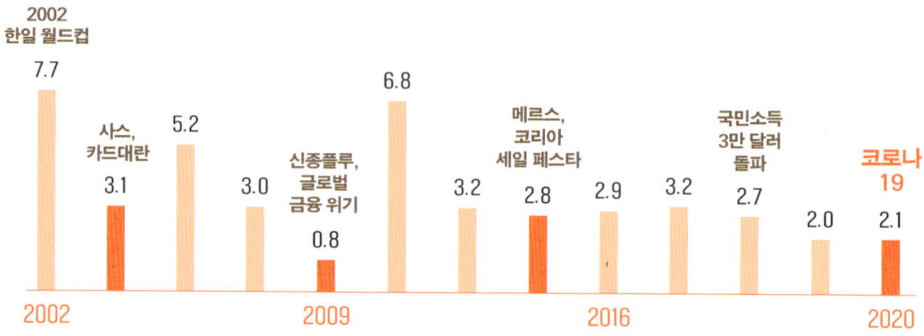

자료: 한국은행(각 연도).

그림 17 감염병과 경제성장률

각각 3.1퍼센트, 0.8퍼센트, 2.8퍼센트로 이전 해보다 크게 하락했다. 코로나19 팬데믹에 의한 영향은 그 어느 때보다 커서 경제성장률뿐만 아니라 시민의 생활 의식까지 변화시키고 있다. 이러한 영향은 경제행위에도 영향을 미쳐 장기적으로는 경제의 구조적인 변화를 가져올 수

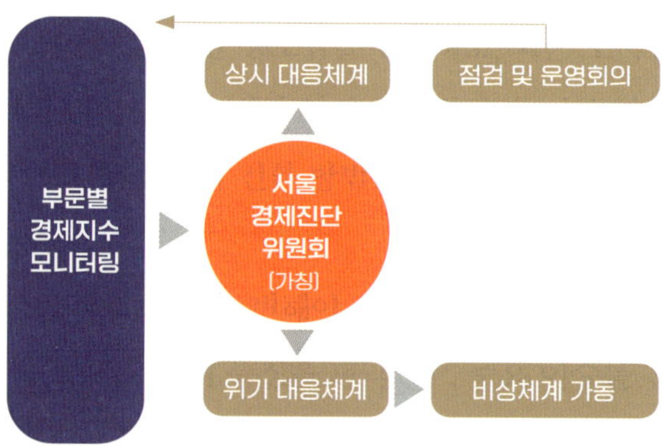

자료: 우영진(서울연구원).

그림 18 서울 경제진단 위원회(가칭)의 대응체계

있다. 지방정부가 감염병을 하나의 경제위기 요인으로 판단하고 체계적으로 대처해야 하는 이유다. 그러기 위해서는 신종 감염병에 대한 적절한 위기관리 체계와 이를 뒷받침하는 법적 · 제도적 틀을 마련해야 한다. 서울은 '서울 경제진단 위원회(가칭)'를 통해 상시 대응체계는 물론 위기 대응체계를 마련하는 방안을 생각할 수 있을 것이다. 그리고 중앙정부와 공조하여 신속하고 유연하게 신종 감염병에 대응해야 한다.

적절한 대응으로 만드는 긍정적 미래

경제 상황 변화에 대비한 정책적 방안

코로나19가 촉발한 경제적 변화에 서울시는 어떻게 대처해야 할 것인가. 과거의 경제적 위기는 외부 요인에 의한 것이었다. 경제위기는 오랫동안 서울 경제에 영향을 미치며 경제구조의 변화를 유발했다. 과거와 마찬가지로 코로나19로 촉발된 경제위기는 서울 시민 삶에 직접적으로 영향을 미쳤다. 서울의 잠재성장률이 점차 하락하는 상황에서 맞이한 이번 경제위기는 시민에게 더 큰 타격을 입혔을 것이다.

서울의 경제정책은 외부 변수에 잘 대응해 나가는 것이 중요하다. 특히 코로나19와 같이 예상하지 못한 변수는 언제든지 출현할 수 있다. 코로나19 위기는 급격한 사회경제적 변화, 기업 패러다임의 변동, 노동시장의 구조적인 변화 등을 가져왔다. 이러한 상황에 어떻게 대처할 것인가는 매우 중요한 문제이다.

따라서 서울시가 도입해야 할 새로운 경제가치로 공정상생, 균형성장, 혁신강화를 언급했다. 경제가치를 토대로는 공정경제, 상생경제, 혁신경제, 그린경제, 위기대응경제 등의 키워드와 함께 세부적인 실행 방안을 제시했다. 새로운 경제가치와 실행 방안 등은 현재 서울시뿐 아니라 전 세계가 처한 경제적 문제의 해결 방안을 찾는 데 실마리를 제공할 것이다. 다시 언급하자면 서울 경제는 세계와 연결되어 있으며, 세계 경제가 곧 서울 경제이기 때문이다.

지역 경제 발전을 위한 지방정부의 정책적 지원은 매우 중요하다. 지방정부의 가장 중요한 역할 중 하나라고 볼 수 있다. 따라서 서울시는 경제적 패러다임 전환기에 이슈를 진단함과 동시에 경제적 변화에 어떻게 대처해야 할 것인지 대책을 세워야 한다. 경제 상황이 계속 좋다면 서울 차원에서도 문제가 될 것이 전혀 없다. 하지만 경제 상황이 늘 좋을 수만은 없다. 상황이 좋아지지 않는다면 문제가 더 커질 것이며 수습하기는 더 어려워질 것이다. 그러나 경제 패러다임의 변화를 파악하여 이에 알맞은 지방정부 차원의 경제적 대책을 마련해 놓는다면 시민이 받는 타격을 완화할 수 있다.

02

건강한 도시는 계속 성장한다

김묵한 _ 서울연구원 연구위원

서울 경제의 지속성장과 산업구조의 관계

지속성장을 보장하는 산업구조는 있는가

도시의 산업구조는 도시가 어떤 산업들을 품고 있는가에 따라 결정된다. 그리고 도시의 성장은 도시가 품은 산업들에 따라 추동된다. 도시의 성장은 도시가 품은 산업을 바꾸어 산업구조를 변화시키고, 이렇게 바뀐 산업구조는 다시 도시의 성장을 이전과는 다른 방향으로 견인한다. 도시는 성장의 대명사처럼 여겨지기도 하지만 모든 도시가 항상 성장하는 것은 아니다. 경제 중심지로서의 위상을 수백 년에 걸쳐 유지하는 도시도 있지만 번성하다가 어느덧 성장을 멈추고 쇠퇴하여 결국은 없어지는 도시도 있다.

그러나 도시는 그 어떤 생물이나 왕, 정부, 한 시대를 풍미한 기업보다 더 오래 살아남았다. 그러기에 어쩌면 사라지는 도시보다 지속하는 도시를 기대하는 일은 당연하다. 도시의 산업구조와 성장, 그리고 산업구조 변화와 지속성장* 이라는 연구 주제는 도시경제와 개발경제 분야에서 초기부터 계속 등장한 주제였다. 이는 결코 우연이 아니었을 것이다.

어떤 산업구조가 성장의 비법인가에 대해 합의된 바는 없다. 산업구조만으로는 성장 여부를 가늠할 수 없기 때문이다. 도시의 성장은 산업구조 외에 많은 요인이 상호작용하는 복잡한 과정이고, 산업구조가 성장의 원인인지 결과인지에 대해서도 아직 의견이 엇갈린다.

하지만 성장하는 경제가 가지는 혹은 가져야 하는 산업구조에 대해 몇 가지 유력한 후보를 어렵지 않게 추릴 수 있다. 원인인지 결과인지는 아직 잘 모르겠다지만 지속하여 성장하는 경제의 산업구조에서 어김없이 나타나는 공통의 추세가 있기 때문이다. 여기서는 이러한 추세에서 비롯된 전통적인 3가지 가설을 바탕으로 서울시의 산업구조 변화를 지속성장의 전망에서 하나씩 되짚어 볼 것이다.**

흥미롭게도 암암리에 유기체의 성장을 도시 성장의 은유로 사용하는 사회과학의 전통은 이들 가설을 이해하는 데 도움이 된다. 적절한 비유인지는 논쟁의 여지가 있겠지만 도시 성장에 관한 산업구조의 영향에 대한 가설은 성장발달 혹은 건강 관련 용어와 묘하게 비슷한 면

* 경제학에서 지속성장의 개념은 1992년 리우 유엔환경개발회의에서 채택된 지속 가능한 발전 원칙과는 차이가 있다. 여기서의 지속성장은 지구환경보전을 위한 기본 원칙으로서의 지속 가능한 발전 이전에 문자 그대로 계속 성장하는 경제의 상태를 의미하는 용어이다. 최근에는 지속 가능한(sustainable)이 아닌 지속(sustaining)성장이라고 구분하는 경우도 있다.

** Martin et al.(2016; 2018)의 산업구조와 성장에 대한 분석을 주로 참조함.

이 있다. 건강한 신체 성장을 위해서는 주요 영양소의 섭취, 적당한 운동, 균형 잡힌 식단이 중요하듯이 도시 산업구조가 지속성장하려면 핵심 산업의 비중 증가, 경제 활력도 유지, 산업 다양성 확보가 중요하다는 것이다.

경제성장을 멈춘 적 없는 서울

서울 경제는 성장을 멈춘 적이 없다고 해도 과언이 아니다. 실질 지역내총생산(GRDP)을 기준으로 서울 경제의 성장을 검토해 보면, 지표상으로 서울시는 전국과 마찬가지로 1980년 중반 이후 계속 성장세를 유지해 왔다. 정확하게는 1998년의 외환위기 시절을 제외하고 서울시가 마이너스 성장을 기록한 적은 없다.

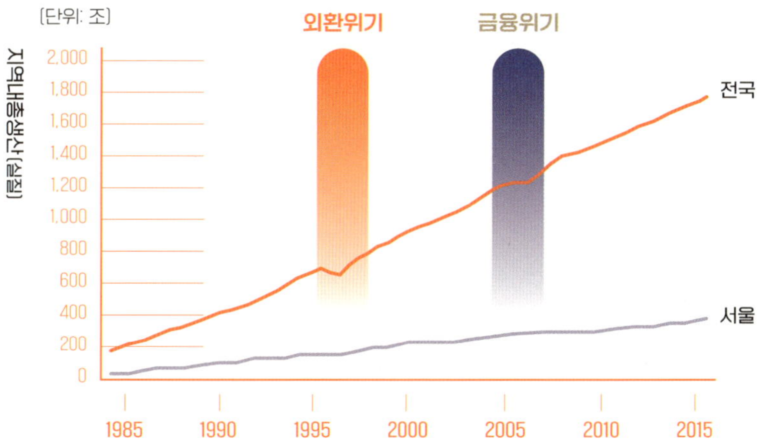

자료: 통계청(각 연도).

그림 1 전국과 서울의 실질 지역내총생산 추세

서울 경제에 대한 우려는 현재가 아닌 미래 전망에서 나온다. 그것은 지속성장을 할 수 있을 것인가 하는 우려에서 출발한다. 서울 경제는 계속 성장했지만, 성장률은 완만하게 하락해 왔다. 1980년대 후반 10퍼센트를 넘나들던 성장률은 2010년대에는 거의 3분의 1 수준으로 떨어졌다. 서울 경제의 한국 경제 내 비중도 지속해서 하락했다. 통상적인 느낌과는 달리 서울 경제가 한국 경제보다 느리게 성장해 온 셈이다.

전반적인 저성장 시대로의 진입이 이러한 성장률 하락의 원인인지는 아직 명확하게 결론나지 않았다. 2010년대에 들어 성장률 하락이 더뎌지는 추세를 보이면서 저성장 시대의 전망에 힘을 실었지만, 2020년의 코로나19 사태는 서울 경제의 지속성장이라는 전망에 복잡성을 한층 더하는 충격으로 다가왔다. 서울 경제의 지속성장에 대한 전망은 여전히 안갯속이다.

다만 도시의 성장을 유기체의 성장에 빗대는 시각에서는 성장률의 하락을 어느 정도 자연스러운 일로 받아들이기도 한다. 유기체의 성장은 초기에는 더디지만 빠르게 성장하는 단계가 있고, 이를 지나면 완만한 성장이나 현상 유지를 하는 단계에 진입하기 마련이다. 복잡계 연구에서는 유기체는 물론 기업이나 도시에도 이러한 성장 단계에서 벗어나지 않는 규모 변화의 법칙이 작동하고 있음을 밝히고 있다.* 유년기를 지나 성인이 되듯이 서울도 대도시로서 성숙의 단계에 접어들었다는 평가가 비유만은 아닌 이유이다.

---

* 이와 관련하여 대표적인 연구 개관서로 제프리 웨스트(2018)를 참조할 수 있음.

최근 지속성장에 대한 관심은 고성장의 시기를 지나 저성장의 시기로 접어들었다는 전제하에 도시 생존에 필요한 수준의 성장을 꾸준히 유지하려면 어떻게 해야 할까에 대한 고민에서 비롯되었다. 새삼 건강을 유지하기 위해서는 어떤 노력을 해야 하며 또 삶의 방식을 어떻게 바꾸어야 할지를 고민하는 중년의 마음가짐과 비슷하다고 할 수 있다. 주의 깊게 살피지 않던 건강검진표에 쓰인 생소한 용어와 수치를 들추어 보고 이해해야 하는 시기가 된 것이다.

그러한 의미에서 서울의 산업구조와 지속성장을 위해 우선 살펴볼 수치들은 과연 서울이 성장에 필요한 충분한 영양소를 제대로 섭취해 왔는지에 대한 지표들이다. 서울은 성장할 수 있는 산업 혹은 산업군을 제대로 갖추고 있을까. 지금까지 어떤 산업들이 서울의 성장을 견인해 왔을까를 먼저 짚어 볼 필요가 있다.

서울의 성장산업과 유연성·다양성

서울의 성장산업은 무엇이었나

산업구조와 지속성장에 대한 첫 번째 가설은 흔히 말하는 산업구조의 '고도화'가 도시 경제성장에 핵심이라는 것이다. 고도화라는 용어가 낯설 수 있지만 실제 내용을 보면 쉽게 이해된다. 고도화란 결국 산업구조에서 빨리 성장하거나 유망하다고 평가받는 산업의 비중이 늘어난다는 혹은 늘어나야 한다는 말이다. 성장에 필요한 영양소를 잘 섭취해 왔는지, 성장 단계에 따라 어떤 영양소가 더 필요한지와 같은 건강 유지 차원에서의 권장 사항과 묘하게 일맥상통하는 가설이다.

초기 지역발전론에서의 기반 산업 논의나 발전경제학에서의 1차, 2차, 3차 산업단계론이 이러한 시각의 전통적인 가설이었다면, 최근에는 지식산업, 창조산업, 4차 산업혁명 관련 산업군 논의도 같은 시각의 영향권 내에 있다. 기본적으로 도시경제에서 미래 성장의 기반이 될 수 있는 고성장 산업의 비중이 늘어나야만 지속성장도 가능해진다는 가설이다.

그러므로 고도화 가설에서는 산업구조의 현황보다 산업구조의 변화 방향이 중요하다. 어떤 산업이나 산업군이 유망산업인지를 결정하고 나면, 이들의 비중이 늘어나고 있는지의 여부로 도시의 산업구조가 지속성장에 적합한 구조로 바뀌고 있는지를 가늠할 수 있다.

전통적으로 발전경제학에서 산업단계론은 제조업에서 서비스업으로의 발전 단계를 공식화했다. 도시경제가 발전하면 서비스업의 비중이 늘어난다는 서비스화 추세는 현재까지도 도시 산업구조 고도화의 주요한 특징으로 꼽힌다.

서울시 명목 지역 내 총부가가치에서 서비스업이 차지하는 비중은 2000년대 말에 이미 90퍼센트를 넘었다. 추세로만 보면 서비스업의 비중은 1986년 최저점 78.3퍼센트에서 10퍼센트 이상 상승했다. 반면 같은 해에 12.6퍼센트를 기록했던 제조업의 비중은 최근 약 3분의 1 수준인 4.1퍼센트까지 감소했다. 서비스업의 비중은 90퍼센트를 넘은 이후 2010년대에는 제자리걸음이었다. 서울시의 서비스화가 사실상 거의 완결된 상황이 아니냐는 평가가 나오고 있는 이유이다.

서비스화가 멈추었다면 서울시의 성장도 조만간 멈추게 될까. 아마

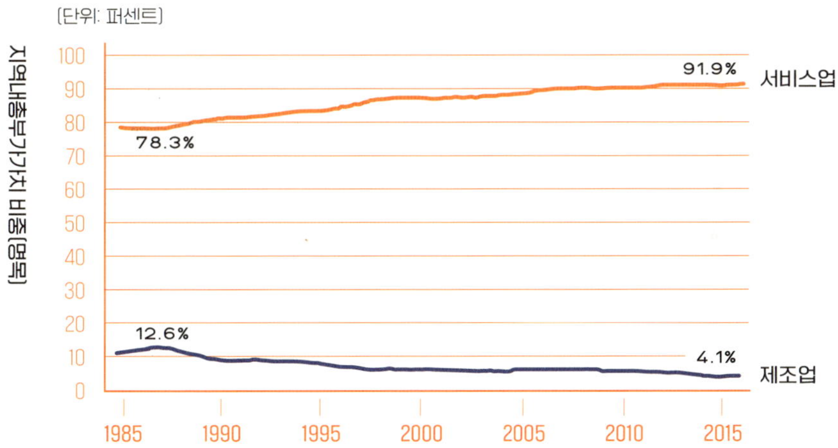

자료: 통계청(각 연도).

그림 2 **서울시 명목 지역 내 총부가가치에서 제조업과 서비스업의 비중 변화**

그렇지 않을 것이다. 서비스업의 비중은 유지되더라도 서비스업을 구성하는 세부 산업의 구성비가 달라질 수 있기 때문이다. 사실 제조업과 서비스업은 다채로운 산업구조 변화를 가늠하기에는 너무 투박한 구분 방법이다. 이보다 한 단계 더 세분화한 산업분류를 기준으로 산업구조를 들여다봐도 서울시 서비스화의 큰 추세 안에 숨은 역동성이 여지없이 드러난다.

전체 분류에서 1985년에서 최근까지 비중이 가장 많이 감소한 산업은 서비스업 중 도매 및 소매업이다. 1985년 서울시 지역 내 총부가가치에서 4분의 1을 차지하고 있던 도매 및 소매업의 비중은 제조업, 건설업과 같이 꾸준히 감소해 2019년에는 15.3퍼센트가 되었다. 다만 도매 및 소매업은 서울시 전체 산업구조에서 여전히 큰 비중을 차지하

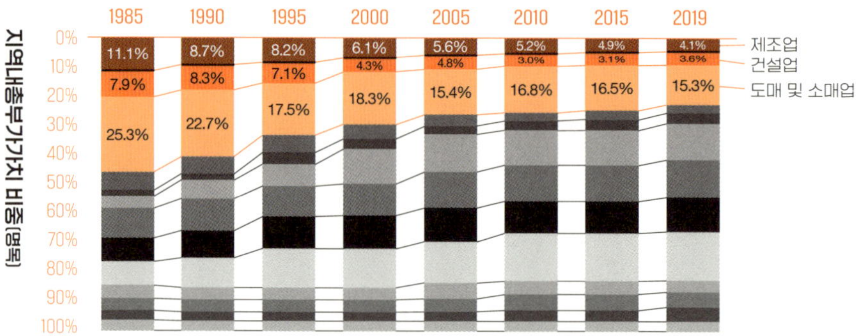

자료: 통계청(각 연도).

그림 3 서울시 명목 지역 내 총부가가치 비중 감소 주요 산업

는 산업 중 하나라는 사실은 기억해야 한다.

비중이 증가한 산업들의 면면을 보면 사실상 1985년 이후 서울시 산업구조 변화를 주도했던 산업은 대부분 서비스업에서 나왔다. 실제

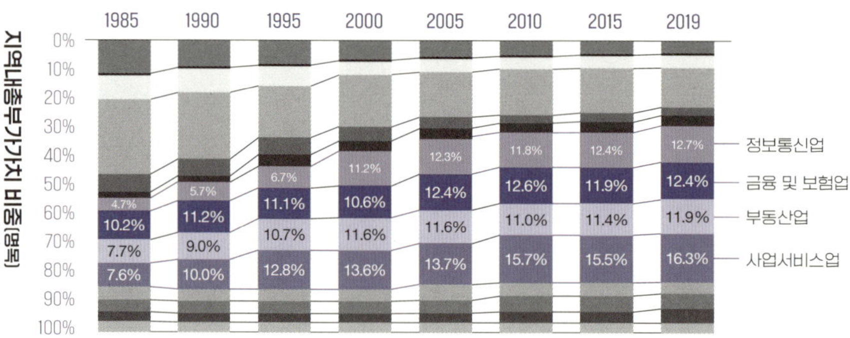

자료: 통계청(각 연도).

그림 4 서울시 명목 지역 내 총부가가치 비중 증가 주요 산업

비중이 가장 큰 폭으로 성장한 산업은 1985년 4.7퍼센트에서 거의 3배에 가까운 12.7퍼센트까지 성장한 정보통신업이다. 같은 기간 7.6퍼센트에서 16.3퍼센트로 2배 이상 비중이 늘어난 사업서비스업도 빼놓을 수 없다. 사업서비스업은 눈에 띄게 비중이 늘어난 업종인 금융 및 보험업, 부동산업과 함께 흔히 생산자서비스업이라는 산업군으로 묶기도 한다. 이는 개인이 아닌 기업 간의 거래에서 성장하는 서비스업이기에 명명된 용어이다. 그렇기에 지역 경제가 고도화되었을 때 성장이 도드라지는 산업군이다.

서비스화의 수준이 비슷하게 고공 행진하는 도시나 지역 사이에서도 성장의 풍경이 달라지면서 다른 시각과 기준으로 들여다보려는 시도들이 이어졌다. 서비스화 이후 산업구조의 고도화라는 면에서 가장 많이 쓰였던 기준은 정보화와 지식경제화라는 시각이었다. 그리고 서울시 산업구조에서 볼 수 있는 정보통신업과 생산자서비스업의 성장은 전형적이라고 할 만하다. 이들의 비중은 서비스업과는 달리 2010년 이후로도 소폭이지만 지속성장에 대한 기대를 담아내기에 충분할 정도로 꾸준히 증가해 왔다.

그러한 면에서 2018년은 상징적인 해였다고 할 수 있겠다. 명목 지역 내 총부가가치 비중에서 사업서비스업이 부동의 1위였던 도매 및 소매업을 뛰어넘은 해이기 때문이다. 1985년 비중 기준으로 전체 9위이던 정보통신업은 2010년대 3위로 올라온 이래 계속 그 위상을 유지하고 있다. 반면 제조업은 2위에서 2019년대에는 9위로 하락했다. 서울의 성장산업들은 지속성장의 동력으로서 산업구조에 주요한 위치를 차지하며 범위를 넓혀 왔다. 그 과정에서 서비스화에서 정보화와 지식경제화로 추세를 이끌었다.

적어도 서울의 지속성장을 위해 필요한 성장산업이 부족했다고는 말하기 어려운 상황이다. 비유하면 주요 영양소의 섭취라는 면에서는 덩치에 비해 혹은 덩치에 걸맞게 변화해 온 곳이 서울이었다는 평가가 옳을 듯하다. 서비스화에서 정보화와 지식산업화로 서울시 산업구조의 고도화는 여전히 진행 중이다.

서울 산업구조는 빠르고 유연하게 변화했는가

이제 두 번째 가설로 넘어가 보자. 도시의 지속성장에 대한 두 번째 가설은 경제의 활력도 혹은 유연성이 높은 도시가 꾸준히 성장할 가능성이 크다는 것이다. 다시 건강한 습관의 비유를 빌자면, 적당한 운동으로 몸을 만들어 왔느냐의 문제라고 할 수 있다. 주요 영양소를 섭취하는 것만으로 건강한 몸을 만들기는 어렵다. 활력 있는 몸을 만들기 위해서는 영양소를 체화할 수 있는 운동으로 기초체력을 다지는 과정이 필수적이다.

이는 고도화 가설의 한계와도 관계가 있다. 성장산업의 성장에는 한계가 있기 때문이다. 어떤 성장산업이든 도시 성장의 100퍼센트를 담당할 수 없다. 산업 자체는 성장에 이은 쇠락을 필연적으로 겪을 수밖에 없다. 지속성장을 위해서는 계속 성장산업을 발굴해야만 한다. 하지만 어떤 산업이 새로운 성장산업이 될지 예측하기는 현실적으로 어렵다. 따라서 도시가 성장산업이 될 수 있는 여러 초기 산업이 발달할 만큼의 활력 있는 경제를 가졌느냐가 중요하다.

도시 산업구조의 고도화에 이어 산업구조의 역동성이 미래 도시 성장의 주요한 요건으로 여겨지는 데에는 이러한 전제가 깔려 있다. 활력 있고 유연한 도시경제는 새로운 산업이 발생하기 좋은 곳이며 외부 충격에도 회복 가능성이 큰 곳으로 여겨진다.

두 번째 가설은 서울이 최근 직면한 상황과 좀 더 밀접한 관계가 있어 보인다. 앞서 서울의 지속성장과 관련하여 사람들이 걱정하는 부분은 서울이 성장하고 있지 않기 때문이 아니라, 서울의 성장률이 둔화하고 있기 때문이라고 했었다. 구조변화의 방향이 아니라 규모와 속도가 문제라는 말이다.

성장률은 도시경제 전체가 얼마나 성장했는가를 보는 지표이지 부문별로 얼마나 늘고 줄었는가, 즉 변했는가를 종합하는 지표는 아니다. 그래서 산업구조의 변화 속도 혹은 유연성을 보기에는 충분치 않다. 따라서 다양한 산업구조의 변화 속도 지표 중 대표적인 지표를 새

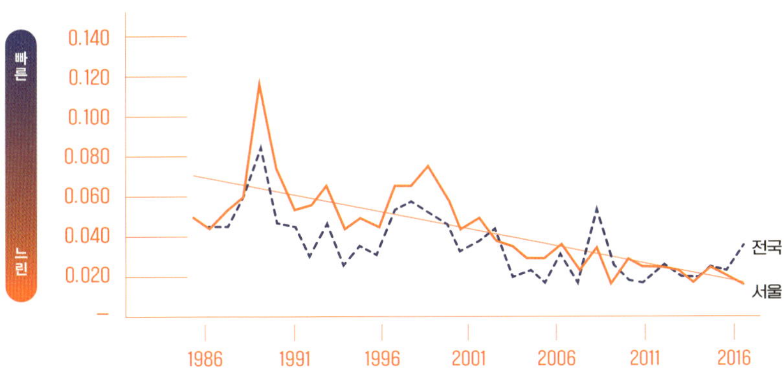

자료: 통계청(각 연도).

그림 5 서울시 산업구조 변화 속도 지표 추세

로 계산해서 전국과 서울의 속도를 비교해 보았다.*

지표의 추세를 살피면 서울의 산업구조 변화 속도가 뚜렷한 감소세를 보이고 있음을 알 수 있다. 또한 2010년을 기점으로 살펴보면, 이전에는 전국에 비해 대체로 서울의 변화 속도가 빨랐지만, 이후에는 비슷하게 수렴하는 추세이다. 전반적인 하향 추세 외에 매년 변화 속도가 진동하는 진폭도 점점 줄어들고 있다. 산업구조의 변화 속도나 변화 정도가 1985년 이후 꾸준히 감소했다는 의미이다.

한편으로 이는 서울의 경제 규모가 커지면서 변화와 불확실성이 적은 안정적인 단계로 전환되고 있음을 시사한다. 즉 유기체의 성장과 성숙이라는 비유가 산업구조의 변화에도 적용될 수 있다는 말이다. 경제 활력도 지수가 대도시보다 중소도시나 신규 도시 간 혹은 체급이 유사한 도시 간의 비교에서 주로 쓰이는 이유이기도 하다.

따라서 서울시 산업구조가 점차 유연성을 잃고 경직되어 간다는 표현은 바람직하지 않다. 새로운 산업이 발아할 활력이 떨어지면 지속성장을 유지하는 일이 가능할 리 없기 때문이다. 중년에 접어들면 운동을 해야 한다는 잠언과도 같이 서울 경제가 활력을 유지하려면 예전보다 적극적인 지역 산업정책이 필요한 때가 되었다. 그러면 지역경제의 기초체력을 향상시키려면 어떤 일을 할 수 있을까. 활력도가 낮아도 신산업을 품어 성장시킬 수 있는 다른 기제가 있다면 어떨까.

---

* 구조변화(속도)지수로 통칭되는 지표 계산에는 여러 방식이 있으나 여기서는 이 중 원조격이며 가장 단순한 Michaely-Stoikov 지수를 사용함(Michaely, 1962; Stoikov, 1966).

서울 산업구조는 충분히 다양한가

산업구조와 지속성장에 대한 세 번째 가설은 특히 대도시의 경우 산업구조가 다양할수록 지속성장에 유리하다는 것이다. 다시 건강의 비유를 끌어와 보면 주요 영양소의 섭취 못지않게 편식하지 않는 균형 잡힌 식단이 건강에 좋다는 통설과 비슷한 데가 있다. 하지만 이 가설의 뿌리는 의외로 깊어서 도시가 생겨나고 유지되며 성장하는 핵심 기제인 집적경제에 대한 논의까지 거슬러 올라간다.

도시경제학과 경제지리학에서는 산업이 모여 있을 때 생겨나는 시너지를 일컫는 '집적경제'를 두 유형으로 나누는 전통이 있다. 같은 업종이 모였을 때 얻어지는 국지화 경제와 여러 다른 업종이 모였을 때 얻어지는 도시화 경제이다. 집적경제에 대한 논쟁이 없다고 보기는 어렵지만, 일부 산업이 집중되어 시너지를 내는 산업도시의 경우에는 그 산업에 '특화'된 산업구조가 성장 요인인 경우가 많다. 대도시는 여러 산업 간 협업을 가능하게 하는 산업구조의 '다양성'이 성장의 주요 요소라는 것에 어느 정도 공감대가 형성되어 있다.*

활력도는 낮더라도 산업구조의 다양성이 높다면 산업 간의 시너지를 기대할 수 있고 여기서 신산업이 뿌리내릴 여지와 계기가 생겨날 수 있다는 것이다. 성장세가 둔화한 대도시가 여전히 지속성장을 이어가는 주요한 요인은 산업과 기업 간 무한 네트워크를 통해 발현되는 시너지에 있다. 유기체나 기업을 넘는 도시의 유난히 긴 수명의 비밀

---

* 이에 대해서는 수많은 참고문헌을 열거할 수 있겠으나, 여기서는 경제학과 지리학 양 분과의 논의를 균형감 있게 종합한 필립 맥캔(2006)을 주로 참조함.

이 있다는 최근 복잡성 과학에서의 성과도 이러한 오래된 가설의 새로운 해법이기도 하다.

특화와 다양성은 하나가 늘어나면 다른 것은 줄어드는 관계이다. 그래서 특화와 다양성에 관한 지표는 상당히 많지만, 어느 쪽을 측정하는가에 차이가 있을 뿐 실제 측정하는 바는 엇비슷한 경우가 적지 않고, 상황에 따라 어떤 때는 특화 지표로 쓰이고 다른 때에는 다양성 지표로 쓰인다. 여기서는 경제학에서 전통적으로 산업구조의 특화나 다양성을 측정하는 대표적인 지표를 사용하여 전국과 서울의 다양성 변화를 가늠해 보았다.*

서울시 산업구조의 다양성은 1985년 이래 전국에 비해 높은 수준을 유지해 왔다. 전체적인 추세를 보면 1990년대 초반 이후 전국과 차이가 벌어지는 경향은 있지만 전반적인 변화 추세는 비슷한 궤적을 그린다. 서울의 산업구조는 1985년 이후 더 다양해지는 방향으로 움직였으나 1990년대 말을 전후하여 특화하는 방향으로 선회했고, 2010년 들어서는 약간의 변화는 있으나 비슷한 수준을 유지하고 있다.

2000년 전후로 서울이 조금씩 다양성에서 특화의 방향으로 전환한 계기가 무엇이었을까. 이는 본격적인 분석이 필요한 질문이지만, 대략 짐작해 볼 수 있는 방법이 있다. 서울 산업의 어느 부문이 전국과 비교

---

* 다양성의 지표로는 허핀달-허쉬만 지수(Herfindahl-Hirschman Index)를 사용함(Hirshman, 1945; Rhodes, 1993). 전통적인 산업구조 특화지수이며 크루그먼이 사용해 '크루그먼 지수'라는 별명을 얻은 상대적 특화지수(Krugman, 1991)로 측정한 특화-다양성 결과도 세부에서 일부 차이는 있으나 전체적인 추세는 유사하게 나타남.

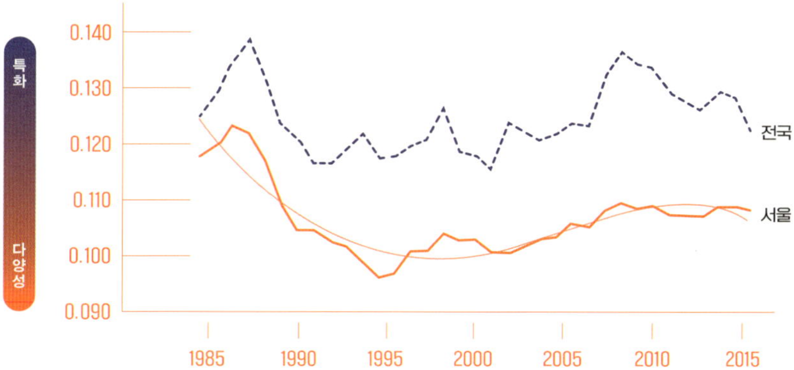

자료: 통계청(각 연도).

그림 6 전국 및 서울시의 산업구조 다양성 지표 추세

해 특화되어 왔는지를 산업군별로 따라가 보는 것이다.*

서울에 특화된 산업은 앞서 본 서울의 주요 성장산업이나 비중이 큰 산업과 얼추 비슷하다. 대표적으로 정보통신업, 금융 및 보험업, 도매 및 소매업 등의 특화도는 기준점인 1.0을 훨씬 넘는다. 그런데 여기서 가장 흥미로운 점은 최근 조정 중이나 2000년 이후까지 특화도가 꾸준히 증가해 온 산업은 정보통신업뿐이라는 것이다. 2019년을 기준으로 정보통신업의 특화도는 전체 분석 산업 단위 중 가장 높다. 다른 요인도 있겠지만 정보통신업의 약진이 최근 서울시의 산업구조 특화 추세에 영향을 미쳤다고 짐작할 근거가 여기에 있다. 그렇게 가설은

---

* 특정 산업의 지역의 집중도와 특화를 측정하는 지수 중에서 가장 전통적인 지수인 입지계수(Location Quotient)를 사용하여 산업별 특화도를 계산함(Florence, 1929; McCann, 2001). 전국과 지역의 특정 산업 비중을 비교하는 구조로 1.0 이상이면 해당 산업이 전국보다 지역에 특화되어 있다고 해석함.

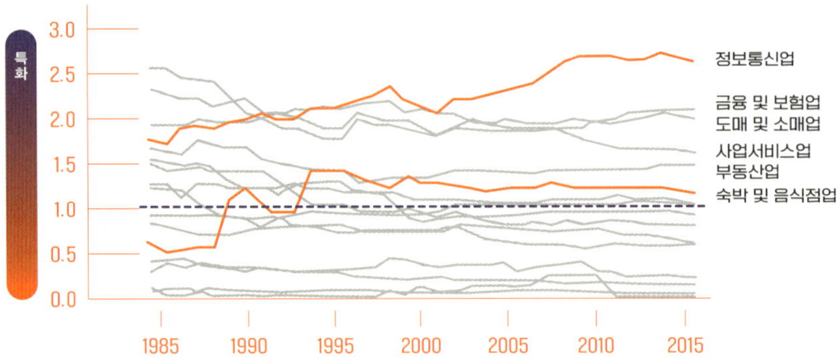

자료: 통계청(각 연도).

그림 7 서울시의 업종별 산업구조 다양성 지표 추세

한 바퀴 돌아 다시 첫 번째 가설 고도화와 정보화의 추세로 이어진다.

산업구조의 변화를 통한 경제성장의 가능성

복잡한 유기체인 서울의 지속성장을 위하여

지속성장과 관련된 대표적인 산업구조의 변화 가설을 중심으로 서울시의 산업구조 변화 추세를 가늠한 결과를 정리해 보자. 3가지 가설을 토대로 살펴본 결과를 종합하면, 서울의 경제가 성장하면서 산업구조의 변화 속도는 감소했으나 산업구조의 고도화와 다양화를 통한 지속성장의 기반은 여전히 진행 중이라는 잠정적인 평가를 이끌어 낼 수 있겠다. 단정적으로 말하기는 어렵지만 서울시 산업구조의 변화는 지속성장을 뒷받침하는 방향으로 이동하고 있는 듯하다. 다만 지속성장의 기반이 '속도'에서 '다양성'으로 변화하고 있다.

도시의 성장을 유기체의 성장으로 비유하는 데에는 또 하나의 익숙한 시각이 있다. 모든 유기체가 초기에는 비교적 급격히 성장하지만 성체가 되면 느리게 성장하거나 성장을 멈추듯이 도시도 그러할 것이라는 시각이다. 물론 도시는 탄생과 죽음이 명확한 유기체와는 달리 경제사회적 변화에 따라 쇠락과 혁신을 반복하며 순환하는 경우가 적지 않다. 하지만 적어도 그러한 순환의 일부 구간에서 이러한 행태를 보이는 것도 사실이다.

도시나 유기체의 성장이 노화로 전환되는 시점을 명확히 짚기는 어렵다. 하지만 급격한 성장은 언젠가는 꺾이기 마련이고, 성장은 초기의 민첩함과 순발력을 담보로 한다. 덩치가 커지면 성장뿐만 아니라 속도도 느려진다. 이 지점에서는 개별 유기체의 성장 비유에서 도시 지속성장의 가능성을 찾기가 어려워진다.

다행히 도시는 단일한 유기체가 아니다. 도시는 유기체가 자리 잡을 수 있는 환경이기도 하다. 도시는 성장하면서 다양한 산업의 공간을 담을 수 있는 여지를 갖는다. 대도시의 장점은 특수성을 고루 품을 수 있는 다양성이다. 그리고 다양한 산업은 대도시에서 교차 참조되며 개별 산업만으로는 만들 수 없었던 계기를 만들어 낸다. 도시화 경제라 흔히 일컬어지는 대도시의 산업 다양성이 창출하는 경제는 이러한 여지와 계기가 얽혀 빚어지는 선물이다.

서울의 모습도 그럴 것이다. 청년의 기민함과 열정은 잃었을지 모르나 인맥과 자원을 두루 겸비한 중장년의 모습이랄까. 혁신을 창출하는 산업구조 변화의 기제는 바뀌어 가지만 새로운 먹거리를 만들어 내야 하는 지속성장의 숙제는 여전히 남아 있다. 그렇기에 여기에서 검토한 산업구조의 변화 추세는 분석에만 그치지 않고 앞으로 서울시의 지속성장 전략 피드백이 되어야 한다.

지속성장을 보장하는 산업구조는 없다. 하지만 지속성장에 도움이 되는 산업구조는 있다고 본다. 산업구조의 변화는 흔히 '자연스러운' 것으로 묘사되지만, 실제로는 기업과 정부의 의도로 가득한 시장에서의 치열한 경제활동에서 나타나는 지극히 인위적인 활동의 결과물이다. 그래서 지역 산업구조의 흐름이 지속성장에 유리하건 불리하건 그냥 손 놓고 기다리는 방식은 오히려 부자연스럽다. 산업구조의 흐름을 감지하고 그 변화 속에서 지속성장의 전략을 달리해 나가는 것은 사람의 일이다.

마지막으로 건강 유지의 비유를 다시 끌어오자면, 서울의 지속성장을 유지하기 위한 과제는 몸을 건강하게 유지하기 위한 과제와 그리 다르지 않다. 그냥 얻어지는 건강이 없듯 저절로 얻어지는 서울의 지속성장은 없다. 건강을 유지하기 위해서는 타고난 몸도 중요하지만 나이가 들면서는 주요 영양소의 섭취와 균형 잡힌 식단에 신경을 써야 한다. 더불어 젊었을 때만큼은 아니더라도 꾸준히 적당한 운동을 해야 한다. 지속성장이 가능한 도시의 산업구조를 유지하려면 고도화와 다양성을 확보하려는, 그러면서도 규모에 비해 경제 활력도를 높게 유지하려는 노력이 필요하다.

03

디지털 플랫폼 시대를 열어야 할 때

남기범 _ 서울시립대학교 교수

디지털 전환 시대, 산업 패러다임의 변화

빠르게 디지털화되는 산업과 사회

디지털 전환(Digital Transformation, DX)은 기업들이 일상생활에서 확산되는 디지털화에 따른 수요를 반영하기 위해 개인화 전략(기업이 소비자의 개별 데이터를 바탕으로 그에 맞는 제품과 서비스를 제공해 주는 전략)을 지속적으로 발전시키는 방식으로 나타난다. 특히 코로나19 이후에 대면 모임의 대안으로 디지털 플랫폼과 디지털 경험에 대한 필요성이 계속 증가하고, 결국 디지털 경험의 목적이 변화하여 산업생산과 유통, 소비의 전 주기적 가치사슬 과정에서 디지털화가 진행되었다. 특히 테스트베드에 있던 디지털 기술이 빠르게 상용화되었다. 코로나19 이전에는 아날로그 데이터와 기업활동의 디지털화가 주요했지만, 이후에는 기업 단위에서 벗어나 산업 전반과 산업생태계 차원의 디지털 전환이 급속히 이루어지고 있다.

디지털 전환은 구체적으로 '공정혁신, 기술혁신, 조직혁신' 등의 디지털화 과정으로 유형화할 수 있다(이상현 외, 2019). 그중 공정혁신은 운영, 공급사슬, 제품 수명 주기(product life cycle) 등 복수 공정의 통합과 디지털 운영을 통한 최적화를 의미한다. 즉 원재료와 노동을 투입하여 제품과 서비스의 최적 생산을 위한 관리, 가치사슬 전 영역에 걸친 디지털 연계와 데이터 공유 및 분석 수준으로 평가된다. 또한 기업 간이나 공장 간 수평적 통합, 설계 및 개발, 엔지니어링, 생산, 서비스, 제품의 폐기 등 제품 수명 전 단계에 걸친 디지털 연계와 데이터 공유 및 분석을 의미한다.

그리고 기술혁신은 제조 활동에 대한 모니터링, 제어, 실행 등과 함께 제품 및 서비스의 물류와 유통에서 디지털 기술을 적용하는 자동화, 생산설비, 기계, 컴퓨터 기반 시스템 간의 의사소통과 데이터 교환을 위한 연결성이 무선연결과 디지털화를 통해 데이터의 중앙집중식 축적과 관리가 최적화되는 것을 의미한다.

마지막으로 조직혁신은 기업 내에서의 역할과 책임의 할당, 제어, 조율 방식에 대한 명시적 혹은 묵시적 규정과 방침을 의미한다. 스마트 제조를 지향하는 기업의 목표 달성을 위해서는 구성원의 행동과 협업 추진에 대한 인적자원의 역량 제고와 리더십이 필요하다.

이상의 내용을 종합하면, 디지털 전환이란 기업이 기존의 고정된 가치사슬을 탈피하여 역동적인 부가가치 네트워크 체제로 진화하는 과정이다(Roland Berger Strategy Consultants, 2020).

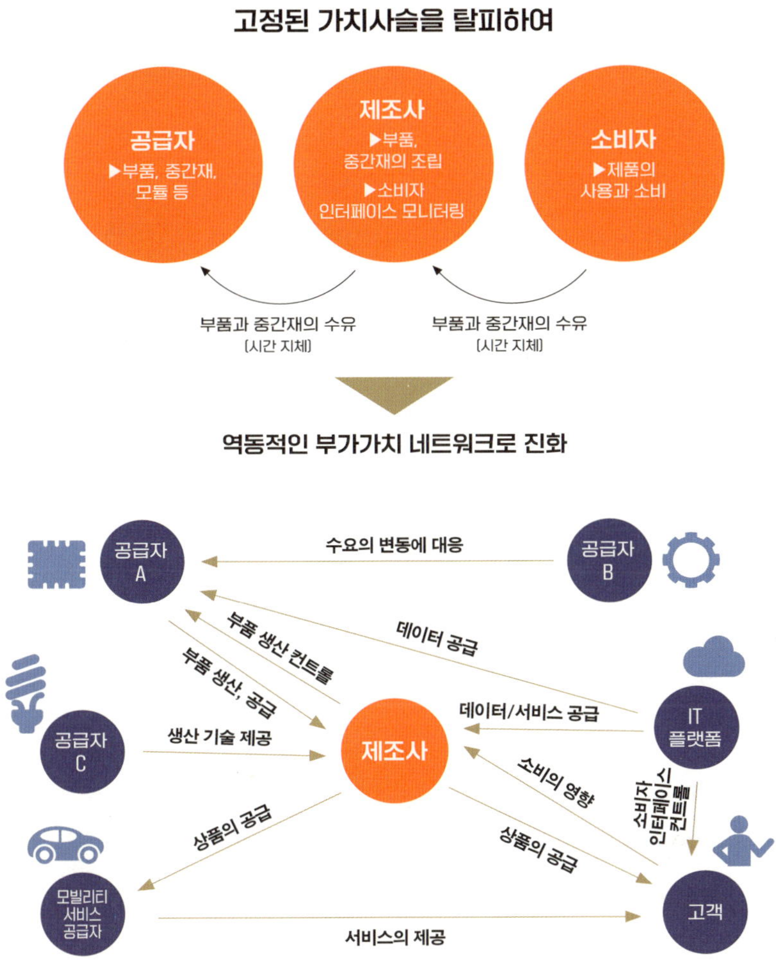

자료: Roland Berger Strategy Consultants(2020).

그림 1 디지털 전환의 모식도

디지털 전환은 기업의 전사적 가치사슬 혁신으로 비용 절감과 운영의 최적화를 가능하게 하고, 고객에게 디지털 기반의 경험을 제공하여 사업 경쟁력을 강화한다. 중장기적으로는 연구개발(R&D)의 고도화와 비즈니스 생태계 확장과 새로운 시장 개척에 중요한 도구로 활용할 수 있다. 이러한 전환은 산업 분야, 즉 공급뿐만 아니라 수요 측면의 일상생활 전 분야에 걸쳐서 빠르게 이루어지고 있다. 무인 서비스 확대와 비대면 기술 발달로 비대면 서비스가 일상화되고 디지털 문화의 시장 지배력이 확대되었다. 이로써 디지털 플랫폼과 경험의 필요성이 증대하고, 디지털 경험의 목적이 변화하고 있다.

코로나19에서 시작된 글로벌 가치사슬의 변화

코로나19는 기업의 글로벌 가치사슬 결정에 비용, 시장, 정치 · 군사적 위험 이외에도 생물학적 위험 요인을 등장시키며, 글로벌 공급망과 생산 거점의 재편을 촉진했다. 기업들은 단기적으로는 핵심 소재와 부품의 공급 중단, 국경 봉쇄 등으로 인한 세계 자유무역의 한계 노출과 관련한 환경의 변화, 핵심 물품의 자국 공급망 확충을 위해 글로벌 시대의 표준으로 제시되던 저스트 인 타임(just-in-time[lean]) 시스템에서 탈피하여 예전의 저스트 인 케이스(just-in-case)나 내국적 저스트 인 타임 시스템을 구축하고, 특정 지역과 소수 업체에 대한 의존도 감소와 기업 간 폭넓은 협력 체계와 네트워킹을 강화하고 있다. 또한 이를 위해 가시성 · 위기대응력 · 복원력을 갖춘 가치사슬을 확보하고, 수요 · 공급 기업 간 선순환적 생태계를 재구축하고자 노력 중이다. 탈세계화를 넘어서는 자국우선주의와 보호무역주의를 강화하려는 전략

아래 해외투자 산업의 자국 귀환과 연계강화(reshoring, near-shoring) 전략도 다지고 있다. 우리나라 산업은 제조-서비스 비즈니스 연계강화와 해외 동반 진출을 기획하고, 소비자 접근성 증가와 가격 경쟁력을 확보하는 등 수출시장과 안정성 확보에 주력하고 있다(삼정KPMG 경제연구원, 2020).

특히 글로벌 가치사슬의 참여도가 높고 공급망이 일부 국가에 편중된 산업은 코로나19에서 비롯한 위험성에 민감하게 반응하여 공급망의 다변화, 기업 간 협력 강화, 신기술의 도입, 상품 포트폴리오의 변화 등 네트워크를 재구조화하고 있다. 이에 기업들은 특정 지역과 소수

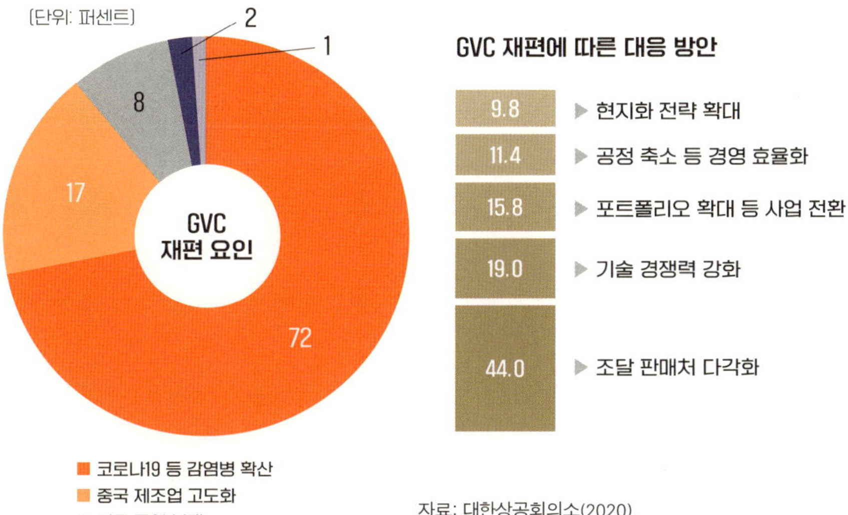

자료: 대한상공회의소(2020).

그림 2 **글로벌 가치사슬 재편에 따른 국내 기업의 대응**

업체에 대한 의존도를 감소시키고 기업 간 폭넓은 협력체계와 네트워킹을 강화하고 있다.

인더스트리 4.0과 리빙랩이 이끄는 산업 혁신

가볍고 유연한 생산체계가 인더스트리 4.0의 중심에 있다면 다품종 대량생산이 가능하고, 이를 위해 사물인터넷과 온-오프라인 통합시스템(cyber-physical system) 기술이 필수이다. 제조업의 새로운 패러다임은 정보통신기술(ICT)과 제조의 융합이 기본 바탕이며, 현실의 물리적 세계와 인터넷의 가상서비스를 연결해 주는 온-오프라인 통합시스템이 필요하다. 기존의 경직된 중앙제어식 일괄 공정시스템이 유동적인 분산 제어식 가변공정시스템으로 바뀌면 소비자와 생산자 가치가 모두 향상된다. 예를 들어, RFID 등 스마트 메모리를 장착하여 소재와 제품, 생산기기의 지능화를 이루어 제품이 능동적으로 생산과 이동 경로를 선택하는 시스템이 인더스트리 4.0의 사례이다(박형근 · 김영훈, 2014). 이러한 제조업의 혁신은 산업단지와 공업지역의 공간적 요구조건과 소프트웨어적 요소에 변화를 가져온다. 굴뚝 공장에서 오피스형 산업 경관으로, 슈퍼블럭형 공업단지에서 융복합 도시형 산업단지로, 산업 간 물리적 · 공간적 연계를 이용한 비용 절감의 공간에서 산업 간, 가치사슬 간 화학적 결합을 통한 혁신과 수익 창출의 공간으로 변모하고 있다.

리빙랩(livinglab)은 사용자가 적극적으로 혁신 활동에 참여할 수 있는 사용자 주도 개방형 혁신생태계로서, 생활 현장(real-life setting)에서 사용자와 생산자가 공동으로 혁신을 만들어 가는 실험실을 의미한다. 이는 혁신 주체 간 상호작용을 촉진하고, 그 결과가 모두에게 이득이 되는 개방형 혁신 네트워크의 대안적 모델이다. 현대의 도시산업이 지식기반, 혁신기반으로 변모하면서 산업단지의 성격도 융합적인 리빙랩의 요소를 포함하며 진화한다.

리빙랩의 기본요소는 시스템 차원에서 ICT 인프라, 관리체계, 주체 · 행동 차원에서 사용자, 파트너, 연구 활동 등이다. 기술혁신 과정에서 공동 창조, 탐색, 실험, 평가 등의 행위가 리빙랩 특성(사용자 중심)과 결합하여 사용자 친화적 산물(제품 · 서비스 등)을 개발한다. 중요한 것은 기존의 협력에 사용자가 포함된 다양한 이해관계자(Public-Private-People Partnership, PPPP) 개념을 기반으로, 혁신시스템의 개방성과 네트워크의 다양성이 제고되고, 뿐만 아니라 사용자 인사이트의 포착, 공공 실험 등 현실 지향적 요소를 포함함으로써 연구와 생산 활동의 문제해결력과 사회적 가치가 증대된다는 점이다. 이 요인들이 결합하여 리빙랩은 사회에서 요구하는 가치를 기술혁신으로 실현할 수 있는 새로운 혁신모델이라는 의의를 지닌다(성지은 · 송위진 · 박인용, 2013). 리빙랩 적용은 아이디어 수립, 공동개발, 사업화 단계 간의 간극을 줄이고 주체 간의 연계 · 협력 및 인프라 · 자금지원을 활성화하여 혁신활동의 생산성 및 효과가 제고된다. 이러한 이유로 산업지구와 리빙랩의 결합은 일터-쉼터-놀터(live-work-play)가 종합된 생활공간으로서 산업 공간의 변모와 함께 진행된다. 즉 도시의 커뮤니티가 하나의 생활권이자 산업생산과 피드백이 이루어지는 소규모 산업체계로 진화한다.

이와 같은 산업전환에 대응하기 위해서 사회 각 영역은 개방형 혁신으로 미래 수요와 연계된 핵심기술의 개발, 플랫폼 역량의 전략적 강화, 디지털 전환에 적합한 산업생태계 조성과 제도 구축을 하고 있다(심우중 · 권오성 · 김종기, 2021). 최근 코로나19 대응이 강화되고 빨라지면서 공공부문과 민간부문, 시민사회는 유용한 정보와 최상의 실천, 비판적 기술을 빠르게 공유한다. 더 나아가 코로나를 새로운 기술과 혁신의 파이프라인으로 활용하여 기존의 경직된 지식공유와 산업혁신의 틀을 벗어나 디지털 기반인 개방형 · 확장형 · 네트워크형 산업혁신 체계로 이전하고 있다.

대도시의 산업변화와 도시혁신

대도시의 다양한 얼굴들

도시의 산업은 경제발전, 분업, 집적, 전문화, 교역 등의 복합적인 상호작용으로 진전되는 집적의 역동성(agglomeration dynamics)이 핵심이다. 특히 대도시는 조합(matching), 공유(sharing), 학습(learning)의 기제를 통해 발현된다. 공유는 깊은 국지적 연계로서 도시의 생산체계와 이를 지원하는 공공재로서의 다양한 도시서비스와 불가분의 연계를 유지한다. 조합은 노동력과 작업장을 연계하는 과정으로서 대규모의 국지적 기업과 노동력을 지원하고 촉진한다. 마지막으로 학습은 혁신을 자극하는 공식, 비공식적 정보의 유통과정으로 집적을 통해 가능해지고 또한 집적을 강화하는 역할을 담당한다.

이 세 차원의 상호작용으로 도시에서는 강한 경제적 시너지가 창

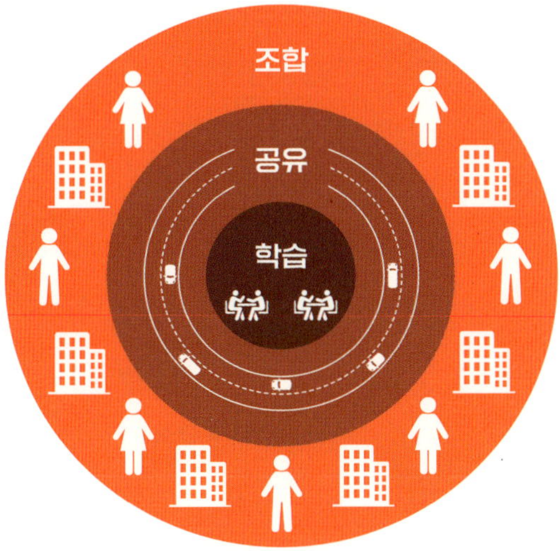

자료: 센트레포시티즈 홈페이지(centreforcities.org).

그림 3 도시의 역할: 조합, 공유, 학습

출된다. 집적은 경제활동뿐만 아니라 인간 생활의 다양한 사회적·문화적·정치적·행정적 차원과 연결되어 사회 전반에 걸쳐 강력한 환류 효과를 보여 주고, 도시를 인간 활동의 복합체로 만들어 주는 기본적인 접착제 역할을 한다. 이러한 집적의 역동성이 자본과 노동력, 지역 간 노동력, 자본, 기업을 조정, 연결된 시스템 구축과 국가에서 글로벌 스케일까지 다양한 차원의 전문화를 가능하게 해 주는 핵심 동력이다(Scott and Storper, 2015).

디지털 전환과 코로나19 이후 (역설적이게도) 도시는 위기 속에서 혁신의 테스트베드로 진화했다. 도시는 회복탄력성의 중추이자, 공간 경제상에서 하나의 총체적이고 실제적이고 국지적이고 스케일적인 접합체이기도 하다. 양극화와 특화된 토지이용, 강한 상호작용의 네트워크가 일상적인 도시적 삶의 리듬이 된다. 그것은 도시의 경제적 과정만이 아니라 장소 형성, 주택, 노동비 등 도시 특화의 역동성, 사고방식, 문화 등을 결정하는 핵심 요인이다. 도시는 생산적인 활동과 인간생활의 군집으로서 토지이용과 다양한 활동의 입지, 이에 대응한 제도와 정치체제 등의 복잡한 상호작용으로 구체화된다. 즉 경제적 집적의 역동성이 활동과 장소의 특성에 따라 제도화되고 이러한 기초 위에 경제적 자원뿐만 아니라 사회, 공간, 일상생활에서의 자원배분을 규정하는 거버넌스를 형성한다.

이와 같은 장소의 특징을 충분히 고려하지 않고 사회적 · 규범적 이론이나 모형으로 도시지역의 산업구조가 급속히 서비스업화되면서 대부분의 산업국가와 지역은 초기에 산업단지를 용도지역상 공업지역으로 분류하여 제조업만 입주시켰었다. 그러나 현재는 업종 구분 없이 입주를 허가하고 있다. 나아가 연구개발기능과 산업지원기능, 그리고 생활 · 여가기능과 융합하여 총체적인 복합 산업공간을 구축하고 있다. 예전에는 슈퍼 블록을 차지하던 산업단지와 공업지역의 경관이 이제 도시의 사무업무기능, 주거공간과 어울려 새로운 도시경관을 형성한다.

도시혁신은 어떻게 이루어져야 할까

21세기를 앞둔 1990년대에 (대)도시소멸론이 등장했다. 자본과 정보의 세계화와 정보통신기술의 발전으로 대면접촉이 전자(digital) 네트워크로 대체되면 환경오염과 높은 주거비용, 교통혼잡을 감수하고

(대)도시에 살지 않아도 충분히 다양한 삶의 기회가 있을 것이라는 예측이었다(O'Brien, 1992). 하지만 2000년대 이후로 오히려 (대)도시로의 인구, 자본, 정보, 서비스의 집중은 더욱 심해졌다. 도시 내 사회문화적 삶의 다차원적 본질은 변하지 않았다. 경제적 실천에 글로벌경제, 신뢰, 호혜성, 대면접촉의 관계적 네트워크는 도시의 본질이며, 국가 경제성장의 엔진 역할은 더욱 강화되고 있다. 도시가 제공하는 강한 근접성과 상호연계를 기반으로 한 비가시적인 요소가 경쟁력과 창의성, 도시 간 연계를 결정하는 가장 중요한 요소이다. 도시는 생산, 정보, 인적교류 네트워크의 글로벌화의 중심이다. 도시에서 이처럼 상징적이며 소프트웨어적인 집중은 정보통신기술과 인프라, 첨단교통망 등에 의해 역설적으로 강화된다. 나아가 포스트포디즘(post-Fordism) 시대로 이전하면서 도시제조업의 역동성이 빠르게 증대하고 있다. 대도시지역에 유연하게 조직된 산업지구가 도시의 재산업화를 추동하며 새로운 혁신지구를 구축하고 있다(Katz and Nowak, 2018). 도시는 경제활동의 위험과 불확실성을 회피할 수 있고, 다양한 지식, 노동력, 공급자들이 집적되어 거래비용을 최소화할 수 있는 산업집적지 형성에 최적의 장소이다(Amin and Thrift, 1992).

천재 과학자가 외딴섬에서 고독한 실험과 발명으로 새로운 혁신을 이루던 시대는 지났다. 현대의 혁신, 특히 산업활동에 활용되는 응용기술적 · 종합기술적 혁신은 혁신 주체 외부의 행위 주체자와 상호작용과 협력으로 완성된다. 이러한 상호작용은 대상의 다양성(Tierlinck and Spithoven, 2013; Shearmur and Doloreux, 2014)과 빈도(McCann, 2007)에 상당히 의지하며, 도시지역의 장점이 크게 부각된다. 또한 도시에서 이루어지는 비공식적 상호작용, 즉 사회적·문화적·금융적 마주침도 중요하다. 혁신 주체가 보유한 문화자본과 일상생활에서 물리적으로 접근할수 있는 장소의 환경이 중요하다. 근본적으로 혁신 주체의 내적 역량과 지식 등의 자원을 기본으로 하되(내부지향성, introverts), 주변 환경과의 협력과 상호작용(외부지향성, extroverts)이 중요하다(Malecki and Poehling, 1999). 미국의 사례연구에 따르면 신상품과 신공정 혁신의 47퍼센트를 외부 파트너와 협업했으며(Anne and Robert, 2018), 협력의 밀도와 근접성이 중요한 요소로 작용했다. 노동력은 40마일을 이동하지만, 지식공유는 1마일 내에서 이루어진다는 보고도 있다(Carlino and Kerr, 2014).

전통적으로 혁신은 선형의 과정으로 보았다. 여기서 혁신은 과학자의 탐구심에서 시작하여 현재의 문제를 해결할 수 있는 대안을 찾고, 상품과 생산과정의 개선을 추구하는 활동이다. 자금 확보, 시제품 생산, 엔지니어링적 검사, 대량생산 가능성 등을 통과하면 신상품, 신공정, 신기술 등의 형태로 시장에 등장하여 소비자의 선택을 기다리게 된다. 반면 복합혁신모형은 선형 혁신이 기업에 큰 경쟁우위를 주지 못하는 상황에 주목한다. 실제로 혁신과정에는 연구기관, 공공과 민간의 투자자, 디자이너부터 비즈니스 서비스까지 다양한 기업 간 연계, 중간공급자, 소비자 등이 상호작용을 한다. 그리고 다양한 이해관계자 간의 소통과 협력, 신뢰가 요구되며, 상호 암묵지를 교환할 수 있는 상호 이해의 환경이 필요하다(van Winden et al., 2014). 현대의 산업혁신은 선형모형으로 점진적 혁신보다는 급진적이고 복합적이며, 다양한 맥락적인 요소들이 작용하는 다층적인 과정이다.

이처럼 혁신시스템은 단순화하거나 쉽게 복제하여 고립된 곳에서 구성할 수 없는 다공적인 경계를 가진다. 이러한 여건을 정책적으로 제공하려면 교육, 연구시설, 연구개발 지원, 창업지원, 기업 간, 기업-지원조직 간 네트워크 형성지원, 물자, 정보, 생활 인프라의 구축 등의 노력이 필요하다(Brenner and Schlump, 2011). 이것이 실현 가능한 곳은 도시지역이다. 최근 연구를 보면 혁신과 창업 활동이 공간적으로 집중되고 집적하는 경향과 함께 도시와 장소 기반으로 전환하는 특성을 보인다(Florida, Adler and Mellander, 2017). 혁신은 갈수록 일정한 장소로 집중하는 경향이 있으며, 창업은 혁신보다 더 집중하는 경향이 나타난다. 첨단산업의 창업은 전통적인 교외지역에서 도심지역으로 거대한 전환을 했고, 특히 대도시에 집중할 뿐만 아니라 대도시 내 특정한 지역에 집적하는 경향이 있다. 주로 도시재생지역, 브라운필드(brownfield)* 지역, 도시 내 쇠퇴지역 등에 집중한다. 이곳들은 기존의 업무지역이나 상업중심지역과는 다른 곳으로 장소의 특성을 새롭게 창출하는 특성을 가진다.

도시중심의 혁신모형이란 도시의 창조적인 인적자원의 혁신역량과 기술 능력에 기반하여 투자와 지식경제를 주도하는 모형이다(Tomaney and Bradley, 2007; Florida, 2014). 도시의 혁신자원은 장소의 품질(quality of place)을 고양시키며, 복합용도의 토지이용으로 일과 삶의 경계를 불분명하게 하며, 24시간 동안 유연한 작업설계를 할 수 있고, 카페 · 서점 · 광장 · 공원 · 대중교통 등 소위 제3의 공간(third

* 산업활동이 미미하거나 이미 쇠락하여 폐쇄된 산업지역을 의미.

place: Morisson, 2018)에서 사회적 상호작용과 네트워킹이 이루어진다. 도시지역은 거리축제, 역사유산, 음악, 스포츠, 공연장, 고급소비재 판매점 등 중산층의 라이프 스타일과 소비패턴에 대응하는 문화적 어메니티(amenity)가 풍부하고, 소수민족, 종교, 성적 지향 등 다양한 하위문화에 대한 개방성과 관용이 크다(Frey, 2018). 나아가 MZ세대들은 기존세대보다 결혼을 늦게 하고, 출생률이 낮고, 긴 통근 거리와 자동차 이용에 대한 선호가 낮아 도심을 선호하는 경향이 있다(Urban Land Institute, 2013). 따라서 혁신지구의 도시환경은 자본과 인적자원을 유인하는 데 무척 중요하다. 도시지역의 외부효과 때문에 일상적인 상호작용으로 지식의 일출(spillover)과 산업 간 보완적 협력이 이루어진다. 기업이 클라우드 서비스와 공유오피스를 활용함으로써 공간에 대한 수요가 감소되고, 디지털을 활용한 테스트베드와 개방형 혁신에 대한 수요가 증대하여 도심공간에 대한 요구가 갈수록 커진다(Cohen and Munoz, 2016; Wagner and Watch, 2017).

도시지역의 장소 형성은 기업의 집적과 생산성 향상에 기여한다. 걷기 좋은 도시, 대중교통 접근성, 소수민족 다양성과 관용, 어메니티, 기능의 밀집성 등의 조건은 지식집약사업서비스(knowledge intensive business services, kibs)와 창조적 기업의 집적, 혁신 생산성의 향상에 도움을 준다(Hamidi and Zandiatashbar, 2019). 미국 도시지역의 사례 연구를 보면, 피닉스, 댈러스, 포틀랜드 등에서 전철접근성과 창업과 집적의 연관성이 나타났으며(Credit, 2018), 특히 복합용도, 밀집도, 도보 대중교통 이용가능성 등이 단일 교통수단 접근성보다 훨씬 우월한 것으로 밝혀졌다(Zandiatashbar et al., 2019).

도시혁신이 활성화되기 위한 물리적인 조건은 6가지로 제시할 수 있다(Yigitcanlar et al., 2008).

① 주거와 업무의 조화(주거와 업무의 분리라는 고전적인 명제에서 탈피하여 혁신가의 업무환경이 주거와 가깝고, 문화 · 여가생활을 누릴 수 있으며, 자부심과 소속감을 느낄 수 있는 공간).
② 중심성(다양한 인프라와 서비스, 어메니티 근접성, 장소의 품질 등을 유지할 수 있는 공간으로 주로 구산업지역의 재생이나 구도심지역의 재활성화로 변화된 지역).
③ 브랜딩(상징적 가치를 위한 디자인, 랜드마크).
④ 학습과 여가(첨단 과학기술을 활용하여 상호작용이 활발하고 기술혁신과 학습이 이루어지는 지식창출공간).
⑤ 연결성(사회적 상호작용, 대면접촉, 보행으로 접촉할 수 있는 공간으로 암묵지의 교환과 이전).
⑥ 임계치(이러한 혁신을 위한 경제적 · 물리적 네트워킹 기능이 일정 수준 이상 집적되어야 함).

혁신지구라는 새로운 현대 도시

2000년대 이후로 산업의 변화가 도시지역에서 비도시지역, 비도시지역에서 대도시지역으로 이전함에 따라 기존 산업단지와 공업지역은 쇠퇴한 브라운필드지역에서 재생하여 현대 도시지역의 산업생산기지라는 새로운 역할을 부여받았다. 지역의 혁신지구(innovation districts)는 이전의 산업단지와 공업지구처럼 생활공간과 유리되어 있지 않고, 지역의 새로운 커뮤니티를 형성하며, 생산은 물론 지역과 세계를 잇는 교량 역할을 담당한다(Shearmur, 2012).

혁신지구는 지역 커뮤니티를 구성하고 지역의 생활과 문화의 중심이 되며, 기술과 사회자본(신뢰와 협력) 축적의 기반이 된다. 그리고 지역 내 상호작용의 주요 노드(node)가 되어 활발한 노동력(active man-power)을 보유한 지역이 되고 생활의 중심지로 변모한다. 규모의 경제와 범위의 경제를 통해 지역발전의 핵심적인 역할을 수행하기도 한다. 지역의 기업가정신의 원천이 되고, 금융 등의 생산자서비스활동과 연계되어 지역의 경제활동과 생활의 중심으로 변모한다. 글로벌한 산업 연계와 비시장적 교환의 장소로서 지역을 세계와 연결하는 허브 역할을 하며, 지역의 가치를 창출하는 가치사슬의 중심역할을 한다. 신생기업의 창출과 이에 따른 인구의 인접 거주로 사회적 역량과 지역 상호작용의 중추 역할을 담당하기도 한다. 또한 긍정적 기술혁신, 디자인, 관리시스템, 신상품의 개발, 노동력의 유연성과 창조성, 상품유통 등의 외부효과를 통해 도시경제의 핵심 역할을 수행한다.

이러한 혁신지구는 기존 공업지역과 산업단지의 재생과 회복으로 도시의 새로운 경제기반과 혁신 창출의 엔진 역할을 담당한다. 혁신지구가 성공하려면 리빙랩과 유사한 도시랩(urban lab), 지속 가능한 리더십, 지역의 비전과 가치를 공유하는 사회자본이 가장 중요하다. 이를 위해서는 협력을 증진하고 지속 가능한 산업생태계를 공공에서 지원해야 하며, 24시간 운영되는 작업-생활공간(live-work spaces), 문화 · 여가뿐만 아니라 안전하고 활발한 야간활동 등을 유지해야 한다(혁신지구 홈페이지).

산업 리더십과 거버넌스의 변화

지금 주목받는 산업지구의 거버넌스

포터의 고전적인 정의나 산업지구의 논의는 주로 산업지구의 내적인 요소, 즉 산업지구 안의 기업과 자생적인 조직과 공공부문의 지원 조직만 강조했다. 하지만 최근에는 산업지구 정책, 민관 파트너십에 의한 거버넌스 정책이 클러스터 성공에 중요한 이슈로 주목받고 있다(Guisard et al, 2010). 산업지구의 구성은 기본적으로 이질적인 네트워크로 형성되고 제도화의 정도가 높지 않으므로 클러스터의 성장기에는 위계적이고 적극적인 리더십이 형성되기 쉬우나, 산업지구의 위기에는 상당히 어려워지는 소프트 파워(soft power)의 특징을 가진다(Sydow et al., 2011). 나아가 산업지구 조직은 일반적인 조직에 비해 공식적인 권위나 권한이 부족하며, 산업지구 활동 주체의 다양성이 크고, 산업지구 구성원 간의 신뢰가 상대적으로 낮고, 기업과 조직 간의 참여 정도도 상대적으로 떨어진다(Zagorsek et al., 2008). 따라서 산업지구의 성공이나 전환기 산업지구의 경로 발전은 적절한 리더십의 구성 여부에 따라 성패가 갈린다고도 할 수 있다(남기범, 2014).

산업지구의 리더십은 활동 주체들을 동원하여 전략을 수립, 집행하여 변화를 추동할 수 있는 역량과 클러스터 구성원 간의 갈등을 조절하고 민관의 협력관계를 원활하게 하여 결속력을 강화시켜 장기적으로 안정적인 협력관계를 창출하는 역량을 의미한다. 따라서 리더십은 하나의 개인이나 기업이 아닌, 산업지구 구성원들이 창출해 내는 거버넌스 과정과 조직화 과정의 결과로 나타나는 속성이다. 산업지구 리더십은 클러스터 근본적으로 내외부를 아우르는 관계지향적(relational) 특성을 가진다. 즉 산업지구 내부의 정치, 사회, 문화적 맥락에서 발전하는 관계성이다. 산업지구 리더십은 일반 조직의 리더십과는 다른, 비위계적(heterorarchial) 특성과 산업지구 내외부의 활동 주체와의 협상에 기반을 두고 발전한다(Sydow et al., 2011).

그러므로 산업지구에서는 '퇴출(exit)'이 자유롭고 비율도 높으며, 클러스터 소속감도 상대적으로 낮은 편에 속한다. 유럽의 사례에서 보면, 산업지구 리더십은 분배적(distributive) 특성이 있으며, 산업지구 발전경로의 위기 시에 민관협력 전략과 주체 간 협력과 합의점 도출로 새로운 발전경로의 창출이 가장 두드러진다(MacMeil and Steiner, 2010). 기존의 선도기업 위주의 산업지구 발전모형이나, 정부 주도의 거버넌스 성공유형(Markusen and Park, 1993)은 산업지구 창출기와 성장기에는 상당히 유용한 거버넌스나 리더십의 유형이 될 수 있었다. 하지만 위기와 외부충격에 대응하는 산업지구 발전경로의 다각화나 조정기에는 적절하지 않을 수 있다는 반증이 된다(남기범, 2013).

혁신지구에 적응형 거버넌스를 도입하면

적응형 거버넌스(adaptive governance)는 환경과 사회-생태시스템 분석에서 유래된 개념이다. 외부환경이 계속 변하고 지식이 불완전하고 불균등하게 분포하는 상황에서 다수의 이해관계자가 자신의 이익과 어젠다를 선점하려고 경쟁할 때, 적응형 거버넌스를 활용해 의사결정 원칙을 제도적 · 사회적 · 환경적 변화에 적용시킬 것이 요구된다. 적응형 거버넌스는 대규모 인프라 투자, 기술혁신의 복합적 과정이나 도시재생의 거버넌스 분석에 활용되었다. 적응형 거버넌스는 위계횡단적(cross-level)이고 스케일횡단적(cross-scale)이다(Termeer et al., 2010). 동일한 스케일에서 위계횡단적으로 상호작용하며, 동일한 위계에서 스케일횡단적으로 상호작용한다. 위계횡단적 · 스케일횡단적 상황에서 행위 주체자 간의 갈등을 줄이고 협력을 끌어내는 거버넌스가 중요하다. 복잡계 적응시스템의 역동성에 대응하려면 진화, 집합적 행위, 예측 등 3가지 요소가 요구된다. 진화를 위해서는 시스템의 맥락을 이해하고 적응해야 한다. 이는 시간 경과에 따른 맥락적 지식의 중요성을 보여 준다. 특히 행위 주체자 간의 의사소통과 기존 상호관계의 변화가 중요하다. 집합적 행위는 행위 주체자 간 이익의 결집과 협력으로 긍정적 외부효과와 시너지의 창출을 의미하기 때문이다.

적응형 거버넌스 체제는 예측, 학습, 적응 등 3가지가 상호연관되고 순차적인 행동에 기반한다(Janssen and van der Voort, 2016). 예측은 사전에 적용하는 행동이고, 적응은 사후에 수행하는 행동이며, 학습은 이 예측과 적응에 꼭 필수한 횡단적인 과정이다. 현장에서 성공적인 적응형 거버넌스 과정과 역동성은 행위 주체자와 스케일 간의 협력, 이해관계자와 위계 간의 조정, 사회자본의 강화, 주민 커뮤니티의 참여와 역량 강화, 데이터 분석과 모니터링을 활용한 지식과 의사결정의 연계, 리더십 강화 등으로 볼 수 있다(Gianoli and Henkes, 2020). 92개 조직을 사례연구한 결과, 적응형 거버넌스의 특징은 행위 주체자와 스케일을 넘는 의미 있는 협력, 사회자본의 형성, 커뮤니티의 역량 강화와 참여, 조직 역량의 발전, 데이터 수집과 모니터링을 통한 지식과 의사결정의 연계, 리더십 역량강화 추동, 거버넌스 기회의 창출 등으로 분석되었다(Sharma-Wallace et al., 2018).

도시 혁신지구에 적응형 거버넌스를 적용하면, 위계는 지구 단위, 지역 단위, 도시 단위 등으로 볼 수 있고, 스케일은 물리적 스케일(혁신지구의 복합용도 발전), 경제적 스케일(혁신지구 입주업종의 전략, 시너지, 혁신, 투자자와 기업의 유인 등), 사회적 스케일(커뮤니티와의 네트워킹) 등으로 볼 수 있다. 스케일은 혁신지구의 3대 요소로 지칭되는 물리적 자산, 경제적 자산, 네트워킹 자산과 일치한다(Katz and Wagner, 2014). 이러한 스케일이 중층적으로 연결되어 혁신과 지식의 스케일을 형성하고 지식기반경제 전략, 대학과 산업 간의 연계, 창업기업의 지원, 신상품과 서비스의 창출, 신시장 기회의 개척 등의 역할을 담당한다.

서울의 산업전환과 대응 방향

서울 산업은 지식기반화로 진화 중

서울은 1960년대 이후 진행된 도시화와 산업화의 성공적인 조합으로 계속 성장해 왔다. 수출산업공단(현 서울디지털산업단지)으로 시작된 성장의 엔진은 제조업에서 서비스업과 지식기반산업으로 산업의 구조 고도화가 이루어지고 있다. 물론 서비스업에서 많은 부분을 차지하는 보건복지 · 교육 관련 서비스업의 구조 고도화는 인구 고령화와 사회복지와 사회교육 시설의 확충에 따른 현상이다. 부가가치와 고용 측면에서는 지식기반 서비스업인 전문과학기술서비스가 포함되는 사업서비스업이 서울의 성장을 견인하고 있다. 이는 서울의 산업이 요소투입형, 자본집약형에서 한 걸음 나아가 연구개발을 기반으로 하는 지식집약형으로 전환됨을 의미한다.

특히 서비스 경제화가 진행되고 있는데, 이는 대도시인 서울의 연관 다양성(related variety)과 집적으로 혁신 창출 효과가 나타나 상품의 생산보다 개발에 치중하는 지식기반화가 전개되고 제조지원 서비스 등 중간 투입 수요가 확대되기 때문이다. 최근 디지털 전환과 코로나19 이후의 산업구조 전환에 따라 온라인과 오프라인 간 융합, 상품 생산에서 상품 혁신과 개발, 제조업과 서비스업의 융합, 제조지원 서비스의 중요성이 커졌다(김주훈 · 이경애 외, 2020).

서울의 산업구조는 다양화와 창의적이고 혁신적인 중소기업 주도형 경제시스템으로 진화하고 있다. 최근의 산업변화는 산업집적지와 혁신집적지의 장소를 차별화한다. 혁신과 지식은 고도로 국지화된 특화 네트워크를 통해 확산하므로 물리적 근접성뿐만 아니라 제도적 · 사회적 · 개념적 · 인식적 근접성의 중요성이 커지고 있다. 이러한 혁신은 주로 내부도시의 재활성화와 일터와 쉼터의 복합화를 위해 낡은 건물과 브라운필드를 창조적 공간으로 재생하며 실현된다. 특히 서울은 창업이나 소규모 기업을 위한 적절한 기능적 네트워크가 구축된 데다가, 문화적으로 활기찬 사회적 환경, 복합 기능 시설과 개방형 구조, 창조적 환경과 협력적 문화를 추동하는 도시혁신의 대표적인 장소로 성장하고 있다.

물론 서울은 산업의 광역적 연계 발전과 공간 분업으로 제조업 기반이 약화했고, 도심(산업) 지역과 비도심 지역, 강남과 강북 등 지역

간 격차 심화, 비즈니스 서비스보다는 소비자 서비스의 급속한 성장이라는 과제가 있다. 하지만 앞서 살펴본 도시혁신의 핵심 요인인 집적-학습-혁신이라는 대도시의 잠재력을 풍부하게 보유하고 있다. 또한 ICT, 바이오 분야에서 세계적 대기업과 연구개발 기능 등 글로벌 혁신 잠재력을 갖추었으며, 창업 · 창직을 통한 새로운 비즈니스 생태계 구축에 필요한 인적자원과 글로벌 인재 유치를 위한 문화 · 사회 · 지역 공동체의 인프라가 풍부하다.

서울과 수도권의 풍부한 자원은 주요한 경제와 산업혁신의 공통재로 작동한다. 하지만 혁신은 경제, 산업만이 아닌 글로벌 가치사슬에서의 사회문화적 과정이며, 혁신성장의 추동력은 광역적보다는 국지적으로 형성되는 특성이 있다. 마곡, 상암, 서울디지털단지, 테헤란밸리 등 기존의 산업과 연구개발 중심의 혁신지구는 산업 분야뿐만 아니라 문화, 예술, 생활테크 혁신으로 다양한 외국의 인재를 수용하는 고급인력 다문화 풀을 조성하고 지원하여 글로벌 대중문화의 중심, 글로벌 인재의 중심으로 성장하여 두뇌 순환(brain circulation)의 핵심 노드를 지향하고 있다. 따라서 서울의 산업정책도 기존의 혁신지원, 교육지원, 인프라지원 등 기존의 정책 이외에 장소 기반의 디지털 플랫폼을 구축할 수 있도록 전환해야 한다.

서울 산업정책의 방향: 공공 혁신 플랫폼을 구축하라

플랫폼은 연결에 그 기반을 둔다. 그래서 단순히 참여자와 이용자 수가 많은 것보다는 이들이 연결되고 상호작용과 협력하는 것이 더 중요하다. 바로 '네트워크 효과'이다. 사회 전체로는 콘텐츠, 생산자, 소비자가 서로 연결될 때, 산업의 관점에서는 제품, 판매자, 구매자가 네트워크로 서로 연결되어 정보가 쌓이고 분석되고 이를 통해 새로운 가치를 창출하는 기반이 된다. 플랫폼이라고 하면 일반적으로 시장 중계 역할을 하는 경제적 플랫폼을 상정하지만 4차 산업혁명과 관련해서는 기술적 플랫폼이 가장 중요하다. 결국 플랫폼은 다양한 서비스가 제공되고 거래되는 시장이자 기술적으로 상호의존적인 제품과 서비스의 집합으로 이해할 수 있다(황혜란, 2019).

플랫폼에서 제공되는 제품이나 서비스들은 장치(device)가 아니라 네트워크로 연결된 컴퓨터들의 자원을 활용한 것이며, 연결되어 있어서 서로 다른 기술 간에 혼합과 결합, 새로운 조합이 가능하다. 또한 학습데이터의 제공, 컴퓨팅 관련 라이브러리의 공유, 컴퓨팅 자원 공급의 확대 등으로 모든 참여자의 혁신 노력을 통합할 수 있으며, 더 많은 개발자와 참여자를 포섭할 수 있다. 그 결과 플랫폼은 '보완재 집합'으로서 발전이 가능해지고, 기업의 네트워크를 확장하고 데이터 · 정보 기반의 가치를 지속적으로 창출함으로써 영역을 확장할 수 있다.

플랫폼은 혁신 주체의 역량을 결집하려고 수평적 개방형 협력 네트워크를 구축하고, 산학연뿐만 아니라 대중소기업 등 혁신 주체 간의 긴밀한 협업 기반을 구축할 수 있다. 공공이 구축하는 산업 플랫폼의 제공자는 핵심역량의 연결을 담당하고, 정부는 정책 예산의 일괄적 지원과 함께 기획, 평가, 기술이전과 사업에 대한 투자에 민간 중심의 시장친화적 운영을 지향해야 한다. 대중소기업 간 정보 자원의 불균형을 해소하고 분절적 산업정책의 한계를 극복하려면 공공 주도의 혁신산업 플랫폼 지원에 집중해야 한다(대통령직속 4차산업혁명위원회, 2019).

서울시 중소기업은 대부분 기초적인 디지털 인프라를 갖추지 못한 것으로 나타나 디지털 전환에 제대로 대응하기 어려울 가능성이 크다. 이렇듯 산업 환경 변화에 낙오되면 미래 생존을 위협받을 수 있다. 제조데이터 구축이 곤란한 중소기업의 현실을 고려하여 정부는 중소기업을 대상으로 클라우드 서비스를 지원하고 이를 매개로 관련 산업 빅데이터를 구축해야 한다. 그리고 신뢰성을 확보하기 위해 보안체계 강화 등 제도적 정비와 전문기업으로의 성장을 지원하여 향후 국내 빅데이터 생태계로의 발전 토대를 마련해야 한다.

플랫폼 비즈니스 모델이 이제까지의 파이프라인 비즈니스 모델과 다른 점은 3가지 측면으로 요약될 수 있다. 첫째, 자원 통제로부터 자원 조정으로의 전환이다. 플랫폼 비즈니스 모델의 가장 중요한 자산 중 하나는 커뮤니티와 이에 기여하는 구성원으로서 복제가 매우 어려운 특성이 있다. 둘째, 내부적 최적화로부터 외부와의 상호작용으로의 이전이다. 플랫폼 기업은 외부 생산자와 소비자 간의 상호작용을 촉진함으로써 가치를 창출한다. 마지막으로 비즈니스의 초점이 수요자 가치로부터 생태계 가치로 이전한다는 것이다. 플랫폼 모델의 초점은 순환적이고 반복적인 피드백 과정을 통해 생태계의 전체 가치를 극대화하는 데 있다(van Alstyne M. et al., 2016).

산업클러스터는 지역 단위에서 기업, 혁신지식, 지원의 특화된 집적을 의미한다. 반면에 혁신 플랫폼은 연관 다양성을 기반으로 한 클러스터와 비(非)클러스터 기업조직 간의 복잡한 조합이다. 혁신 플랫폼은 산업클러스터에 비해 상대적으로 모든 규모의 기업이 혁신의 잠재

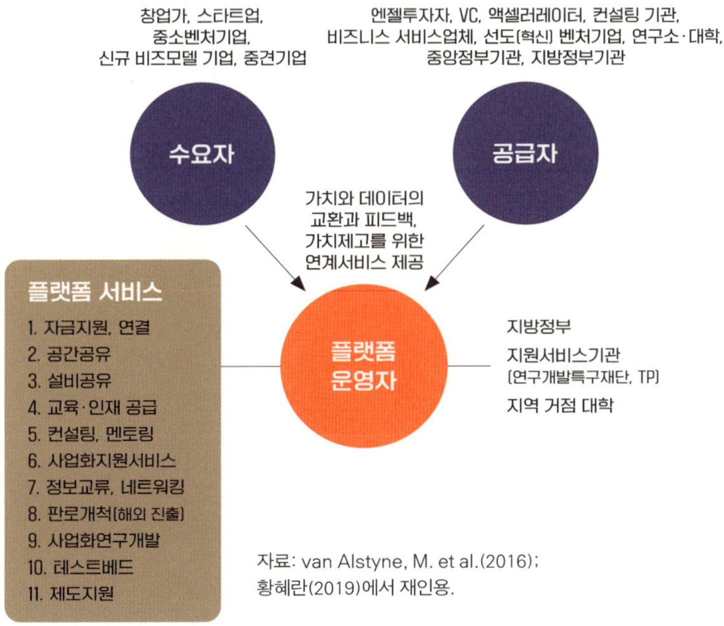

그림 4 공공 혁신 플랫폼 서비스

력을 향상할 수 있다는 점에서 장소 기반 정책에 부합한다. 기업이 클러스터의 특화된 조건에 한정되면 고착화의 위험성이 있고 회복탄력성이 낮아질 수도 있다. 공공기반의 지속 가능한 지역혁신 플랫폼 구축정책은 혁신지구의 자원 공유와 융합 서비스체제 구축으로 지역산업의 민간 혁신과 창조적 여건을 만들어 나갈 수 있다. 공공지원 정책이 혁신 플랫폼 지원 정책으로 변화함으로써 기존의 특화산업 정책의 문제점(고착화, 회복탄력성 부족)과 혁신지구의 잠재력과 인프라, 인재 등을 포괄하는 융합산업 정책의 시행이 가능해진다.

따라서 서울의 혁신지역을 중심으로 장소 기반의 공공 플랫폼을 구

전통적인 클러스터 정책	플랫폼 정책
지역 중심 대학과 기업이 핵심 주체	지역사회, 인재, 산업·혁신생태계 조정자가 핵심 주체
연구개발 프로젝트 창출을 위한 네트워크 형성	매력적인 환경 조성이 가장 중요
모범사례 선정과 자금지원	역량 강화와 다양한 시도를 조정
공공 부문의 역할은 자금지원이 핵심	공공 부문의 역할은 플랫폼 제공자, 공동 창조자(co-creator), 혁신적인 고객

자료: Cook2(2012).

표 1 클러스터 정책과 플랫폼 정책

축하면, 혁신지구 내 소수의 대기업과 중소기업의 거래관계에 갇혀 있는 중소제조업의 혁신 네트워크를 재편할 기반을 만들 수 있다. 이것이 혁신지구 내 중소기업이 소유한 다양한 정보와 자원을 새로운 창업기업이나 연관 중소기업 육성을 위해 연계하도록 공공 플랫폼을 구축해야 하는 이유이다. 개방형 혁신 플랫폼은 외부인도 체제에 접근할 수 있고, 가치 창출에 기여할 수 있으며, 참여 네트워크를 활용해 사용자와 상호 이익을 추구할 수 있는 환경 · 기술 · 시스템을 구축하는 일이다. 공공 혁신 플랫폼을 활용해 기존의 중심기업과 참여기업 간에 원 · 하청 수직구조를 탈피하고, 수평적 연계 형성을 지원하여 공생 구조를 구축할 수 있을 것이다(정미애 · 김선우 · 성지은 · 오승환, 2020).

위기를 넘어 지속적인
성장 패러다임을 모색하다

2부

함께 가자, 중소기업과 소상공인

04

중소기업도 시대에 따라 변해야 산다

우영진 _ 서울연구원 부연구위원

서울에서 큰 비중을 차지하는 중소기업에 주목

서울 중소기업의 기초적인 현황

전 세계 여러 국가에서 중소기업은 전체 기업 규모의 대다수를 차지하며 많은 수의 종사자를 고용 중이다.* 우리나라는 전체 기업 중 99.9퍼센트가 300명 이하의 중소기업이고 전체 종사자 중 85.5퍼센트가 중소기업에 근무하고 있다. 서울은 전체 기업 중 99.8퍼센트가 중소기업이고 종사자 중 76.7퍼센트가 중소기업에 근무하고 있다. 즉 전국과 마찬가지로 서울도 중소기업의 종사자가 큰 비중을 차지한다.

* 중소기업의 범위는 영리기업 혹은 비영리 사회적기업을 대상으로 적용한다. 상시종업원 수가 광공업과 운송업은 300인, 상업 및 서비스업은 50인 이하이면 중소기업으로 간주된다(「중소기업기본법」).

본 장에서는 서울의 중소기업 현황을 살펴보고 경영환경을 진단하여 중소기업이 어떤 이슈에 주목하고 준비해야 할지 점검한다. 이를 통해 전환기 서울 경제에 중소기업이 주목하고 나아가야 할 방향을 모색하고자 한다.

우리나라 중소기업의 비중은 계속 증가하고 있다. 최근 10년간(2009~2019년) 기업의 수는 평균 2.4퍼센트, 중소기업에 종사하는 고용자 수는 평균 3.0퍼센트 증가했다. 규모별로 증가 폭을 보면 10~49명 규모 기업의 성장(3.3퍼센트)이 10명 미만의 영세사업장의 성장(2.3퍼센트)이나 50명 이상의 중기업의 성장(2.6퍼센트)보다 두드러졌다. 그러나 300명 이상의 고용자 수를 둔 대기업의 수는 같은 기간 3.1퍼센트 성장했다.

서울시 중소기업의 기초적인 현황을 파악하기 위해서 사업체 수와 종사자 수를 기준으로 서울과 전국의 규모별 분포를 살펴보았다. 기업의 규모는 종사자 수 10명 미만, 10~49명, 50~99명, 100~299명 미만을 기준으로 나누었다. 서울은 상시 종사자가 10명 미만인 기업이 전체 기업의 91.4퍼센트를 차지하여 전국과 유사한 분포(91.8퍼센트)가 나타났다. 그러나 전국보다는 영세한 사업체 비중이 높지 않았다(〈그림 1〉 참조). 서울은 100명 미만의 기업에 근로하는 종사자의 수가 전국보다 적었고, 100~299명 미만의 비교적 큰 규모의 중소기업에 근무하는 종사자의 수가 전국보다 많았다(〈그림 2〉 참조). 서울의 중소기업은 전국보다 비교적 큰 규모의 기업이 많았고 다른 지역보다 영세한 사업장에서 일하는 근로자의 수가 적었다.

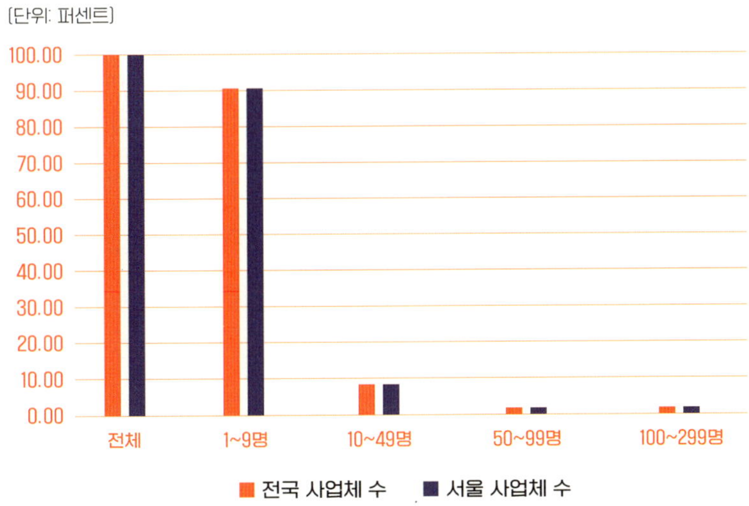

그림 1 2019년 기업 규모별 사업체 분포

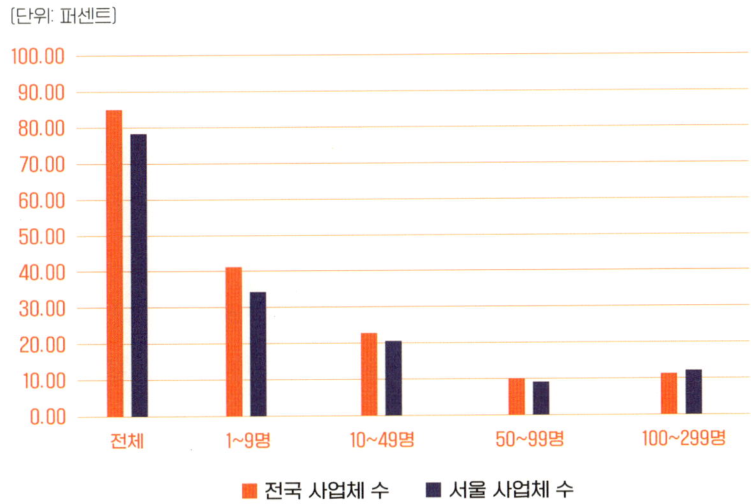

그림 2 2019년 기업 규모별 종사자 분포

업종별 중소기업 분포에 따른 전망

중소기업이 어떤 업종에 많이 분포하고 있는지를 살펴보면 산업의 생산성과 미래 전망을 알 수 있으며, 이를 통해 중소기업의 전망을 어느 정도 예상할 수 있다. 우선 우리나라 기업이 어떤 업종에 분포되어 있는지 살펴보자. 2019년을 기준으로 우리나라 기업들은 도소매업(24.6퍼센트), 숙박음식점업(18.8퍼센트), 제조업(10.6퍼센트), 협회 · 단체, 수리 · 기타 개인 서비스업(10.05퍼센트), 운수창고업(9.8퍼센트)의 순으로 분포했다. 종사자 수를 기준으로는 제조업(18.1퍼센트), 도소매업(14.5퍼센트), 숙박음식점업(10.55퍼센트), 보건 · 사회복지 서비스업(8.9퍼센트), 교육 서비스업(7.45퍼센트)의 순으로 분포했다.

서울은 업종별로 살펴보았을 때 도소매업(26.7퍼센트), 숙박음식점업(16.1퍼센트), 운수창고업(11.5퍼센트), 협회 · 단체, 수리 · 기타 개인 서비스업(8.4퍼센트), 제조업(7.0퍼센트)의 순으로 높은 순위를 차지했다. 종사자 수를 기준으로는 도소매업(17.2퍼센트), 숙박음식점업(9.5퍼센트), 전문 · 과학 · 기술 서비스업(9.3퍼센트), 사업시설관리, 사업지원, 임대 서비스업(9.0퍼센트), 보건 · 사회복지 서비스업(7.7퍼센트)의 순으로 분포했다.

〈그림 3〉은 서울과 전국의 100~299명 규모 중소기업의 비중을 업종별로 나타내고 있다. 전국을 보면, 공공행정 · 국방 · 사회보장 · 행정, 전기 · 가스 · 증기 공급업, 사업시설관리 · 사업지원 · 임대 서비스업, 정보통신업, 보건 · 사회복지 서비스업, 금융보험업의 순의 산업에 비교적 규모가 큰 중소기업이 많았다. 반면 숙박음식점업, 협회 · 단체, 수리 · 기타 개인 서비스업, 도소매업, 부동산업에는 큰 규모의

중소기업 비중이 작게 나타났다. 서울을 보면, 공공행정 · 국방 · 사회보장 · 행정, 전기 · 가스 · 증기 공급업, 농림어업, 수도 · 하수 · 폐기물처리 · 원료 재생업, 사업시설관리 · 사업지원 · 임대 서비스업, 금융보험업의 순으로 나타났다. 반면 광업, 숙박음식점업, 협회 · 단체, 수리 · 기타 개인 서비스업, 제조업, 예술 · 스포츠 · 여가 서비스업에는 작은 규모의 중소기업이 많았다.

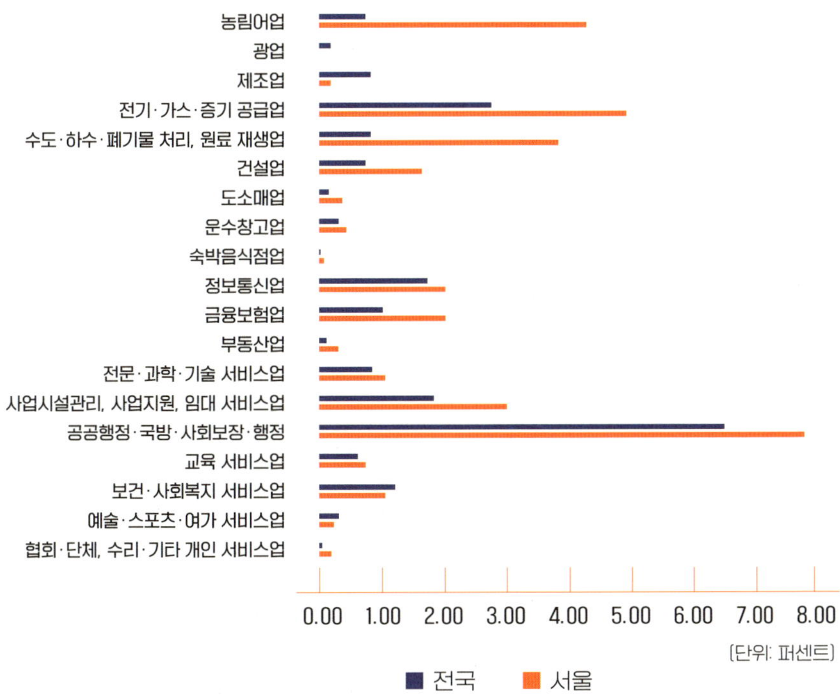

그림 3 **업종별 100~299명 규모의 중소기업 비중**

공공행정 · 국방 · 사회보장 · 행정 부문과 전기 · 가스 · 증기 공급업 등은 영리를 목적으로 하는 중소기업에서 생산하는 것이 아니라 정부에서 제공되는 서비스이기 때문에 규모가 큰 기관의 비중이 높게 나타난 것으로 보인다. 즉 서울과 전국이 유사하게도 숙박음식점업, 협회 · 단체, 수리 · 기타 개인 서비스업에서는 작은 규모의 기업이 많았다. 반면 서울의 제조업에는 전국보다 작은 규모의 중소기업이 많았다. 이는 서울의 전통제조업인 의복, 가죽, 신발, 귀금속 등을 생산하는 기업의 영세성을 반영한다.

서울은 전국에 비해 높은 수준의 1인당 매출액 기록

〈그림 4〉는 서울과 전국의 전체 기업 종사자 1명당 매출액의 추이

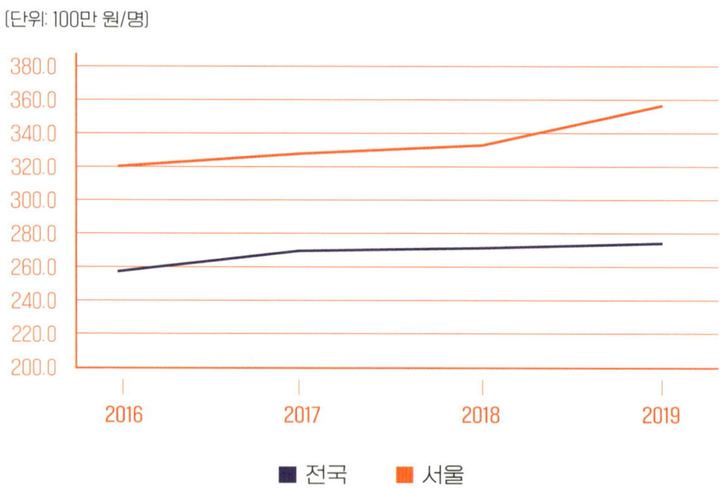

그림 4 종사자 1명당 매출액

구분	전국			서울		
연평균 성장률	사업체 수	종사자 수	매출액	사업체 수	종사자 수	매출액
	1.9	2.2	4.3	0.1	1.0	4.2

(단위: 퍼센트)

표 1 2016~2019년 사업체의 연평균성장률

다. 서울은 종사자 1명당 매출액이 전국에 비해 1.2배 정도 높은 수준에 형성되어 있다. 2016년에서 2019년까지 1명당 매출액의 연평균성장률은 서울 3.3퍼센트, 전국 2.0퍼센트였다. 서울은 2019년에 기업의 매출액이 전국보다 증가했다.

서울의 1명당 매출액이 전국 수준을 상회하는 이유는 서울에서 종사자 수의 증가 폭이 매출액의 증가 폭보다 작기 때문이다. 전국과 서울의 매출액 연평균성장률은 4.2~4.3퍼센트로 비교적 유사한 수준에서 형성되고 있다. 하지만 사업체나 종사자 수의 연평균성장률은 2배 이상 차이가 난다(〈표 1〉 참조). 서울은 노동력을 사용한 매출 증가보다 자본이나 지식을 사용하여 증가한 매출 비중이 전국보다 더 큰 것으로 나타난다. 이 점은 서울의 중소기업의 생산성을 개선하고 성장을 촉진하기 위해 어떤 요인이 필요할 것인지를 예상하게 해 주는 대목이라 할 수 있다.

서울의 매출 증가율이 전국을 웃돌기 시작

〈표 2〉는 서울과 전국의 중소기업, 대기업의 2015년부터 2018년까지 매출 증가율과 연평균증가율을 보여 준다. 기업 규모와 상관없이 전국 기업의 매출 연평균성장률은 서울보다 높은 수준이다. 한편 지역과 상관없이 중소기업의 매출 증가율은 대기업보다 0.2~0.4퍼센트포인트 낮았다. 서울의 중소기업 연평균성장률은 3.6퍼센트로 전국 4.4퍼센트보다 0.8퍼센트포인트 낮았다. 서울의 중소기업 매출 증가율 추이를 살펴보면 2018년에는 전국의 중소기업 평균 매출 성장보다 0.1퍼센트포인트 높은 증가율이 나타났다. 서울의 중소기업이 전국과 비교해 사업체 규모가 크다는 점을 고려하면 2018년을 기점으로 매출 증가율이 전국을 웃돌기 시작했다는 것은 매우 의미가 크다. 경쟁이 심화하고 불확실성과 위험이 증가하는 시점에서 최신 정보와 전문화된 지식은 밀집된 공간인 서울의 중소기업에 유의미한 역할을 했다고

구분	전국		서울	
	중소기업	대기업	중소기업	대기업
2016	3.3	1.5	2.8	0.6
2017	6.4	8.9	4.7	8.1
2018	2.8	3.3	2.9	2.0
연평균성장률	4.4	4.8	3.6	3.8

(단위: 퍼센트)

표 2 2015~2018년 중소기업과 대기업 매출 증가율

분석할 수 있다.

최근 3년간 중소기업 매출의 연평균성장률이 대기업보다 낮은데, 여기에는 자금난과 인력난, 낮은 경쟁력, 생산성 등 여러 이유가 있다. 중소기업중앙회에서 2020년 하반기에 조사한 '중소기업 경영실태 및 2021년 경영계획 조사'에 따르면 '내수활성화정책(61.2퍼센트)', '적극적 금융 · 세제 지원(52.0퍼센트)', '판로지원(22.0퍼센트)', '규제개혁(11.6퍼센트)' 등이 중소기업 성장을 위해 추진해야 할 정책으로 꼽혔다. 특히 종업원 수 10명 미만의 사업장(67.1퍼센트), 20~29명의 사업장(63.9퍼센트)에서 내수 활성화 정책의 필요성을 말한 비중이 높았다. 반면 30명 이상의 사업장(59.7퍼센트)은 작은 규모의 사업장보다 금융 · 세제 지원에 대한 필요성을 더 많이 체감하는 것으로 조사되었다. 다시 말해 '시장환경이 녹록지 않다'는 외부환경 요인에 '제품 경쟁력과 생산성이 대기업보다 떨어진다'는 내부 요인이 함께 작용했다고 볼 수 있다.

제조 중소기업을 살피면, 기업활동을 지속한 지 20년이 넘어도 종사자 수는 50명 미만의 규모에서 성장이 정체된 기업이 우리나라 전체 제조 중소기업 중 20.5퍼센트를 차지했다(산업연구원, 2021). 이렇게 더 성장하지 못하고 정체되는 주요 원인으로는 제품을 판매할 수 있는 시장 규모가 작고 그 안에서 과도하게 경쟁할 수밖에 없는 현실이 꼽힌다. 그 밖에 만성적인 자금난과 인력난, 마케팅과 혁신역량 부족도 원인으로 나타났다.

환경 변화에 따른 산업구조 변화

전 세계적으로 저성장 국면에 들어선 지 오래다. 우리나라를 비롯하여 북미 · 유럽을 중심으로 인구감소 현상이 뚜렷하다. 우리나라의 인구성장률은 2010년 이후 1퍼센트 이하로 떨어져 답보하다가 2015년부터는 0.5퍼센트 이내로 나타났다(〈그림 5〉, 〈그림 6〉 참조). 서울의 인구성장률은 전국보다 낮은 수준에 머물러 있으며 2011년부터는 마이너스 성장률을 유지하고 있다. 서울의 인구 유입과 유출까지 포함된 수치이지만 서울의 시장 크기가 작아지고 있어 성장성의 측면에서 볼 때 향후 어려움이 예상된다.

인구성장이 둔화하는 상황에서 노령화지수를 통해 인구구조 변화

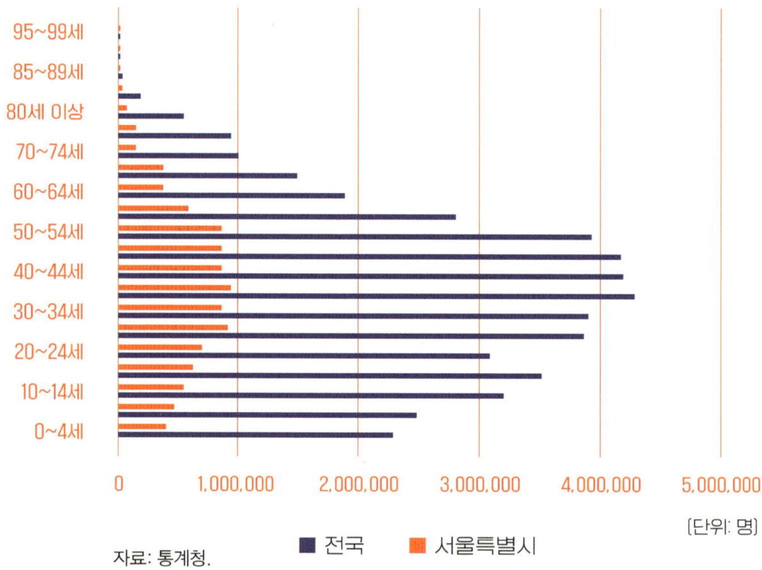

자료: 통계청.

그림 5 **2010년 인구구조**

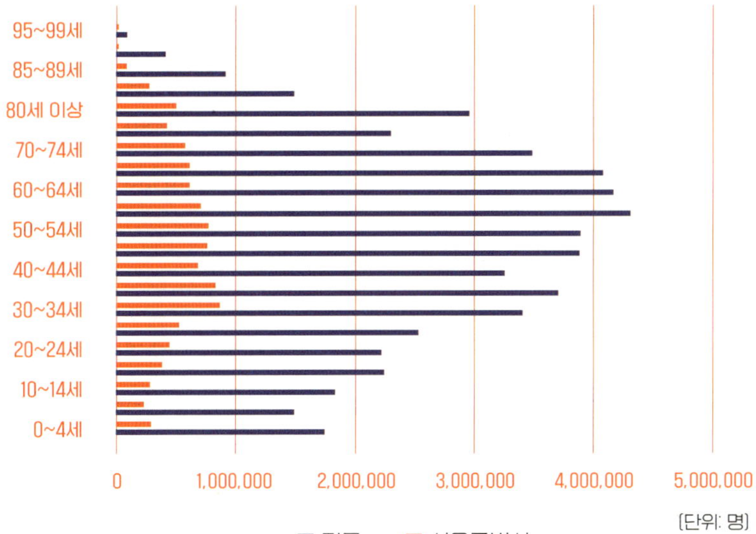

자료: 통계청.

그림 6 2030년 인구구조

를 살펴보자. 노령화지수는 유소년인구(0~14세)에 대한 고령인구(65세 이상)의 비로 산출되는 것으로 〈그림 6〉은 전국과 서울의 노령화 추이를 보여 준다. 2010년에 서울의 노령화지수(66.2)는 전국(67.3)보다 낮은 수준이었으나 이후로는 역전되어 지금까지 서울이 전국보다 높은 노령화 현상을 보인다. 전국 대비 서울의 인구성장은 둔화하고 노령인구 비중은 증가하는 양상이다. 앞으로 소비시장의 규모도 축소되고 노령인구가 소비하는 업종이 발달하는 등 인구구조로 인한 산업구조 변화가 지속될 것으로 보인다.

노령인구의 비중과 함께 이들의 자산가치도 점차 커지고 있다. 2012년 60세 이상 가구주의 평균 자산가치는 3억 1,302만 원이었는

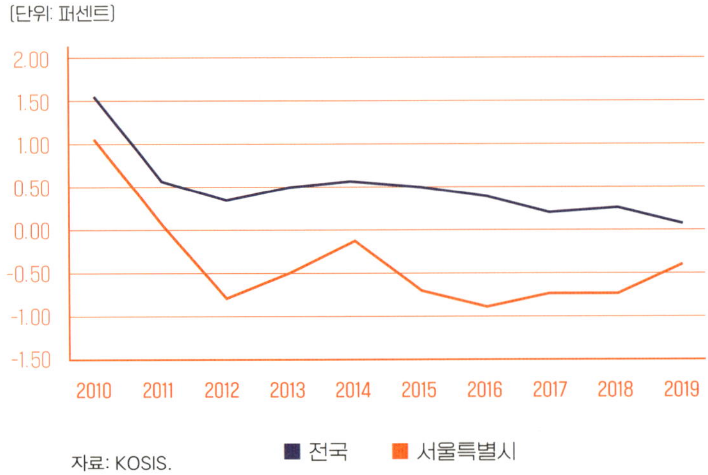

자료: KOSIS.

그림 7 인구증가율 추이

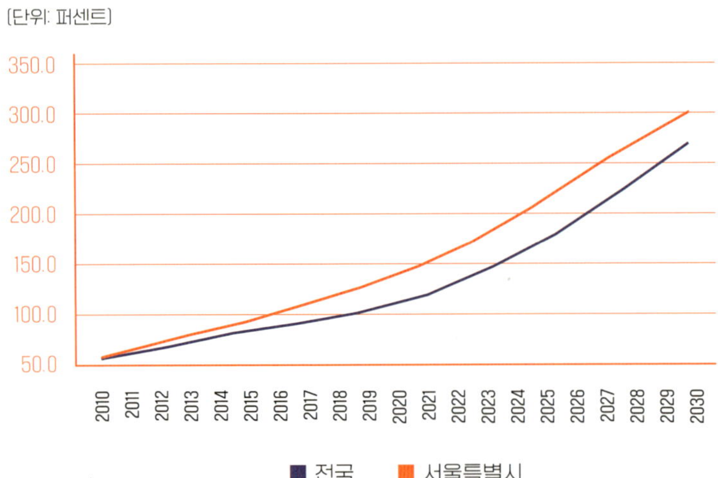

자료: KOSIS.

그림 8 노령화 지수 추이

구분(연도)	2012	2013	2014	2015	2016	2017	2018	2019	2020
30세 미만	6.4	6.1	6.2	6.1	5.6	6.1	5.6	6.0	5.7
30~39세	16.3	16.2	16.3	16.9	16.9	17.7	17.9	17.9	18.8
40~49세	24.4	23.4	23.2	23.0	24.2	24.4	25.4	25.8	25.8
50~59세	30.6	30.6	30.5	29.3	29.0	28.0	27.5	27.1	27.0
60세 이상	22.4	23.8	23.8	24.7	24.2	23.9	23.7	23.1	22.7

자료: 통계청 가계금융복지조사. (단위: 퍼센트)

*순자산이란 총자산 중 금융부채 및 임대보증금을 제외한 금액.

표 3 가구주의 연령별 순자산* 비중

데 2020년에는 4억 2,701만 원으로 증가했다. 전체 가구 중 노령인구가 차지하는 자산의 비중은 2015년 24.8퍼센트에 이르다가 점차 감소하는 추세이고 30~40대 가구주의 자산 비중이 점차 증가하고 있다(〈표 3〉 참조). 노령인구의 비중이 증가하더라도 이들의 자산 수준이 높지 않고 감소하고 있다.

가구의 소비지출은 가구주의 나이에 따라 다르다. 나이가 많을수록 근속연수가 오래되어 임금이 높고 자녀의 나이에 따라 지출되는 비용이 큰 경우가 일반적이기 때문이다. 〈그림 9〉과 같이 유소년층 자녀를 많이 둔 40~50대 가구주의 가구는 평균적으로 연간 3,300~3,700만 원을 소비지출에 사용하고 있다(2020년 기준). 반면 60세 이상 가구주의 가구는 모든 연령대에서 가장 낮은 소비수준인 약 1,800만 원을 사용하고 있다. 또한 이들은 소득 중 46.1퍼센트를 소비지출에 사용하는데 이는 다른 연령대에 비해 다소 낮은 편이다(〈그림 10〉 참조). 고령화

(단위: 만 원)

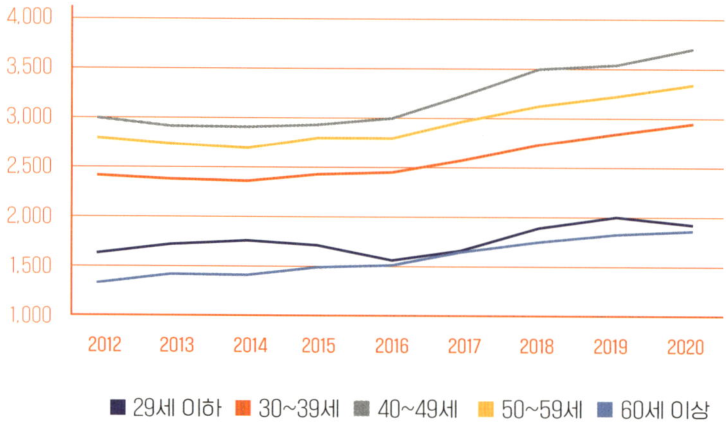

자료: 통계청, 한국은행, 금융감독원.

그림 9 연령별 연간 소비지출

(단위: 퍼센트)

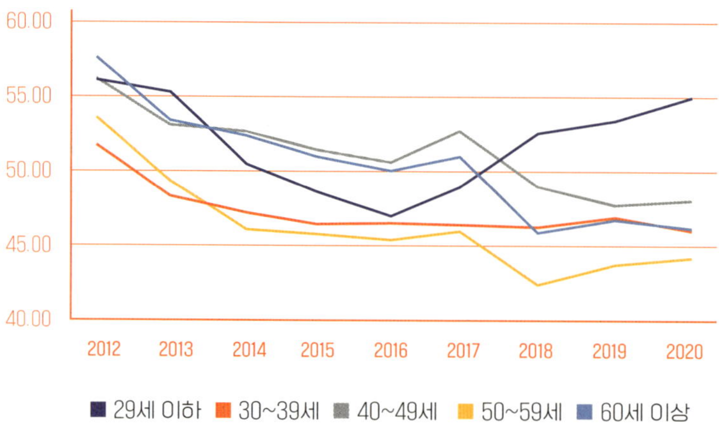

자료: 통계청, 한국은행, 금융감독원.

그림 10 연령별 소비 비중

가 지속되거나 심화하면 소비를 이끌어 갈 연령대가 감소하고 이는 시장의 크기에 영향을 줄 가능성이 커진다.

이처럼 인구가 감소하고 인구구조가 바뀌면서 소비시장 규모나 선호가 변동하는 환경의 변화 앞에서 중소기업이 준비하고 집중해야 할 가치와 방향은 무엇인지를 고민해야 할 때이다. 지금까지 서울의 중소기업의 특성과 이를 둘러싼 거시환경 중 인구 규모와 구조 고찰을 통한 소비시장의 변화를 살펴보았다. 다음으로 이러한 중소기업의 경영활동을 지원하는 서울시의 제도를 살펴봄으로써 정부 차원에서는 무엇을 중소기업 활동의 중요한 부분으로 인식하고 있는지를 알아보고자 한다.

서울시 중소기업 지원제도와 주요 해외사례

서울시는 중소기업의 성장을 촉진하고 산업을 육성하기 위해 조례를 마련하고 지원체계를 구축하고 있다. 서울시에서 마련한 중소기업과 관련한 조례로는 「서울특별시 중소기업지원 및 육성에 관한 조례」(2019), 「서울특별시 중소기업육성기금의 설치 및 운영에 관한 조례」(2021), 「서울특별시 강소기업 육성 및 지원 조례」(2019), 「서울특별시 창업지원 조례」(2020)가 있다. 산업과 관련해서는 「서울특별시 전략산업 육성 및 기업지원에 관한 조례」(2021) 등이 있다.*

---

* 국가법령정보센터 사이트(https://www.law.go.kr/LSW/main.html) 참조.

지원시설을 통해 중소기업을 지원하고, 중소기업육성기금을 설치·운영

「서울특별시 중소기업지원 및 육성에 관한 조례」(2019)는 서울시에 소재하는 중소기업의 창업과 발전을 도모하고 판로를 지원하여 지역경제를 활성화하기 위한 목적으로 제정되었다. 이를 수행하기 위한 지원시설로는 서울신기술창업센터, 창동중소기업제품전시판매장, 서울애니메이션센터, 서울패션디자인센터, 서울디자인센터, 서울인쇄센터, 서울무역전시장, DMC첨단산업센터 등이 있으며, 현재 위탁하여 관리·운영이 되고 있다. 2020년을 기준으로 이 조례를 통한 중소기업 지원액은 2년 전에 비해 약 2배가 증가한 2조 4,066억 원이었고 4만 8,000여 개의 기업이 지원받았다.

「서울특별시 중소기업육성기금의 설치 및 운영에 관한 조례」(2021)는 중소기업의 건전한 육성을 위하여 중소기업육성기금을 설치하고 효율적으로 운용할 목적으로 제정되었다. 기업이 중소기업육성기금을 통해 자금을 조달하면 대출금리보다 낮은 수준의 금리를 적용받을 수 있다.* 또한 중소기업육성기금은 유망 기술을 보유한 창업 초기 단계의 벤처기업이나 중소기업의 자금난을 완화할 수 있도록 투자를 지원한다.

2014년 급감한 것을 제외하면 중소기업육성기금은 대체로 일정 수

* 제2장 제4조(기금의 대하)에서 '시장은 대하 금리를 대출금리보다 1퍼센트 범위 안에서 낮게 정해야 한다'고 명시하고 있다. 여기서 대하란 서울특별시 중소기업육성기금을 기금의 대여를 취급하는 금융기관에 융자하는 것을 말한다.

준의 자금을 유지하고 있으며 시설자금보다는 경영안정 자금의 비중이 증가하는 추세이다.

창업 친화 생태계를 조성하고 강소기업과 전략산업을 육성

「서울특별시 창업지원 조례」(2020)는 창업을 활성화해서 창업에 친화적인 생태계를 조성하여 일자리를 창출하고 지역의 경제발전에 이바지하기 위해 제정되었다. 이 조례에 따르면 유망한 창업자를 발굴 · 육성하고 창업자의 주거, 제품홍보 및 구매, 교육 등을 지원한다. 아이디어의 사업화 및 제품화, 창업공간, 자금 및 판로, 해외 진출과 투자유치도 지원한다. 또한 예비창업자인 청소년, 대학생, 제대군인에게 창업 교육을 시행하고 창업문화 확산과 창업기업 발전을 위한 행사에 필요한 행정적 · 재정적 지원을 제공한다. 2019년 10월 서울시는 전략적 집중투자와 지원으로 서울을 전 세계에서 다섯 손가락 안에 꼽히는 세계적인 창업 도시로 조성한다는 목표 아래 '글로벌 TOP 5 창업 도시 서울 추진계획' 7대 프로젝트를 발표했다. 이후 2022년까지 1조 9,000억 원을 투입하여 유니콘 기업을 15개로 확대하고 총 사업매출액 대비 벤처기업 매출액 비중을 7퍼센트까지 늘리고자 다방면으로 지원하고 있다.

「서울특별시 강소기업 육성 및 지원 조례」(2019)는 강소기업의 경쟁력을 강화하여 지역경제를 활성화하기 위한 목적으로 제정되었다. 강소기업이란 청년 일자리 창출을 확대하고 일과 생활의 균형을 갖춘 조직문화를 만들어 가며 고용안정과 복지혜택이 우수함을 인정해 서울시장이 선정한 중소기업을 일컫는다. 서울시의 강소기업으로 선정되면 고용환경을 개선한 우수한 기업 인증서를 내준다.* 그뿐만 아니라 선정된 강소기업의 근무환경 개선, 일과 생활의 균형을 갖춘 기업문화 조성, 수평적 · 성평등적 조직문화 조성 등을 위한 기업문화 개선, 육아휴직자 대체 인력 채용과 육아휴직자 직장 복귀, 구직자 맞춤 취업 정보 제공과 강소기업 브랜드 홍보 등을 지원한다. 강소기업은 기업의 비전, 기업 안정성, 고용환경, 기업문화 등을 평가하여 선정하는데, 2020년 기준 586개의 서울형 강소기업이 있고 이 중 소프트웨어개발업이 242개로 가장 큰 비중을 차지한다.

「서울특별시 전략산업 육성 및 기업지원에 관한 조례」(2021)는 전략산업을 육성하고 기업을 경영하기 좋은 환경을 조성하는 데 필요한 체계적인 재정 · 행정 지원으로 입지 경쟁력을 강화하여 지역 경제 활성화를 도모하는 것이 목적이다. 이 조례에 따라 진흥지구 내 권장업종을 운영하는 중소기업은 중소기업육성기금을 융자받을 수 있다. 기술혁신을 촉진하기 위해 중소기업기술정보진흥원에서 금전적 지원을 받을 수 있다.

해외 대도시는 중소기업에 원스톱 지원

해외 대도시 정부의 중소기업 지원 사례를 살펴보겠다. 뉴욕은 중소기업및소규모사업자지원센터(NYC Small Business Support Center)를 운영해 중소기업 사업자를 위한 회계 · 법률 자문, 고용 · 직업교육,

* 인증의 유효기간은 인증을 받은 일로부터 2년이다(「서울특별시 강소기업 육성 및 지원 조례」 제14조).

사업경영 교육, 여성 · 소수자 운영사업 지원, 라이선스 · 허가 등의 업무를 지원한다.

파리는 경제발전, 환경 및 디지털 환경구축, 고용 및 교육이라는 목표 아래 전환기 시대 중소기업의 경제회복을 꾀하고 있다. 구체적으로는 관련 의제를 추진하는 중소기업 상대로 상담을 시행하고, 파리시의 도시 공공서비스를 제공하는 업체의 90퍼센트 이상을 중소기업에서 선정하며, 중소기업 키오스크(Kiosque)를 설립하고 중소기업과 스타트업 사업 등을 지원하여 이들이 성장할 기회를 제공한다. 또한 2020년부터 소상공인과 중소기업을 위해 무료 법률상담소를 운영하고 있으며 세무, 계약, 분쟁 관련한 상담을 지원한다. 파리시는 중소기업에 필요한 공공서비스를 제공하고 효율적으로 재정을 지원하기 위해 단일화된 창구인 푸스파리(Pousses Paris)*를 설치했다. 이곳에서는 유연성과 연대성이 높은 경제구조로의 전환을 목표로 기업 관련 프로젝트 공고나 지원 정보, 자료 제공 등을 수행한다. 그리고 중소기업을 중심으로 자동차 산업과 항공 산업시설의 현대화 및 디지털화, 탈탄소화 관련 프로젝트를 공모하여 재정을 지원하고 있다. 현재까지 101개의 프로젝트가 공모에 참여했으며 프랑스 중앙정부는 2억 유로(약 2,698억 원)의 생산 투자 지원금 중 최대 7,200만 유로(약 971억 원)를 지원했다.

도쿄는 전환기 시대의 새로운 비즈니스 모델 창출, 사업 계승, 위기관리, 금융 조달, 해외 진출, 인재 확보 등을 중소기업의 경영과제로 인

---

* 홈페이지는 pousses.fr이다.

식하고 종합적으로 지원하여 도쿄의 산업 경쟁력을 강화하고 있다. 예를 들어 중소기업이 사업 활동을 할 때 환경에 대한 사회적 책임이 점차 강화될 것으로 예상하여 에너지절약 설비 도입을 지원하고 사업자에게는 이산화탄소배출량 파악을 촉진하는 지구온난화대책보고서 제도를 추진한다. 뿐만 아니라 온라인 판로개척, 설비투자 자금조성, 지적재산 활용, 해외 진출 기회 확대를 위한 전자상거래 출품 등 다각적으로 중소기업을 지원한다.

베이징은 중소기업을 대상으로 디지털 경제 파트너 계획을 추진하고 있다. 중소기업의 디지털화 전환을 지원하고, 혁신경영 활동을 위해 업무 거버넌스를 수립하며, 생산자 지원 서비스를 완비하고자 시도 중이다. 이외에 대기업과 중소기업 간 공동혁신, 자원공유, 융합발전으로 산업생태계 형성을 모색한다.

전환기 시대의 중소기업 이슈

지금까지 살펴본 서울시 중소기업의 특성을 정리하면 다음과 같다. 규모 면에서 전국보다 크고 도소매, 숙박음식점업 등의 업종뿐 아니라 전문·과학기술 서비스업, 금융 서비스업 등 고부가가치 업종도 큰 비중을 차지한다. 불확실성과 위험이 커지는 현시점에서는 최신 정보와 전문화된 지식이 유통될 수 있기에 이들의 매출 증가율은 다른 지역에 비해 좋은 편이다. 인구 고령화가 심화하면서 보건·의료 계열의 산업이 주목받는 추세이지만 아직은 중소기업에 큰 영향을 주지 않고 있다. 그리고 저출산으로 인구감소가 심화되어 장기적으로는 해외로 눈을 돌리지 않으면 내수시장이 점차 작아지는 현상을 극복하기가 어려워 보인다. 규모가 큰 중소기업은 내수시장 침체라는 문제 인식보다 이들이 보유한 제품과 경영 무기를 지탱해 줄 수 있는 금융 · 세제 지원이나 투자가 더 절실한 상황이다. 장기적인 관점에서 서울의 경영 안정을 위한 중소기업육성기금, 전략적 집중투자, 유니콘 기업 확대를 목표로 하는 지원제도는 중소기업의 경쟁력 향상에 큰 역할을 할 것으로 보인다.

기업 역량, 시장 변화, 정부 지원 외에 서울시 중소기업이 주목해야 할 이슈를 살펴보는 것은 장기적이고 지속 가능한 성장과 발전을 위해 필수적이다. 전환기 시대는 철학과 가치가 변하고 이에 따라 소비자의 역할과 성향이 바뀐다. 중소기업도 시대가 원하는 기업의 모습과 경영 방향으로 나아가야 한다. 전환기 시대에 서울시 중소기업이 짚고 넘어가야 할 이슈로는 근로자 역량 강화, 디지털 전환 지원, 환경과 사회적 책임이 있다.

맞춤형 근로자 역량 강화

우선 전환기 시대에 서울의 중소기업은 맞춤형 근로자 역량 강화라는 이슈를 주목해야 한다. 중소기업이 오랫동안 가진 어려움 중 하나는 인력 부족이다. 서울의 중소기업은 다른 지역에 비해 인재에 대한 접근성에서 유리한 편이다. 많은 인재가 높은 소득과 성공의 가능성을 기대하며 대도시로 이주한다. 더 좋은 일자리와 삶의 환경을 위해 문화시설과 편의시설이 밀집해 있는 서울을 선호한다. 그래서 서울에 있는 중소기업은 원하는 조건을 갖춘 인재를 유치하는 데 시간과 비용을 절감할 수 있고 실제로 인재를 영입할 가능성이 높다. 이처럼 인재 유치 측면에서 다른 지역에 비해 유리한 것이 사실이다. 하지만 서울과 인접 지역에 있는 대기업과 경쟁해야 하는 상황도 발생한다.

다른 지역에 비해 전문 · 과학 · 기술 서비스업이나 금융보험업의 중소기업 종사 비중이 높은 서울의 특성을 고려한다면 기업의 역량을 높이고 규모를 증대시켜 경쟁력을 높이는 방안 중 효과적인 방법은 근로자 역량을 강화하는 것이다. 근로자 역량 강화를 위한 프로그램 운영 등은 기업 내에서 간헐적으로 이루어지고 있다. 소비자와 제품시장이 빠르게 변화하는 상황에서 중소기업이 시장과 유기적인 관계를 유지하기 위해서는 기업 내부 인재들이 지식과 통찰력을 갖고 시장에 대한 기업의 대응력을 높이는 것이 중요하다.

시장이 변화한다고 해서 매번 같은 능력과 지식이 요구되는 것은 아니다. 외부 환경 변화로 수요가 많아질 수도 있고 공급량이 감소할 수도 있다. 시장의 경향이 주요 소비층에 따라 달라질 수도 있다. 이러한 변화에도 각각의 특징이 있고 다양한 색이 있다. 따라서 기업이 담아내야 할 콘텐츠에 따라 적절하게 대응할 수 있는 맞춤형 인재를 양성하기 위한 중요한 시점은 바로 지금이다.

디지털 역량 강화

다음으로 기업의 디지털 전환에 대한 이슈를 살펴보겠다. 많은 기업이 디지털 전환을 가장 중요한 과제 중 하나로 꼽으며 경쟁에서 뒤처지지 않고 생존하는 방법으로 인식하고 있다. 급변하는 시장환경에 빠르게 대비하고 대응하려면 기업의 사업 부문 간 데이터 통합이 중요하다. 기업은 데이터의 디지털화와 통합으로 업무 프로세스를 구축하면 업무의 효율성을 높일 수 있다. 축적된 데이터는 인공지능 학습을 활용하면 분석의 범위가 확장된다. 인공지능 학습으로 새로운 데이터를 만들 수도 있다. 이를 통해 기업은 소비자의 경험을 분석하고 빠르게 변화하는 소비자의 취향에 적합한 상품을 기획하고 마케팅하는 능력을 향상시키는 것이다.

직무에 적합한 인력을 구하기가 쉽지 않은 데다가 자원 빈곤(resource poverty)의 상황을 자주 겪는 중소기업에게 디지털 역량은 중요하다. 디지털 역량을 강화함으로써 업무처리를 위한 인력 비용을 절감하고 그 비용을 더 중요한 일에 투자할 수 있다. 또한 행정과 같은 업무에서 좀 더 자유로워지면서 중요한 일에 집중할 수 있어 기업 전체적으로는 생산성이 나아질 수 있다. 기업의 정보와 지식이 디지털화되면서 정보가 보존되고 지적자산이 공유되어 기업의 자산가치가 높아진다.

서울시 중소기업은 디지털 역량을 강화하기 위한 지리적인 이점을 갖고 있다. 서울에는 인적자본뿐 아니라 최신 정보와 지식이 집중되어 있다. 서울에 있는 기업의 경영자와 임직원들은 최근 쟁점이 되는 디지털 전환의 개념이 경쟁력 제고를 위한 중요한 도구가 되기 때문에 디지털 역량 강화의 중요성을 금방 알아차릴 수 있다. 그리고 서울에는 통합적이고 체계적인 디지털 역량을 갖추도록 지원해 줄 기업이 많다. 세세한 부분까지 호환될 수 있는 시스템을 구축함으로써 디지털 부채(digital debt)*를 줄일 수 있다. 디지털 역량 강화를 위해 구축한 시스템에 대한 디지털 부채가 점차 커진다면 이를 운영하고 관리하기 위해 소요되는 금융비용이 증가하고 기업 경쟁력은 점차 감소하므로 이것은 매우 중요하다.

환경과 사회적 책임

마지막으로 살펴볼 이슈는 환경과 사회적 책임에 관한 것이다. 기업이 국가 경제에 미치는 영향력이 커지면서 기업의 사회적 책임이 강조되고 있다. 경영활동에 있어 기업의 이윤 극대화뿐 아니라 환경, 윤리, 사회공헌, 고용, 지역사회 등 사회 전체의 이익에도 가치를 두고 이를 추구해야 한다는 목소리가 커지고 있다. 기업의 사회적 책임에 대해 가장 널리 알려진 모델을 창안한 캐럴(1991)에 따르면, 기업의 사회적 책임은 그들의 비즈니스가 높은 수익성을 갖고 준법적 · 윤리적이며 사회적 지지를 받을 수 있는 경영활동 수행을 모두 포함한다. 기업은 경제적인 이윤을 극대화하는 주체에서 그 사회의 법을 지키고 윤리적 행위를 수행하는 주체로 범위가 확장되었다.

최근에는 기업활동과 관련되어 사회적 문제들을 보완하는 의미를 갖던 기업의 사회적 책임 개념이 확대되었다. 기후변화에 대응하고 인권경영과 사회공헌, 소비자 보호 등 지속 가능한 기업구조를 강조하는

---

* 디지털 부채는 워드 커닝햄(Ward Cunningham)이 처음 제안한 용어로 소프트웨어가 구축된 후 운영 단계에서 추가로 드는 비용이 늘어나는 경우를 일컫는다. 기업은 빠른 기간 내에 시스템 구축을 목표로 할 때가 많아 디자인의 원칙이나 코딩 규칙이 체계적이고 통합적으로 정리되지 않는 사례가 대부분인데 그렇게 되면 이후 유지보수를 위해 큰 노력과 비용이 들기 마련이다.

ESG(Environment, Social, Governance)가 화두로 떠올랐다. 단기적이고 재무적 측면에서 기업의 가치를 평가하는 관점에서는 장기적인 지속 가능성과 비재무적 측면의 기업가치를 중요시하는 움직임이 나타나고 있다. ESG는 대기업을 중심으로 경영에 적용되고 있으며 최근 중소기업에 적용하는 방안도 논의되고 있다.

중소기업 입장에서는 장기적으로 기업구조를 개선하고 사회적 가치를 실현하는 일은 당장 업무에 적절한 기술과 지식을 가지고 투입될 인력이 부족한 상황과 대비된다. 그러나 국제사회와 정부의 관심 및 주도와 함께 발전하고 있는 것은 소비자의 인식임을 염두에 둘 필요가 있다. 2021년 5월 진행된 대한상공회의소의 설문조사 결과에 따르면 응답자의 63퍼센트가 '기업의 ESG 활동이 제품 구매에 영향을 미친다'고 답했으며 88퍼센트가 'ESG 우수기업의 제품에 추가 가격을 더 지급할 의사가 있다'고 답했다.* 다만 서울은 서비스업 비중이 크고 제조업에서는 의복, 가죽, 신발, 귀금속 등을 생산하는 기업이 영세하여 ESG 경영을 단기적으로 적용하기에는 어려움이 있다.

환경, 사회적 책임에 대한 이슈에 관심

지금까지 서울시 중소기업의 특성과 중소기업 지원제도를 살펴보고 짚고 넘어가야 할 이슈들을 점검해 보았다. 시장과 소비자가 변하고 이에 따라 수요와 산업구조가 급변하는 시대에 서울이라는 밀집된

---

* 대한상공회의소에서 우리나라 국민 300명을 대상으로 한 'ESG 경영과 기업의 역할에 대한 국민인식' 조사 인용.

공간에서 경영활동을 하는 중소기업은 무엇을 준비하고 대응해야 하는가? 근로자의 역량을 강화하고 기업의 디지털 역량을 개선하는 것이 공급 측면에서의 기업 경쟁력 제고 방안이라면, 환경을 생각하고 사회적 책임을 다하는 기업의 자세는 소비자에게 기업의 이미지와 브랜드 가치를 높이는 차원인 수요 측면에서의 노력이라 할 수 있다.

저성장 시대에 들어서고 고령화가 빠르게 진행되는 한국 사회에서, 높은 생활비와 집값으로 소비 여력이 작고 젊은 인구가 상대적으로 많은 서울의 중소기업은 소비자의 취향과 기업 브랜드를 관리하는 것이 중요하다. 이러한 면에서 서울의 중소기업은 지속 가능한 경영 화두와 관련된 환경과 사회적 책임에 대한 이슈를 특히 주목해야 한다. 이에 대해서는 다음 장에서 본격적으로 논의할 것이다.

05

ESG는 기업의 새로운 성장 동력이다

이지윤 _ 연세대학교 교수

위드 코로나 시대, ESG 경영이 화두이다

기업의 사회적 책임을 강조하는 자본주의 패러다임 등장

코로나19 팬데믹 이후 지속 가능성을 비롯하여 기업의 사회적 책임(corporate social responsibility)이 화두로 급부상했다. 예상하지 못했던 위기가 경제와 사회 전반에 미치는 거대한 영향을 모두가 확인한 데다가 환경 문제가 심각해지면서 지속 가능성에 대한 관심이 급증하고 있다. 특히 기업의 지속 가능 경영, 그리고 환경(Environment) · 사회(Social) · 지배구조(Governance)의 앞 글자를 딴 ESG 이슈와 관련된 기사들이 연일 발표되고 있으며 많은 대기업이 ESG 팀을 구성하는 등 ESG 경영의 실현을 위한 노력에 박차를 가하고 있다.

ESG 경영이란 기업이 전통적으로 중요하게 생각했던 재무 성과뿐만 아니라 환경적 · 사회적 · 경제적 이슈를 종합적으로 고려하면서 지속 가능성을 추구하는 경영활동이다. 그리고 기업의 주인인 주주(shareholder)의 이익은 물론 근로자, 지역사회, 공급자(납품업체), 고객 등 모든 이해주의자(stakeholder)의 이익을 함께 고려하는 경영 기법이다. 갑작스럽게 강조되기 시작한 ESG 경영이 단기적 유행이 아니라 장기적인 자본주의 패러다임의 변화로 자리 잡고, 대기업과 중소기업까지 ESG 경영에 동참할 수 있도록 도모하기 위한 고민이 필요한 시점이다. 이러한 고민에 앞서, 자본주의 패러다임의 변화가 시작된 배경에 의문이 생긴다. 지난 100여 년 동안 주주 자본주의(shareholder capitalism)가 견고했는데 어떤 계기로 이해주의자 자본주의(stakeholder capitalism)가 급부상했을까?

세상을 뒤흔든 비즈니스라운드테이블의 성명

기업은 오래전부터 지속 가능 경영에 대해 관심을 가졌다. 2019년 비즈니스라운드테이블(Business Roundtable)의 성명 발표와 코로나19 팬데믹을 거치며 최근 기업의 ESG와 이해주의자 자본주의가 급부상했다. 비즈니스라운드테이블은 워싱턴 정계에서 기업의 이익을 대변하는 단체로 우리나라의 전국경제인연합회와 비슷한 곳이다. 1972년 설립된 비즈니스라운드테이블은 2019년 여름 전 세계에 큰 파장을 일으켰다. 미국 주요 기업의 최고경영자(CEO) 181명이 모여 기업의 목적을 주주 이익의 극대화에서 근로자와 주주를 포함하는 모든 이해주의자의 번영 극대화로 바꾸는 성명을 발표한 것이다. 이 성명서에는 우리가 잘 알고 있는 아마존(Amazon)의 제프 베이조스(Jeff Bezos), JP모건체이스(JPMorgan Chase)의 제이미 다이먼(Jamie Dimon), 애플

주주 자본주의 vs 이해주의자 자본주의

주주 자본주의는 회사의 주식을 가진 주주에게 경영 초점을 맞춘 자본주의 형태이다. 기업은 주주들이 주식을 산 자금을 기반으로 기업을 운영하고 수익을 내기 때문에 주주의 부(wealth), 즉 주식의 가치를 극대화하여 회사에 투자한 주주에게 보상하는 것을 기업 경영의 최고 목표로 삼는다는 것이다. 주주 자본주의는 기업의 주주나 혹은 주가 외 다른 사안에 대한 무관심을 야기하여 사회적 문제와 기후변화 등의 환경 문제를 심화시켰다는 비판을 받는다.

이러한 주주 자본주의에 대한 반동으로 나타난 것이 이해주의자 자본주의이다. 주주는 물론 직원, 소비자, 지역사회, 납품업체 등 모든 이해관계자의 이익을 극대화하는 방향으로 기업을 경영해야 기업 평판이 좋아지고 지속 가능한 기업이 될 수 있다는 것이 이 주장의 주요 내용이다.

(Apple Inc)의 팀 쿡(Tim Cook), 뱅크오브아메리카(Bank of America)의 브라이언 모이니핸(Brian Moynihan), 제너럴모터스(General Motors Corporation)의 메리 배라(Mary Barra) 등이 서명했다. 비즈니스라운드테이블의 기존 성명서는 밀턴 프리드먼(Milton Friedman)의 전통적인 주주 우선 자본주의 모델에 따라 주주 이익 극대화를 기업 목적으로 명시했으나, 2019년 성명서를 통해 세계적 기업들은 모든 이해당사자를 위한 가치를 창출해야 한다고 입장을 바꾸었다. 기업의 목적을 변경했다고 해석할 수 있다.* 자본주의 기업의 목적을 공식 석상에서 변경한 것은 최초로 이 일은 주주 자본주의의 종언, 이해주의자 자본

* 『월스트리트저널』은 비즈니스라운드테이블의 2019년 성명서가 기존 주주 가치 극대화라는 자유주의 경제학자 프리드먼의 오래된 이론에 기반한 기존 성명으로부터의 주요한 철학적 전환이라고 분석했다.

주의의 시작이라는 큰 변화의 물결을 일으켰다.

물론 이 성명은 보여 주기식이라는 지적도 있었다. 미국 뉴욕시의 일간지인 『뉴욕타임스』는 새로운 성명서에 구체적인 행동 계획이 없다고 비판했다. 하버드대학교 로스쿨의 루시안 벱척(Lucian Bebchuk)과 로베르토 탈라리타(Roberto Tallarita) 교수는 미국의 종합 일간지 『월스트리트저널』에서 비즈니스라운드테이블의 기업 목적이 발표된 지 1년이 지났음에도 불구하고 특별하게 바뀐 것은 없으며 이해주의자 자본주의는 대부분 기업의 쇼처럼 보인다며 비판했다. 사실 최고경영자들이 진지하게 기업 목적을 바꾸려고 했다면 이사회의 승인을 요구하거나 상의를 거쳤어야 했다. 하지만 2019년 비즈니스라운드테이블의 성명에 참여한 최고경영자 가운데 이사회의 승인을 요구한 경영자는 거의 없는 것으로 나타났다.

게다가 비즈니스라운드테이블의 2019년 성명 발표 후 얼마 지나지 않아 시작된 코로나19 사태로 경제가 나빠지면서 기업의 ESG 경영과 이해주의자 자본주의에 대한 관심은 줄어들 것으로 예상되었다. 하지만 실제로는 코로나19 사태를 계기로 ESG 경영에 대한 중요성과 기업의 사회적 책임은 더 강화되었다. 많은 이가 기업의 장기적인 생존은 이해관계자들의 지속적인 지지가 없으면 불가능한 시대가 되었음을 코로나19 사태를 겪으며 깨달은 것으로 보인다. 경제적 어려움에도 불구하고 그 어느 때보다 주주를 위한 재무적 성과뿐 아니라 모든 이해관계자에 대한 비재무적 책임을 중요시하는 분위기가 형성되고 있다.

이제 우리 대중소기업에도 ESG 경영 도입

비즈니스라운드테이블의 성명서에서 이해주의자 자본주의와 기업의 사회적 책임에 대한 중요성이 선언된 후 코로나19 팬데믹을 거치면서 세계적으로 지속 가능 경영, ESG 경영이 강조되고 있다. 우리나라도 이러한 행보에 발맞추고 있으며 그 방향의 전환은 대기업 위주로 일어나고 있다. 이해주의자 자본주의 실현을 기업의 사회적 책임으로 보는 시각이 점차 뚜렷해짐에 따라 대기업은 지속 가능성, ESG를 위한 경영팀을 꾸리고 법률 전문가를 고용하는 추세이다. 회계법인이나 법무법인은 ESG 관련 자문 서비스 제공 등으로 수익을 창출하고 있다. 정책적으로도 ESG 관련 법규와 공시 의무에 대한 논의가 활발히 진전되고, 이를 위한 연구들도 한창이다.

장기적인 관점에서 경영환경의 변화는 중소기업도 예외가 아닐 것이다. 앞으로 ESG 경영 방침의 범위가 확대될 것으로 기대되며 이에 따라 관련 법규와 공시 의무의 범위가 중소기업으로 확대될 것이다. 법제적 변화가 일어나기 전에 이미 사회 구성원들이 중소기업에 ESG 경영을 기대할 가능성이 큰데, 이러한 상황에서는 제도보다 빨리 ESG 의무가 중소기업에 부여되는 결과가 예상된다. 소비자와 투자자가 ESG를 중시하게 되면 기업은 경영 성과로 이어지는 투자와 판매 등을 위해 ESG 경영을 시행해야만 한다.

중소기업은 대기업에 비해 ESG 경영에 대체로 불리하다. 대기업과 달리 자원과 관련 인력이 부족하며 정보도 부족하다. 또한 기업의 생존이 당면한 과제인 경우가 많기 때문에 기업의 장기적인 가치 상승을 위한 ESG에 관심을 기울이거나 투자하기 어려운 상황이다. 따라서 중소기업은 단기적 기업 성과에 연동될 수 있는 ESG 경영 방법을 고안해야 하며, 단기적 성공을 장기적으로 비즈니스에 연결하는 방법을 개발해야 한다.

자원이 부족한 중소기업이 ESG 경영 문화를 정착시킬 수 있도록 외부의 지원도 중요하다. 특히 서울시 중소기업이 ESG 경영을 체득하여 우리나라 중소기업의 ESG 문화를 선도할 수 있도록 시 차원에서 적극적으로 지원해야 한다. 서울시는 적절한 지원으로 중소기업이 대기업으로 성장하는 기회를 제공할 수 있다. 이는 서울시 브랜드인 '서

서울브랜드 목표

지속적인 도시브랜드 관리를 통해 서울의 도시경쟁력을 높여야 합니다

2002년 월드컵을 계기로 서울시에서 공공기관 최초로 도시마케팅의 개념을 도입하였고, 2007년에는 '서울브랜드 마케팅 원년'으로 선포와 동시에 '외래 방문객 1,200만 명, 세계 도시브랜드 순위 10위'를 목표로 제시했습니다. 이러한 도시브랜드 구축 노력의 연속선상에서 지속적인 도시브랜드 정책 추진이 필요합니다.

지속 가능하고 서울을 대표하는 새로운 브랜드의 개발이 필요합니다

현재 서울브랜드에 대해 디자인의 노후화, 명칭의 가벼움, 국내외 대표성 부족 등 여러 가지 문제점이 제기되고 있으며, 단기간에 많은 상징물이 교체 없이 등장하여 시민의 혼란을 가중하고 있다는 비판에 직면하고 있습니다.

미래 서울의 신성장 동력 확보가 필요합니다

최근 국가 전체적인 저성장 추세에서 서울의 경제성장률이 전국 경제성장률보다 낮은 상황이고, '관광객 2,000만 명, 세계 3위 국가 마이스(MICE) 도시 달성'의 목표하에 관련 인프라를 구축함과 동시에 무형의 자산인 도시브랜드의 전략적 관리와 활용을 위해서는 새로운 도시브랜드 개발이 필요합니다.

자료: 서울특별시 홈페이지.

울브랜드'의 가치를 높이는 데도 도움이 될 것이다.

서울시는 서울브랜드의 목표를 분명하게 밝히고 있는데, 그중 첫 번째가 지속적으로 도시브랜드를 관리하여 서울의 도시경쟁력을 높여야 한다는 것이다. ESG를 향한 범세계적인 움직임을 고려할 때 도시경쟁력 향상을 위해 서울시 차원의 ESG 지원은 필수이다. 서울시 기업의 99.8퍼센트가 중소기업이다. 이를 고려하면 서울시 중소기업의 ESG 지원 관련 논의가 시급하게 진행되어야 할 것이다.

중소기업의 ESG 경영 방침과 서울시의 지원 방법을 논의하기 위해서는 무엇보다 대기업의 ESG 관련 경영 동향을 이해하는 것이 중요하다. 대기업의 ESG 경영 방침 중 중소기업에 적용하기 적절한 것은 수용하고, 효익보다 비용이 큰 ESG 경영 방침은 지양하기 위해 대기업의 선례를 파악하는 것이 필수적이기 때문이다. 우선 ESG 경영의 중요성을 이해하기 위해 우리나라와 외국의 ESG 경영 실패 사례를 살펴볼 것이다. 그런 다음 우리나라 중소기업의 ESG 경영 현황을 간략히 살핀 후 중소기업이 실천할 수 있는 ESG 경영 방안과 서울시가 중소기업의 ESG 경영에 도움을 주는 방법을 모색할 것이다.

대기업의 ESG 경영

우리 대기업의 ESG 경영 현주소

ESG 경영이 새로운 화두로 등장하면서 많은 국내외 대기업이 ESG 경영과 책임투자에 박차를 가하고 있다. 어떤 경영 방침이 사회에서 수용되는가는 시대에 따라 다르다. 현재는 여러 국가가 ESG를 강력하게 요구하며 우리나라 국민도 ESG 성과에 능동적으로 반응하고 있다. 한 예로 갑질 기업을 상대로 한 불매운동을 들 수 있다. 제품이나 서비스가 주는 효용과 소비자가 지불해야 하는 비용에는 별다른 변화가 없음에도 불구하고 오너의 갑질이 밝혀지면 판매량이 급감하는 등 수익 창출에 큰 타격을 입고 주가도 하락한다.

반대의 예도 있다. 최근 홀로 딸을 키우고 있는 아빠에게 대가 없이 피자를 선물한 피자 가게 점주의 사연이 알려지자 네티즌은 해당 지점의 주소를 공유했다. 손님들이 주문에 동참하며 '돈쭐(돈+혼쭐)' 찬사를 보내고 있다. 이처럼 점차 착한 기업이 소비자의 선택을 받고, 악한 기업은 소비자가 등을 지고 있다. 이는 곧 국민이 은연중에 ESG 성과를 소비 결정의 중요한 척도로 고려한다는 것을 보여 준다. 앞서 소개된, 기업의 ESG 활동이 제품 구매에 영향을 미친다는 대한상공회의소의 설문조사 결과와 일치하는 현상이다. 개인 투자자와 기관 투자자도 ESG 성과를 투자처 선정의 척도로 삼는다고 명시하는 경우가 증가하고 있다.

물론 ESG 성과를 정의하는 일은 쉽지 않다. 주주의 부 극대화가 기업의 목표일 경우에는 주가로 객관적인 성과 측정이 가능했다. 하지만 이해주의자 자본주의에서는 기업 성과의 측정이 쉽지 않다. 비즈니스에 필요한 금액 이상의 현금을 벌어들인 경영자를 예로 생각해 보자. 여유 현금을 어떻게 처리할 것인가? 기존의 주주 자본주의에서는 좋은 투자 기회가 있다면 현금으로 투자하거나 투자에 필요한 금액을 저축했을 것이다. 적절한 투자 기회가 없다면 배당 등으로 기업의 주인인 주주들에게 현금을 돌려주었을 것이다. 하지만 이해관계자 모두를 고려할 때 이 의사결정은 더 이상 단순한 문제가 아니다. 주주에게 배당하는 대신 환경 설비를 마련하여 환경 관련 성과(E)를 개선해야 할까? 혹은 지역사회에 기부하거나 직원에게 보너스를 주어 사회적 성과(S)의 개선을 이루어야 할까? 환경이나 사회 부문에 투자하면 단기적으로는 비용이 증가하여 주주의 부가 감소한다. 주주 부의 극대화와 ESG 경영에는 단기적으로 상충이 발생하는 것이다.

E·S·G 간의 갈등도 존재한다. 경영자가 주주의 부보다 ESG 성과 개선의 손을 들어 주었다면 환경 설비 마련과 사회적 성과 개선 중 어떤 것이 더 바람직하다고 평가해야 할까? 범위를 더 좁혀, 경영자가 사회적 성과의 개선을 결정했을 때, 지역사회에 기부하는 것과 직원에게 보너스를 주는 것 중 어떤 것이 더 바람직할까? 이러한 경영의사결정의 실효성은 어떻게 측정해야 할까?

이해주의자 자본주의 ESG 경영과 주주 자본주의 재무 성과에 초점을 둔 경영을 종합하여 경영자의 성과를 평가하는 것도 쉽지 않다. 매출액이나 이윤이 계속 감소하여 기업의 재무 성과가 예년에 비해, 혹은 경쟁사들에 비해 낮다고 가정해 보자. 주주 중심 자본주의에서 이 경영자의 실적은 낮게 평가되어 교체될 위기에 놓일 것이다. 하지만 이해관계자 자본주의에서는 경영자의 객관적인 실적 평가가 어렵다. 만약 환경 설비 투자, 지역사회에 기부, 종업원의 임금 상승 등으로 ESG 성과를 높이는 과정에서 불가피하게 주주의 부를 희생했다고 주장한다면, 이 경영자의 성과는 높게 평가되어야 할까? 과연 주주는 자신들의 부가 감소했음에도 불구하고 ESG 성과가 좋은 경영자를 높게 평가하고 보수를 늘려 주는 등의 처우 개선을 해 줄까? 이처럼 간단한 예로 알 수 있듯 ESG 관련 경영 의사 결정은 단순하지 않으며 그 평가 역시 어렵다. 또 평가의 주체인 주주가 경영자를 평가할 때 자신들의 부보다 ESG 성과를 우선시할지는 불명확하다.

더욱이 현실에서는 투자자가 직접 기업의 ESG 성과를 파악하기 어려우므로 한국기업지배구조원, 대신경제연구소, 서스틴베스트 등의 기관에서 발표하는 ESG 평가 지표에 의존한다. 하지만 평가기관마다 기준이 다르고 이 기준이 자세히 공시되지 않기 때문에 대기업조차 ESG 평가기관에 평가를 잘 받는 방법을 끊임없이 문의하는 실정이라고 한다. 이는 우리나라만의 문제가 아니다. 외국의 ESG 평가 지표도 평가기관에 따라 결과가 상이하다는 연구 결과들이 발표되고 있다. 국내 대기업을 대상으로 한 연구에 따르면 대기업은 ESG의 실제 성과보다 ESG 등급을 개선할 수 있는 방향으로 전략적인 움직임을 보인다.

이렇게 기준 제시 및 평가가 어렵다고 해서 ESG 경영의 필요성이 불명확한 것은 아니다. ESG는 기업의 이미지를 재고하여 기업가치를 높이며, 환경 문제와 사회 문제 등으로 곤경에 처하고 소비자의 불만을 불러일으켜 기업가치를 손실시킬 위험을 미리 통제하는 위험 관리 기능을 가진다. 그리고 전 세계적으로 심각해지는 기후변화, 온난화 문제 등의 완화에 ESG 경영이 큰 도움이 될 수 있다. 평가는 어렵지만, ESG 경영은 장기적 생존을 위해 필수적인 경영 전략이 되고 있다. ESG 경영의 중요성을 보여 주는 국내외의 주요 ESG 경영 실패 사례를 살펴보자.

ESG 경영 실패 국내 사례:
남양유업

ESG가 기업가치에 미친 영향을 보여 주는 국내 사례로 남양유업의 예를 들 수 있다. 1964년 설립된 남양유업은 우량아 선발대회를 주관하고 아인슈타인 분유, 불가리스 등의 제품으로 인지도를 높였다. 하지만 2013년 대리점 강매 사건을 시작으로 과대광고, 경쟁사 비방, 창업주 외손녀의 마약 사건 등의 논란에 잇따라 휩싸이며 이미지가 추락했다. 또한 채용, 승진, 임금 등을 결정할 때 성별에 차이를 둔 사내 관행이 알려지면서 남양유업은 2014년 여성단체로부터 '성평등 걸림돌'로 선정되기도 했다.

2021년 4월 남양유업은 한국의과학연구원과 공동으로 개최한 '코로나19 시대 항바이러스 식품 개발 심포지엄'에서 불가리스가 코로나19 바이러스를 77.8퍼센트 감소시키는 효과를 확인했다는 연구 결과를 발표했다. 하지만 전문가들과 질병관리청 등으로부터 과학적 근거가 부족하다는 비판을 받았다. 식약처는 남양유업이 지원한 연구비와 해당 심포지엄 임차료 등을 고려할 때 순수 학술 목적으로 보기 어려우며 사실상 허위 과장광고로 식품표시광고법 위반이라고 판단했다. 아울러 네티즌이 주가 조작을 의심하기도 했다. 결국 홍원식 회장이 사퇴하고 대국민 사과를 했으며, 국내 사모펀드인 한앤컴퍼니에 경영권을 모두 넘기기로 했다.

남양유업 역시 2021년 3월 이광범 대표를 주축으로 ESG 추진 위원회를 출범하며 지속 가능 경영 강화 및 친환경 그린 경영을 추진했다. 이와 더불어 아동과 산모 등 취약계층을 위한 사회공헌 활동을 강화할 방침이라 밝혔다. 사회 부문(S)과 환경 부문(E)의 개선을 위한 다양한 활동을 개시했던 것이다. 그러나 계속 취약했던 사회 부문의 문제를 해결하지 못해 결국 경영권 교체의 위기에 놓였다. 2021년 9월 현재 남양유업의 경영권 문제는 아직도 해결되지 않고 있다. 홍원식 회장이 남양유업의 경영권을 포함한 지분을 한앤컴퍼니에 매각하겠다는 기존 의사를 철회하면서 불가리스 사태 이후 대국민 사과를 통해 약속했던 회장직 사퇴와 경영권 승계 포기가 흐지부지되고 있다. 이는 경영권을 유지하기 위한 전략으로 추정되는 지배구조 부문(G)을 취약하게 할 뿐만 아니라, 대국민 약속이었던 남양유업 매각은 쇼였다는 여론이 형성되면서 사회 부문(S)까지 저해시키는 결과를 초래하고 있다. 법적공방으로 치닫는 남양유업의 경영권 다툼이 향후 어떻게 마무리될지 귀추가 주목된다.

ESG 경영 실패 국외 사례:
폭스바겐

2000년대 들어 세계적으로 친환경에 대한 관심이 높아졌다. 특히 폭스바겐의 주 판매처인 유럽과 미국은 차량 배기가스에 대해 엄격한 기준을 설정했다. 이에 폭스바겐은 자사의 디젤 차량을 클린 디젤, 친환경 차량이라고 광고하며 매출을 증가시켰다. 전 세계적으로 디젤 차량의 판매량이 급속도로 증가하던 중 미국 비영리 환경연구 단체인 국제청정교통위원회(International Council on Clean Transportation)는 디젤 엔진의 배기가스 측정 실험을 시행한 뒤 충격적인 결과를 발표했다. 폭스바겐 차량이 공식 테스트 대비 40배, 미국 기준치 대비 30배가 넘는 배기가스를 배출한 것이다. 미국 환경보호국은 폭스바겐이 전자제어장치 프로그램을 조작했다는 사실을 알아냈다. 연비와 가스 배출 문제를 편법으로 해결하기 위해 배기가스 검사를 받을 때만 가스가 재활용되도록 차량을 조작해 유럽연합에서 요구하는 환경 기준을 통과해 온 사실이 적발된 것이다. 결국 폭스바겐의 사기극이 만천하에 알려졌다.

폭스바겐은 2017년 진행된 형사재판에서 조작 사실을 인정하면서, 불법 소프트웨어가 탑재된 디젤 차량이 전 세계적으로 1,100만 대에 달한다고 밝혔다. 이러한 조작 사건 소식에 폭스바겐의 주가는 급락했으며, 폭스바겐은 연비 조작 공모, 대기 오염 규정 위반 등으로 고발당해 합의금, 벌금, 환불 등 다양한 방식으로 소비자에게 수십조 원에 달하는 금액을 지급해야 했다. 결과적으로 폭스바겐은 환경 부문(E)에서는 배기가스 배출 규정을 어기며 환경오염을 심화시킨 주범이 되었고, 사회 부문(S)에서는 고객과 지역사회를 기만하고 거짓 광고를 하여 사회 구성원으로부터 신뢰를 잃었다. 이후 폭스바겐은 ESG 경영에 지속적으로 노력하고 있지만, 여전히 낮은 ESG 등급에서 벗어나지 못하고 있으며 기업 평판을 되찾으려면 오랜 시간이 걸릴 것으로 보인다.

ESG 경영 실패 사례에서 배운다

남양유업과 폭스바겐의 예는 '기업의 사회적 책임은 이윤을 늘리는 것'이라는 주주 자본주의 원칙이 저물고 있음을 다시 한번 보여 준다. ESG 경영을 제대로 하지 못하면 소비자가 등을 돌리게 되어 기업의 생존이 위협받을 수 있다. 게다가 해외 투자자가 ESG를 기업 평가와 투자의 기준으로 삼으면서 ESG는 기업의 생존을 위한 필수 역량이 되었다. 국내에서도 2030년부터 코스피 상장사의 ESG 정보 공시를 의무화할 예정이다. 또 국민연금과 같이 ESG 성과에 기반하여 투자를 결정하는 국내 기관 투자자들이 늘어나고 있으며, 정부에서도 ESG 관련 규율과 공시 의무를 점차 강화할 것으로 보인다.

하지만 객관적인 ESG 성과 평가가 어렵기 때문에 관련 정책 수립 과정에서 어려움이 예상된다. 주관적이거나 눈에 보이는 측면만 중시하는 평가 방법을 지양해야 하며, 기업에는 과도한 비용 지불로 사회적 효용보다 비용이 큰 규제가 수립되지 않게 신중히 접근해야 한다. 무엇보다 공정하고 합리적인 평가 방법을 마련해야만 기업들이 효율적으로 ESG를 경영에 반영할 것이다. 이러한 효율성이 보장되어야 장기적으로 기업가치를 높이면서 사회 구성원의 효용도 함께 증가하는 결과를 가져올 수 있다.

중소기업의 ESG 경영

우리 중소기업의 ESG 경영 현주소

한국기업지배구조원에서 2012년 발표한 보고서에 따르면 중소기업의 ESG 점수는 중견기업과 대기업에 견주어 전 부문에 걸쳐 낮게 나타난다. 최근까지도 그 추세는 변하지 않은 것으로 보인다. 중소기업에는 ESG 성과를 개선할 유인과 자원이 부족하다는 점을 고려할 때 이는 놀랍지 않은 결과이다. 대기업은 당장 단기적 재무 성과를 낮추더라도 장기적으로는 주식의 가치가 향상될 것을 기대하고 ESG 경영을 선택할 수 있다. 평판이 매우 중요한 대기업은 ESG 성과가 투자자에게 알려지면 ESG의 잠재적 가치가 주가에 반영되어 주주의 부가 증진된다. 하지만 시장에서 유동적으로 거래되는 주식이 없는 중소기업의 경우 장기적인 기업가치 향상을 위한 경영 전략을 펼칠 유인이 비교적 적다. 또 중소기업은 자원이 부족하므로 중소기업의 ESG는 단기 경영 성과 증대에 도움이 되는 방향, 최소한 단기적 성과를 저해하지 않는 차원에서 이루어져야 한다. 단기적인 재무적 손실이 이들 기업의 존폐를 결정지을 수도 있기 때문이다.

중소기업은 스스로 ESG가 새로운 성장 동력이 될 수 있다는 점을 염두에 두고 자사의 주요 사업과 연계된 ESG 관련 이슈를 발굴하고 이를 실천하는 방안을 마련해야 한다. ESG 모든 분야를 개선하기는 어렵지만, 자사의 비즈니스와 직결된 ESG 분야를 파악하면 홍보와 매출 증대로 연결할 수 있을 것이다. 그렇다면 단기적으로 큰 비용이 발생하지 않으면서 규모가 작은 기업의 비즈니스에 도움되는 ESG 활동에는 어떤 것들이 있을까? 중소기업은 환경, 사회, 지배구조 중 어떤 항목에 비교우위를 가지고 있을까?

중소기업에서 ESG 경영이 어려운 이유

현재는 ESG 관련 법규와 의무 사항들이 대기업을 향하지만, 이러한 부담은 점차 중소기업으로 확대될 것이다. 그러나 다수의 중소기업에게는 ESG가 아직 먼 나라 이야기이다. 중소기업은 대기업과는 달리 자원이 한정되어 있으며 기업의 규모가 크지 않다 보니 ESG 전담팀을 꾸린다거나 전문 인력을 고용하기 어렵다. ESG에 관한 정보도 적어 기업이 원하더라도 ESG 경영을 하기 힘든 실정이다. 더군다나 신생 중소기업은 기업 생존을 위해 모든 인적 · 물적 자원을 쏟아야 하는 경우가 허다하다. 최근 코로나19 팬데믹 상황에서 중소기업의 재무적 제약은 더욱 심각해졌다. 이렇게 당장 제품 생산과 판매마저 어려운 상황에서는 장기적 성과를 위한 ESG 경영을 기대할 수 없다.

사실 대기업이 부의 축적 과정에서 오랜 시간 동안 사회에 부정적인 외부효과를 끼친 것과 달리 규모가 작거나 새로운 기업은 누적된 부의 외부효과가 미미하다. 사회 문제나 환경 문제를 가중한 책임이 상대적으로 작은 것이다. 따라서 신생기업, 특히 중소기업에게 대기업과 비슷한 수준의 의무를 부담시키는 것은 비합리적인 측면이 있다.

그럼에도 중소기업의 소비자인 대기업이나 해외 기업, 그리고 금융조달에 필수적인 금융기관은 중소기업에 ESG 관련 자료를 요구하며 이를 공급자와 투자처 선정에 이용할 것이다. 따라서 법제적 제약이 없더라도 이제는 중소기업도 ESG를 등한시할 수 없는 상황이다. 그리고 장기적으로 ESG의 부재는 중견기업을 거쳐 대기업으로 성장해 나가는 데 걸림돌이 될 것이다.

하지만 앞서 언급했듯 중소기업의 ESG 경영은 대기업과 차등이 있어야 한다. 중소기업이 ESG 경영을 체득할 시간을 주어야 하며 중소기업을 향한 ESG 관련 규제 역시 대기업과는 달라야 한다. 그리고 인적 · 재정적 자원과 정보가 부족함을 고려하여 충분한 정책적 지원이 뒷받침되어야 한다. 사회적 양극화를 완화하기 위한 ESG 경영이 대기업과 중소기업의 양극화로 이어져서는 안 된다. 특히 서울시는 서울

소재의 중소기업이 ESG 경영을 도입하도록 선도하고 지원함으로써 서울 시민의 삶의 질뿐만 아니라 서울시의 브랜드 가치까지 높일 수 있을 것이다.

사회 부문(S) 개선하여 ESG 경영을 실현하는 법

중소기업이 환경에 직접 투자하기에는 비용이 과대하고, 지배구조도 개선하는 데 한계가 있다. 중소기업의 상황을 고려할 때 사회 부문의 투자가 비교적 쉬우면서 수익 창출로 연결될 것으로 생각된다. 해외 연구에 따르면 ESG가 광고를 대체하는 역할을 할 수 있다고 한다. 그리고 광고와 소비자의 관심이 중요한 산업에서 ESG가 기업가치와 성과 증대로 연결되는 현상이 강하게 나타난다. 중소기업은 비용이 크게 드는 광고를 하지 못하는 경우가 많은데 ESG 투자를 이용하여 적은 비용으로 광고 효과를 가져올 수 있는 방법을 찾을 수 있을 것으로 기대된다. 특히 지역사회와 협력하여 지역사회 구성원에 기여하면서 동시에 광고 효과를 내는 방법을 모색할 수 있을 것이다. 미국은 학교나 병원 등이 펀드레이징(fundraising)을 위해 지역사회의 비즈니스와 협업하는 일이 많다. 슈퍼마켓이나 레스토랑이 지역사회의 학교나 병원과 파트너십을 맺고 이들을 이용하여 홍보하는 대신 지정한 기간 동안 발생하는 수익의 일부를 파트너 기관에 기부하는 것이다. 이러한 홍보 활동으로 기존 고객에게 비즈니스를 상기시키거나 잠재적 고객에게 비즈니스를 알릴 수 있고 이미지 개선도 가능하다.

또 다른 방법으로는 봉사활동(volunteerism)이 있다. 중소기업은 지역사회의 비영리단체 등의 기관과 파트너십을 맺고 직원 중심의 봉사활동을 추구할 수 있다. 특히 특별한 기술을 가지고 있는 직원들에게 봉사활동을 하도록 독려함으로써 기업이 보유한 기술과 재능을 기부할 수 있다. 업무시간 내 봉사활동을 하도록 허용하거나 봉사에 따른 보상을 해 줌으로써 직원들이 스스로 적극적으로 봉사활동을 하도록 이끌 수 있다. 최근에는 본인이 투자하거나 일하는 기업의 ESG 경영에 관심을 가지는 사람이 증가하고 있으므로 직원의 봉사활동 프로그램이 투자자 확보나 고용에도 도움이 될 것으로 기대된다.

서울시 중소기업의 ESG 경영을 위한 지원 방안

서울시와 중소기업의 ESG

중소기업의 ESG와 관련한 적극적인 지원은 많은 기업의 ESG 경영을 빠르게 촉진할 것이다. 이 과정에서 서울시의 역할이 아주 중요하다. 서울시는 실제 지원이 가능한 지방정부이므로 서울시 소재 중소기업들의 ESG 경영의 방향을 제시하고 지원하는 역할을 할 수 있다. 서울시 차원의 지원은 국내 다른 도시에게 ESG의 선행 사례가 되며 서울시를 넘어 우리나라 전체 중소기업의 ESG 경영에 영향을 준다. 무엇보다 서울시의 기업들이 ESG에 참여함으로써 서울 시민의 삶의 질을 개선하는 일에 도움이 되고 서울브랜드 가치에도 긍정적인 영향을 미칠 것이다.

그렇다면 서울시는 어떤 지원 정책을 펼칠 수 있을까? 환경 부문(E)의 경우 중앙정부와 협력하여 규제 및 지원을 해야 할 것으로 보인다.

그러나 중소기업에 효과적일 사회 부문(S)의 경우 서울시가 독립적으로도 실질적인 지원이 가능하다.

지역사회와 중소기업의 연결망 만들기

서울시는 중소기업의 펀드레이징 활동, 봉사활동 등이 수월하게 추진되도록 지역사회의 연결망을 형성할 수 있을 것이다. 중소기업은 봉사활동을 하고 싶어도 어디서 해야 할지조차 모를 수 있다. 혹은 펀드레이징에 참여하여 홍보하고 일정 수익을 기부하고 싶어도 협력업체를 찾는 데 어려움을 겪을 수 있다. 펀드레이징이나 봉사가 필요한 학교나 병원 등의 기관도 어떤 지역 비즈니스와 협업을 해야 할지 알기 어렵다. 또 양측이 필요사항을 조율하기 어려울 수 있고, 파트너십 초기에는 상호 신뢰의 문제도 발생할 수 있다. 이러한 정보의 비대칭성(information asymmetry)을 완화하여 지역사회 내에서 ESG를 활성화하기 위해 서울시가 중요한 매개의 역할을 할 수 있다.

예를 들어 서울시에서 이 활동에 참여하고자 하는 기관과 중소기업의 신청을 받아 상호 필요가 맞는 기관과 중소기업을 연결해 주고, 더 나아가 서로 신뢰할 수 있도록 필요한 조사를 수행하고 ESG 활동의 전반적인 과정이 투명하게 운영되는지 모니터링을 할 수 있다. 가짜 모금기관 등이 만연하여 좋은 목적의 펀드레이징에 참여하고 싶어도 불신으로 참여하지 않는 요즘 분위기를 고려할 때 서울시가 이 같은 프로그램에 앞장서는 것은 중소기업 ESG 경영 촉진뿐만 아니라 서울시민의 ESG 동참에 긍정적인 역할을 할 것으로 보인다.

대기업과 중소기업의 연계로 윈윈

서울시는 우리나라의 대기업과 중소기업이 ESG 경영을 위해 협력하도록 도울 수 있다. 최근 대기업들이 부품 공급자 등 중소기업인 협력업체에도 높은 ESG 기준을 요구하고 있는데 이는 대기업의 ESG 등급에 공급망의 ESG 성과가 반영되기 때문이다. 따라서 대기업이 납품업체인 중소기업의 ESG 경영을 돕도록 하여 중소기업의 ESG 역량을 키우고 대기업의 ESG 성과까지 높일 수 있다. 서울시는 이미 ESG 경영을 실행하고 있는 대기업이 적극적으로 중소기업의 ESG를 도와 상생하도록 관련 대기업과 중소기업을 연계시키고, 대기업에 경제적 혜택을 주는 방안을 구상할 수 있을 것이다.

ESG 전문 인력의 제공

대기업은 자체적으로 ESG 전문팀을 꾸리거나 회계법인, 컨설팅사 등으로부터 ESG 인력을 고용하여 ESG 경영을 추진한다. 하지만 중소기업은 비용 부담 탓에 자문 서비스를 이용하기 어려운 실정이다. 이에 서울시에서 ESG 전담팀을 꾸려 중소기업의 필요에 따라 교육이나 상담 서비스를 제공함으로써 ESG 경영을 지원할 수 있다. 앞서 소개했듯이 프랑스 파리는 소상공인과 중소기업을 위해 무료 법률상담소를 운영하는데, 서울시도 ESG 전문 상담 서비스를 제공할 수 있을 것이다. 이 과정에서 중소기업이 대응하기 어려운 ESG 부문이 무엇인지 살펴 서울시와 중소기업이 함께 대책을 마련해 나갈 수 있으며, 이 같은 정보와 경험을 토대로 실효성 있는 ESG 정책을 수립할 수 있을 것이다.

인증서 제공이라는 인센티브

대기업은 ESG 관련 활동을 자체적으로 홍보하기도 하고 신문 기사나 뉴스 등에서 보도하기도 한다. 또 한국기업지배구조원 등은 매해 대기업을 대상으로 ESG 평가 결과를 발표한다. 따라서 소비자는 대기업의 ESG 경영 성과를 비교적 쉽게 파악할 수 있다. ESG 관련 활동은 주가에 반영되기 때문에 ESG 경영의 유인이 되기도 한다. 하지만 일반 투자자와 소비자는 중소기업의 ESG 성과 파악이 어렵다. 앞서 말했듯 중소기업은 ESG 경영을 위한 유인도 작다. 따라서 서울시에서 중소기업의 ESG를 양적 · 질적으로 평가하여 인증서를 발행하는 등의 방법으로 시민이 손쉽게 ESG 경영을 실천하는 중소기업을 구분하도록 할 수 있다. 「서울특별시 강소기업 육성 및 지원 조례」(2019)에 따르면 고용안정과 복지혜택이 우수하다고 선정된 중소기업은 강소기업 인증서를 받는다. 이는 사회 부문(S) 중 직원에 대한 내용으로, 인증서의 범위를 소비자, 공급자, 지역사회 등에 복지를 제공하는 경우로 확장할 수 있다. 그렇게 되면 중소기업의 평판에 영향을 미쳐 중소기업의 경영자에게 ESG 경영의 인센티브를 제공할 수 있다. 이 과정에서 ESG에 취약한 중소기업을 지적하여 네거티브 스크리닝을 도모하기보다는 ESG를 잘하는 중소기업을 선별하여 포지티브 스크리닝을 촉진하는 방법을 선택하여 중소기업에게 과도한 부담이 되지 않도록 할 수 있다. 한편 그린 워싱(green washing)이 아닌 진정한 ESG 경영을 실천하는 중소기업을 제대로 선별해야 할 것이다.

그린 워싱, ESG 워싱이란?

그린 워싱, ESG 워싱이란 실제로는 친환경 경영, ESG 경영을 하지 않으면서 외부적으로만 그렇게 보이게 하는 것을 말한다. 그린 워싱 리스크, ESG 워싱 리스크는 실제 친환경, ESG 경영을 하지 않는 기업의 의도적인 마케팅와 상품 네이밍으로 소비자와 투자자들이 친환경 혹은 ESG 친화적 기업(상품)으로 인식할 수 있는 위험을 말한다.

조례를 통한 ESG 지원: 재무적 효익 제공과 ESG 전략산업 육성

「서울특별시 중소기업육성기금의 설치 및 운영에 관한 조례」(2021)는 중소기업의 육성을 위하여 중소기업육성기금을 설치하고 관리하기 위한 것이다. 앞서 설명했듯이 중소기업육성기금에서 융자를 받을 때는 대출금리보다 낮은 수준의 금리를 적용한다. ESG 경영을 실천하는 중소기업에 이 기금에서 융자받을 수 있는 우선권을 부여하거나, ESG 특혜 이자율을 제공하는 방법을 고려해 볼 수 있다.

「서울특별시 전략산업 육성 및 기업지원에 관한 조례」(2021)는 전략산업을 육성하고 기업을 경영하기 좋은 환경을 조성하는 데 필요한 재정 · 행정을 지원하여 기업의 경쟁력을 강화시킨다. 전략산업, 권장업종을 지정해 서울시 차원의 환경 부문(E)이나 사회 부문(S) 개선에 도움이 될 수 있을 산업, 업종을 포함하여 재정적 · 행정적 지원을 하여 서울시 차원의 ESG를 강화할 수 있을 것으로 보인다.

중소기업형 ESG 기준의 마련으로 부담 낮추어야

서울시 차원에서 일관되고 투명한 평가체계를 확립하고, 한국형 기준에 부합하는 중소기업을 위한 ESG 평가 지표를 제시할 수 있다. 이때 객관적으로 성과를 측정하는 척도를 마련하여 중소기업이 자신의 성과를 정확히 평가하게 해야 한다. 최근 국내외 많은 국가에서는 평가기관마다 평가 결과가 상이하게 다르다는 문제점을 공통적으로 겪고 있다. 우리나라의 평가기관에서 높은 등급을 받은 대기업이 미국의 평가기관에서 낮은 평가를 받는 경우도 많다. 우리나라 내에서도 평가기관마다 항목과 방법 등 평가 기준이 다른 경우가 있다. 특히 정량화하기 어려운 항목들은 평가기관마다 주관적으로 판단하는데, 이 기준이 명시되지 않고 있다. 게다가 평가항목도 대기업 기준이어서 중소기업은 평가조차 할 수 없는 항목이 많다. 따라서 현실적으로 중소기업에 적용 가능한 ESG 기준과 항목을 마련하고 평가 방법을 표준화하여 기업의 불확실성과 부담을 줄여 주어야 한다.

ESG 경영은 비용이 아닌 성장 수단이다

우리나라 대기업을 대상으로 한 연구에 따르면 많은 기업이 ESG 등급을 잘 받을 수 있는 방향으로 전략적인 ESG 관리를 하는 것으로 나타났다. 이와 같은 움직임은 ESG 관련 평판이 중요한 상황에서 투자자가 주로 ESG 등급을 이용하여 ESG 성과를 판단하는 것이 원인으로 파악된다. 이와 같은 ESG 워싱, 그린 워싱이 중소기업에서도 나타날 수 있다. 예를 들어 인증서를 받기 위해 ESG 활동을 과장할 수 있는데 이를 방지하기 위해 적절한 모니터링과 관련 교육이 필요하다.

대기업조차 자금이 부족한 상황에서는 ESG 투자를 줄인다. 중소기업은 대기업보다 자금이 부족한 상황이 많으므로 과도한 ESG 부담을 주어서는 안 된다. 중소기업은 일련의 ESG 활동이 대기업으로 성장하는 데 꼭 필요한 밑거름임을 염두에 두고 ESG를 비용이 아닌 성장의 수단으로 여기는 문화를 확립해야 한다. 이를 위해 서울시의 지원 및 정책이 마련되어야 한다. 도시 차원의 ESG 경영을 추구함으로써 서울시의 브랜드 가치를 높이고 국내외 대도시들에 모범이 될 수 있을 것이다.

06

서울시 소상공인 S·E·O·U·L 하자

정원석 _ 정책미래소상공인연구소 소장

서울시 소상공인 디지털 전환 시기를 맞이하여

소상공인의 경영 패러다임 변화가 절실

디지털 전환기라는 시대적 변화에 적응을 요구하는 지금 시대에는 소상공인 경영에도 패러다임 변화가 절실하다. 4차 산업혁명 시대는 우리에게 디지털 기술을 활용한 경제활동을 요구하고 있다. 그러나 디지털 전환 시대에 소상공인 경제 분야의 경쟁력은 더욱 악화되고 있다. 이는 디지털의 중요성이 강조되는 영업 환경 변화에 소상공인이 적응하지 못하고 있기 때문이다. 2020년 소상공인시장진흥공단의 한 조사에 따르면 소상공인의 디지털 활용 수준은 15.4퍼센트에 불과했으며, 그 필요성을 느끼는 경우도 29.7퍼센트에 불과한 것으로 나타났다. 소상공인의 디지털 전환 수준은 매우 낮다. 디지털 기술 수용성도 낮아 본격적으로 전환되지 못하고 있다. 또한 디지털 전환에 대한 준비마저 부족한 상황이다. 소상공인은 급격한 영업 환경 변화를 인식하지 못하고 있으며, 그에 따라 디지털 전환에 대한 정부 지원의 필요성도 크게 느끼지 못한다(남윤형, 2021).

더욱이 코로나19 유행에서 비롯한 비대면 거래의 증가는 거래상의 디지털 전환 요구를 촉진했다. 특히 소비자와 대면 접점을 이루는 소상공인에게는 이러한 환경적인 변화가 급작스럽게 다가왔다. 경제적인 측면에서도 대면과 비대면으로 구분되었으며, 지금은 비대면 경제가 확산 중이다. 대면 방식을 위주로 경제활동을 해 온 소상공인들은 비대면이 확산하는 환경 속에서 소비자와의 관계 변화와 경영상의 체질 개선을 요구받게 된다. 4차 산업혁명 시대에 들어서면서 시장경제 측면에서 디지털 전환이 필요해졌는데 코로나19 유행 이후에 더욱 타당성을 갖게 되었다.

비대면 경제는 크게 2가지 형태로 나누어 정의할 수 있다. 첫 번째 형태는 실외에서 이루어졌던 고객의 구매 행동이 집 안으로 이동하는 변화를 포괄하는 '집 안에서의 소비'이다. 이는 이미 잘 알려진 이커머스(e-commerce) 소비 행태나 제품 배달 혹은 원격 의료의 등장을 포함한다. 두 번째 형태는 실외에서 하던 구매 행동이 여전히 실외에서 이루어지지만, 기술과 서비스 혁신으로 '비대면' 방식이 도입된 '비대면 실외 소비'이다(딜로이트, 2020). 비대면 경제의 부상은 새로운 소비자 페르소나와 고객층이 등장한 결과라고 볼 수 있다.

비대면 경제에서 중요한 요소는 소비의 위치와 가격에 대한 선택이라고 할 수 있다. 이러한 비대면 경제 시대에 영업활동과 경영을 영위하는 소상공인에게 '소비자 트렌드 변화'와 '융합된 경제활동'의 적응

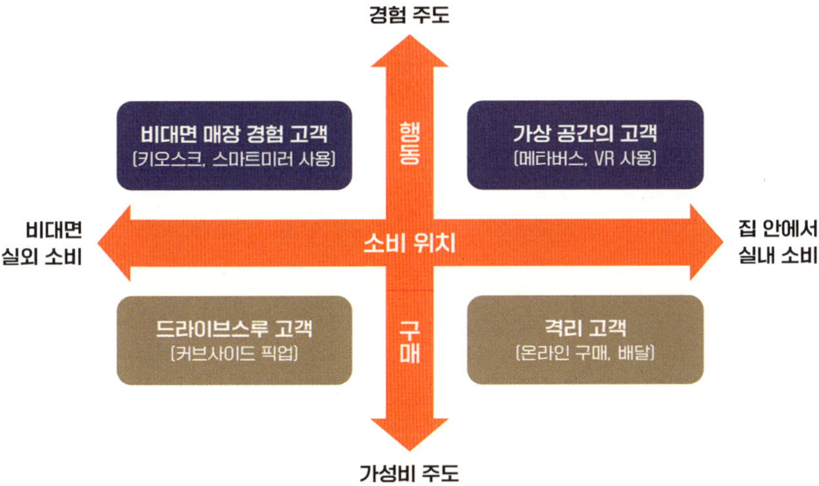

그림 1 비대면 경제의 고객층

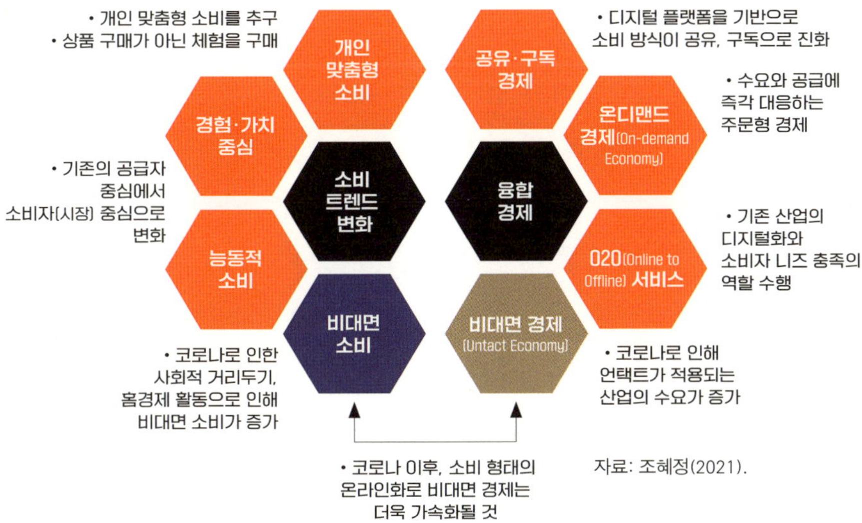

그림 2 디지털 기술과 서비스 융합

이나 수용은 쉽지 않다. 코로나19 이후에 변화된 소비패턴의 영속성이 어느 정도인지도 가늠할 수 없다. 그러나 어떠한 형태든 변환의 진보는 예측된다고 볼 수 있다. 그래서 소비자의 변화에 민감할 필요가 있는 소상공인은 융합경제가 보여 주는 방법이나 형태에 적응해야 한다. 왜냐하면 4차 산업혁명 기술을 바탕으로 혁신과 연결이 더욱 극대화되기 때문이다.

아직은 디지털 전환을 준비 못 한 소상공인

시장은 점차 디지털 기술 중심의 경제성장 시대로 진입하고, 소비자와 접점을 이루는 디지털화 혹은 스마트한 영업 방식을 요구한다. 소상공인이 디지털화된 변화 시대에 적응하지 못하고 전통적인 방식으로 계속 영업한다면 디지털 거래에 익숙한 소비자에게 외면당하고 결국 매출이 감소될 것으로 예상된다. 기존의 오프라인 형태의 영업 방식에 대한 의존도에 변화가 없다면, 임대료와 인건비 등 고정비용의 증가로 영업 이익이 낮아질 것이다. 코로나19로 인한 비대면 거래의 가속화는 전통 소상공인의 영업 방식에 치명적인 타격을 줄 것으로 전망된다. 정책적 지원으로 소상공인의 신속한 디지털 · 스마트화 전환이 필요한 시점이다. 디지털 · 스마트화는 편의성, 지속 가능성, 생산성, 효율성, 확장성, 융합성 등 소규모 영업의 약점을 극복할 계기를 제공해 줄 수 있다.

이에 따라 정부에서는 '소상공인 성장 · 혁신 방안 2.0'을 마련하여 소상공인 디지털 전환을 지원하고 있다. 정부가 이를 통해서 디지털 혁신모델을 확산하고자 노력하는 것은 의미가 있는 움직임이라고 할 수 있다. 그러나 정부의 디지털 전환 지원정책과 중요성에도 불구하고 소상공인이 디지털 전환을 수용할 준비는 부족하며, 디지털화 수준은 아직 기대에 못 미치는 상황이다. 2020년 소상공인시장진흥공단이 실시한 조사에 따르면 소상공인의 디지털화는 '소상공인의 디지털 전환에 대한 인식(2.57점)', '디지털 전환을 위한 기술 수용성(2.31점)', '디지털 전환에 대한 외부 반응(2.57점)', '디지털 전환을 위한 준비 정도(1.59점)', '디지털 의사 전환(1.82점)', '디지털 전환 실행(1.38점)' 등 모든 항목에서 보통 수준 이하로 평가되었다(5점 척도 기준).

소상공인 디지털 전환 방안 추진 방향

1 소상공인 생업 현장 디지털 혁신 모델 확산

전통시장 : 디지털 전통시장 조성
소상인 : 스마트상점 보급 확산, 라이브커머스 등 온라인 진출
소공인 : 스마트공방 보급 확산
상권 : 디지털 상권 르네상스 조성

2 소상공인 디지털 생태계 조성

디지털 교육 강화를 통한 디지털 격차 해소
디지털 상생협력문화 확산
생애주기별 디지털 지원 체계 마련

3 디지털 전환 지원 인프라 구축

소상공인 빅데이터 플랫폼 구축
소상공인 간편 결제 확산 보편화
디지털 전환 체계 강화(금융, 법령, 조직 등)

자료: 중소벤처기업부 블로그.

표 1 소상공인 디지털 전환 방안 추진 방향

이때 시장 적응력을 키우기 위한 디지털 생태계의 구성이 기계적인 제품 보급에 머물러서는 안 된다는 것이 중요하다. 디지털화가 소상공인 매출이나 영업 환경에 즉각적으로 어떤 효과가 나타나는지 파악되어야 한다. 이러한 측면에서 4차 산업혁명과 비대면 경제로의 전환을 마주한 소상공인이 성장 동력을 얻을 수 있는 패러다임의 변화에 관해 논하고자 한다. 소상공인의 도약을 위해서 서울(SEOUL)의 알파벳에 따라 패러다임의 변화를 예측할 것이다. 이를 바탕으로 현재의 소상공인을 비롯하여 미래를 준비하는 소상공인이 앞으로의 경영환경 변화를 통찰하고 대처 방안을 마련하는 데 도움을 주고자 한다.

소상공인이 알아야 할 5가지 패러다임

S: Space - 공간의 전환, 같은 장소 다른 업종, 공간 중심에서 사람 중심

소상공인에게 공간이 주는 의미는 크다. 특히 오프라인에서 영업하는 소상공인에게는 더욱 그러하다. 소상공인에게 공간의 의미는 둘로 나눌 수 있다. 첫 번째는 상가와 상점이 속해 있는 상권이며, 두 번째는 본인이 소유하거나 임대한 영업 터전인 점포이다. 오프라인에서 영업하는 소상공인에게 가장 부담되는 요소 중 하나가 임대료이다. 이에 4차 산업혁명과 더불어 비대면 경제 체제에서는 소상공인이 점유하는 공간에 대한 다른 시각이 필요하다.

소상공인에게 점포는 권리금과 임대료의 비중에 따라 소중한 자산이다. 그러나 점차 공간에 대한 공유, 소비의 세밀화가 시작되면서 자산가치로서의 공간보다는 효율적인 활용가치로서의 공간 전이를 요구한다. 예를 들어 공유주방의 활성화가 그러한 측면을 직접적으로 보여 준다. 공유주방은 4가지의 유형으로 나눌 수 있다. 영업보다는 식사를 함께 나눌 수 있는 소셜 네트워크를 위한 소셜다이닝형, 아침저녁 혹은 특정한 시간대에 맞추어서 공간을 이용하는 타임쉐어링형, 일정기간 음식을 만들고 테스트해서 판매하는 인큐베이팅형, 기존 매장에 배달을 함께 할 수 있는 푸드코트형 등이다. 초기창업자의 테스트

2021년 외식산업 성장의 문을 열어 줄
'공유주방' 6가지 트렌드

프롭테크 기반 공유주방 중개 플랫폼 최적의 공유주방 및 창업 아이템을 창업주와 매칭	**시간제 공유주방** 한 개 식당을 서로 다른 시간대로 나누어 운영	**배달형 공유주방** 동시간대에 여러 공간으로 나누어 배달 음식 제조부터 배송까지
공유주방 입점 브랜드 유명 프랜차이즈와 패밀리 레스토랑까지로 확대	공유식당의 경계 넘은 확장, **식당을 넘어 호텔,** 공유오피스까지 진출	정부의 **규제 샌드박스** 지원과 대기업의 협업 금융지원 통해 성장 본격화

자료: 국민일보(2021. 1. 31.).

표 2 공유주방의 6가지 트렌드

베이스 상황에서는 공유주방이 오히려 유리한 공간일 수 있다. 무엇보다 공간 이용의 나눔으로 창업자나 영업자가 고정비의 지출을 줄일 수 있다는 점이 중요하기 때문이다.

소상공인에게 있어 자산가치는 상가의 위치 점유, 상점의 공간 점유에서 점차 창업자나 영업자 중심으로 전환하고 있다. 공간의 가치를 잃어 간다기보다는 공간의 가치가 점차 더 효율성을 갖춘다고 할 수 있다. 그 효율적인 가치 덕분에 한 공간에서 다른 업종을 시간대별로 나누어 사용하는 방식으로 전환되고 있다. 때로는 동종 업종의 창업자나 운영자와 공간을 나누어 사용하기도 한다. 그 대표적인 예가 공유미용실이다. 한 공간에서 다수의 헤어 디자이너가 손님에게 시간제로 예약받아 서비스를 해 주는 식이다. 이는 고정비의 감소와 효율적인 노동력을 제공한다.

공간의 공유는 한 공간을 동종업종과 공유하는 것뿐만 아니라 이종업종이 시간대별 혹은 공간별 구분을 통해 나누어 쓰는 형태로도 진화한다. 낮에 영업하는 업종과 밤에 영업하는 업종의 결합이 그러하다. 이러한 현상은 코워킹(co-working), 코리빙(co-living)이란 단어가 등장하기 전부터 시작된 형태이다. 그 대표적인 것이 강남, 종로 인근지역의 직장인들을 대상으로 한 호프집들의 변신이었다. 낮에는 점심 뷔페, 저녁에는 호프집으로 영업하는 식이다. 점심 뷔페 사업자와 저녁 호프집 사장이 다른 사람이다. 즉 호프집 사장이 점심 뷔페 사업자에게 재임대하는 형태로 소정의 임대료와 전기료 등을 받음으로써 고정비의 지출을 줄인다.

또한 음식점과 타업종이 합쳐진 복합형 음식점 '믹스토랑'이 늘어

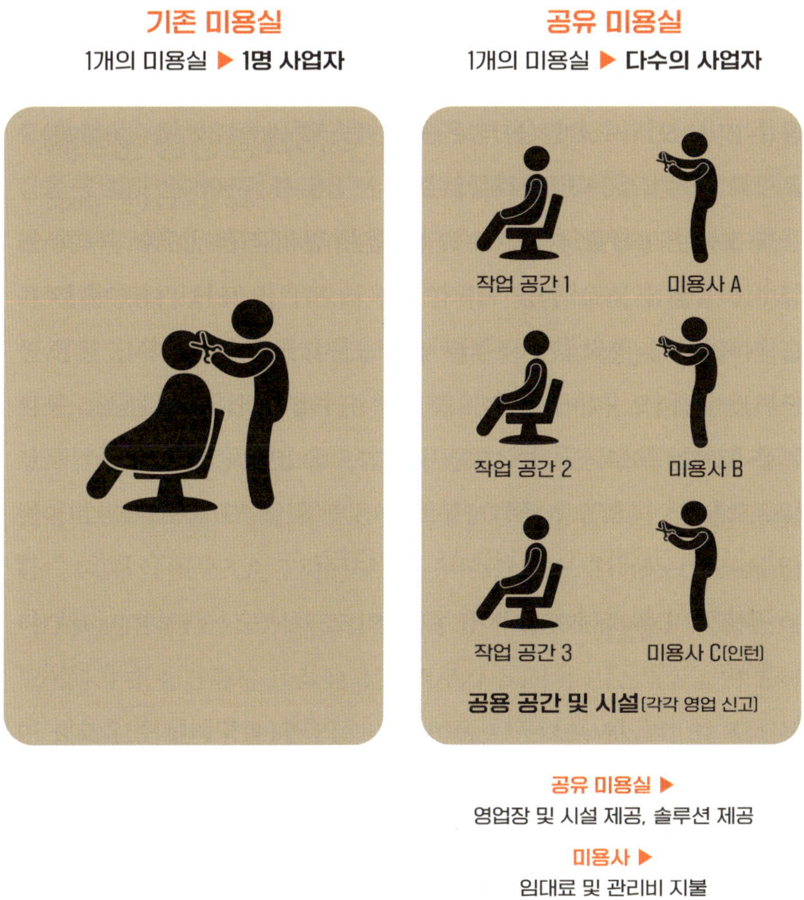

그림 3 공유공간을 활용해 영업하는 미용사들

나는 추세이다. 한 공간에서 2가지 일을 할 수 있어서 소비자 입장에서는 효율성이 높아지고, 소상공인 입장에서는 부가적인 수익을 찾을 수 있거나 고정비의 부담을 조금 덜 수 있다. 믹스토랑의 대표적인 예로 코인빨래방을 들 수 있다. 세탁하는 시간 동안 잉여공간에서 커피나 디저트를 즐길 수 있도록 카페처럼 꾸며 소비자가 개인 시간을 보낼 수 있다. 의류브랜드인 크로커다일레이디는 의류매장 한편에 카페 공간을 개설했다. 구매라는 행위를 할 수 있는 쇼핑공간과 잉여시간을 보낼 수 있는 카페의 결합이다.

지금까지 열거한 것처럼 소상공인의 공간은 시대적 흐름에 따라서 진화하고 있다. 한 공간을 시간대별로 나누어 동종업주가 이종업종을 운영하거나 한 공간을 이종업종의 주인들이 함께 운영한다. 전통적인 자산가치로서의 공간이 창업주, 경영주, 소비자 입장의 사람 중심으로 진화하고 있다.

E: ESG - 기업의 지속 가능성, 기업가치, 비재무적 성과지표에 주목

ESG는 환경(Environmental), 사회(Social), 지배구조(Governance)의 영문 첫 글자를 조합한 단어이다. 여기서 환경은 기업의 친환경 경영, 사회는 기업의 사회적 책임, 지배구조는 기업의 투명한 지배구조 등을 의미한다. 기업은 ESG가 사업에 어떤 영향을 미치는지 그 실질적 의미가 더 중요할 것이다. ESG는 기업이 '지속 가능한' 비즈니스를 달성하기 위한 3가지 핵심 요소이며, 재무제표에 직접적으로 보이지 않아도 기업의 중장기 기업가치에 막대한 영향을 주는 비재무적 지표로 정의할 수 있다. 정리하면 ESG는 환경, 사회, 지배구조라는 단어의 조합이지만, 숨은 키워드는 바로 기업의 지속 가능성, 기업가치, 그리고 비재무적 성과지표라고 할 수 있다(대한상공회의소 · 삼정KPMG, 2021). 이러한 ESG 경영은 단지 기업뿐만 아니라 경영이라는 측면에

자료: KoreanLII 홈페이지.

그림 4 ESG 관련 주요 키워드

서 국가, 기업, 그리고 소상공인에게도 해당한다.

ESG 경영 관련 소비자의 환경 보호 인식이 증가하면서 일상 속 '착한 소비'가 늘어나고 있다. 유럽 지역 10개국 소비자 7,000명을 대상으로 조사한 결과, 70퍼센트가 '식품과 음료 구매 시 기업의 지속 가능성을 고려한다'고 밝혔다. 소비자는 환경과 사회적 지속 가능성을 식품의 영양과 브랜드 등과 같은 비중으로 평가하는 것이다.* 소비자의 착한 소비 그리고 탄소 중립을 위한 소상공인 사업장의 노력, 지역경제에 사회적 가치 창출 등 ESG의 가치에 대하여 소상공인 자영업자도 준비하고 실행해야 할 상황이다.

이미 선도적인 기업은 코로나19 이후 찾아온 새로운 현실에 지속

---

* 제28차 소비자권익포럼: 최남수, 『뉴노멀시대, 기업의 역할변화와 ESG 논의동향』(2021. 5.13.).

가능한 성장을 위한 ESG 경영을 강화하고 있다. 여러 국내 기업도 이러한 시대적 흐름에 따라서 ESG 경영 전략을 수립하고 그 방안을 마련하고 있다. 그렇다면 중소상공인도 ESG 경영 전략이 필요한지에 대해 의구심을 가질 수 있겠으나 이는 당연한 일이다. 대기업의 모든 공급망이나 영업망 그리고 대중소기업의 상생 차원에서 소상공인 또한 ESG 관리에 참여할 것을 요구받을 것이다. 단지 대기업과의 협력관계뿐만 아니라 최종 거래의 주축인 소비자가 바라보는 윤리적이고 친환경적인 경영환경에 대한 요구의 또 다른 압박이라 할 수 있다.

O: Originality - 서울 그 독특함은 문화적 가치가 있다

서울시 상권이 붕괴하고 있다. 서울의 대표적인 상권인 명동과 종로의 거리는 한산하고 문이 닫힌 상가들이 즐비하다. 코로나19로 말미암아 유동인구가 줄어들었고, 비대면 거래 확산으로 재화와 서비스 공급이 저하됨에 따라 지역 상권별 경제활동이 축소되고 있다. 축소라기보다는 상가 가치가 하락하고 소비문화의 전이와 퇴보로 전통적인 상권이 가진 독특한 매력이 없어지고 있는 것처럼 보인다. 이러한 현상이 지속되면 유명상권이 대표했던 고유한 상권의 독특한 문화까지도 그 존재감을 상실한다.

주요 시내에서는 상업지역의 유동인구가 크게 줄었다. 명동, 종로3가, 홍대입구, 신촌, 이태원은 2019년 대비 2020년에는 방문객의 발길이 절반 이상 줄었다. 2019년 주간 기준으로 약 5,000만 명이었던 지하철역 승차 인원이 코로나19의 1·2차 유행 기간에는 4,000만 명대로 줄었고, 3차 유행기에는 2,700만 명 수준으로 감소했다. 전년

도와 비교하면 지하철을 이용한 이동이 2020년에는 55퍼센트에 그쳤다.*

코로나19 사태가 장기화되면서 서울 핵심 상권이 사실상 모두 무너진 것으로 나타났다. 관광특구, 사무실 밀집 지역, 대학가 등 상권의 특성을 가리지 않고 매출이 거의 반토막 난 것으로 분석되었다. 서울시 우리마을가게 상권 분석 서비스를 활용해 서울 12개 상권의 5대 외식업(한식, 중식, 일식, 양식, 호프 · 간이주점) 매출액을 분석한 결과, 2020년 1분기 매출은 2019년 동기 대비 45.24퍼센트 감소한 것으로 집계되었다. 분석 대상은 명동거리, 이태원역, 종각역 젊음의 거리, 대학로(혜화역), 노원역, 건대입구역, 신림역, 영등포역, 홍대 주변, 신촌역, 강남역, 교대역 등 서울의 핵심 상권이다.

분석 대상 중 매출액 감소가 가장 컸던 상권은 이태원역이었다. 2년 만에 분기 매출이 81.82퍼센트 줄었다. 야간 영업 축소와 외국인 관광객 감소 등이 주요 원인으로 풀이된다. 지역별로 동북권과 서북권의 대표 대학가 상권인 건대입구역과 홍대 주변은 매출액 감소폭이 각각 56.47퍼센트, 49.26퍼센트였다. 신촌역도 48.61퍼센트 매출액 감소를 기록했다. 지역 대표 상권인 노원역(북부권), 신림역(서남권), 강남역(강남권)도 매출액이 각각 48.66퍼센트, 42.94퍼센트, 41.30퍼센트 줄었다. 업종별로는 호프 · 간이주점의 매출액이 60.15퍼센트 감소했다. 음식점 매출액은 중식 53.21퍼센트, 한식 47.44퍼센트, 양식

---

* KBS 뉴스 "해체되는 도심 상권 … 코로나19에 걸린 서울의 변화", 2021. 1. 21. 서울대학교 환경대학원. 미국 스탠퍼드대학교 아태연구소 빅데이터 인용.

39.05퍼센트, 일식 16.85퍼센트 순으로 감소했다.*

유동인구 감소에 따른 상권의 가치하락과 붕괴를 인위적인 방법으로 막기는 무척 어렵다. 그런데 정말 중요한 것은 그 상권의 고유적인 문화적인 가치 손실에 있다. 코로나19로 피해를 입은 서울시 전체 상가를 지원하는 일은 정책 및 예산상에 문제가 있을 수 있다. 그러나 자연발생적으로 형성된 문화적인 가치가 있는 상권은 최소한 정체성을 유지하고 복원하기 위해 서울시의 정책적인 지원이 필요할 것이다.

U: UX·UI - 디지털 세상의 사용자 중심으로

사용자경험(User Experience, UX)은 사람을 이해하고 배려하는 나눔의 대화이다. 사용자경험은 사용자가 어떤 시스템, 제품, 서비스를 직간접적으로 이용하면서 느끼고 생각하는 지각과 반응, 행동 등 총체적 경험을 말한다. 사용자경험은 '인간과 컴퓨터의 상호 작용에 관한 연구(HCI)'에서 사용된 개념이며, 아직도 많은 사용자경험의 원리가 컴퓨터 공학 분야의 소프트웨어와 하드웨어 개발에 응용되고 있다. 이 개념은 현재에 와서는 컴퓨터 제품뿐만 아니라 산업을 통해 제공되는 서비스, 상품, 프로세스, 사회와 문화에 이르기까지 널리 응용되고 있다. 사용자경험을 개발하고 창출하기 위해서 학술적 · 실무적으로 이를 만들어 내고자 하는 일을 사용자경험 디자인이라고 한다. 영역에 따라 제품 디자인, 상호작용 디자인, 사용자 인터페이스 디자인, 정보 아키텍처, 사용성 등의 분야에서 주로 연구개발되고 있다. 그러나 사

* "매출 반토막, 서울 핵심 상권 사실상 붕괴", 문화일보, 2021. 8. 18.

용자경험은 다학제적이며 다분야의 총체적 시각에서 접근해 나가야 하는 핵심 원리를 바탕으로 한다(신동희, 2013).

사용자 인터페이스(User Interface, UI)는 휴대폰, 컴퓨터, 내비게이션 등 디지털 기기를 작동시키는 명령어나 기법을 포함하는 사용자 환경을 뜻한다. 이용자가 IT 기기를 구동하기 위해 접촉하는 매개체로 컴퓨터를 조작할 때 나타나는 이른바 '아이콘'이나 텍스트 형태의 구동 화면도 포함된다. 스마트폰의 경우 애플리케이션 아이콘 형태나 화면 구성을 가리킬 때가 많다.*

우리는 세상이 스마트폰 안에 들어온 세대에 살고 있다. 그러나 대부분의 대한민국 소상공인의 주요 연령층은 40~50대이며, 이들이 가진 디지털 역량은 MZ세대를 따라가기 어려운 실정이다. 기술의 진화와 진보를 통한 새로운 시장 형성에 적응을 요구하는 것은 시대적인 현상이다. 사용자 편의에 맞는 시스템 창출과 스마트폰 안에서의 설계가 비디지털화된 소상공인에게 적용되어야 한다. 기술의 적용에 대한 원리를 알아 가는 과정은 무척 힘들다. 마찬가지로 디지털 전환 측면이라는 시각에서도 그 과정에 대한 지식을 습득하기는 어려운 것이 현실이다. 그러나 결과론적으로 소상공인이나 소비자의 편의를 위한 어떠한 형태의 진보된 디지털 현상을 수용하는 일은 필요하다. 그리고 그 수용 속도가 조금 느릴 뿐이지 불가능한 것은 아니다. 디지털 전환 혹은 진보된 기술에 대한 수용이 늦더라도 받아들여지지 않는다면 시장에서 퇴보할 수밖에 없다. 그러한 관점에서 정부 정책이나 지자체의

---

* 한경 경제용어사전 인용.

조력이 필요하다. 그리고 사용자 측면에서의 전달이 중요하다. 여기서 사용자는 소비자는 물론 그것을 이용하는 소상공인까지 포함한다. 점진적으로는 로봇이 서빙하고 로봇이 커피를 만들고 닭을 튀기거나 햄버거 패티를 굽게 하는 것이다.

L: Local - 상권의 변화, 지역 중심 동네의 재발견

동네 정보, 중고 상품 등 특정 지역의 이용자 주변 정보를 적절하게 활용해 사람들에게 편리함을 주는 하이퍼로컬(Hyperlocal) 서비스 시장이 확대되며 관심을 끌고 있다. 하이퍼로컬 서비스 시장을 선도한 것은 미국의 넥스트도어(Nextdoor)라는 회사로 2008년에 설립되어, 2011년부터 지역정보 제공, 중고마켓 운영 등의 서비스를 시작했다. 이러한 지역 기반의 비즈니스 모델을 차용해서 시작된 '당근마켓'은 국내의 대표적인 하이퍼로컬 서비스로 인정받고 있다. 당근마켓은 2015년 서비스를 시작하여 지금은 월간 이용자 수가 1,500만 명으로 급증하는 등 성장세를 이어 가고 있다. 특이하게도 당근마켓은 물건을 구매하는 자와 판매하는 자의 공동의 비율이 93퍼센트에 이른다. 이는 구매자이면서 판매자이고 판매자이면서 구매자라는 의미이다. 당근마켓의 성장 요인은 무엇보다도 지역 기반 경제활동 활성화 환경이 코로나19 덕분에 조성되었다는 점을 들 수 있다. 또한 당근마켓의 거래 자체는 온라인을 통하지만 직접 보고 물건을 주고받는 신뢰성을 기반으로 한다. 무엇보다도 동네 생활권 내에서 이루어지는 이웃 간의 거래이므로 전문 판매자들을 과감하게 차단한 것도 요인이라 할 수 있다.

하이퍼로컬 서비스 시장과 디지털플랫폼 시장이 결합하는 형태의 비즈니스 모델이 지역경제에 바탕을 두고 잇따라 개발되고 있다. 동네 마트 장보기 플랫폼 로마켓은 지역 기반 비즈니스 모델이다. 로마켓과 가맹한 동네 슈퍼는 코로나19 상황에서도 굳건히 비즈니스를 이어갔는데 월별 성장률이 150퍼센트에 달한다. 이는 코로나19의 영향으로 지역 상권의 소상공인이 큰 타격을 입은 것과는 대조적이다. 2020년 12월 소상공인연합회가 분석한 코로나 영향의 실태를 조사한 결과 국내 소상공인의 70.8퍼센트가 '전년 대비 매출이 감소했다'고 응답했고, 이 중 매출 감소 비율도 평균 37.4퍼센트로 집계되었다. 지역 상권의 소상공인 대부분이 코로나19의 직격탄을 맞은 셈이다. 로마켓 가맹점이 코로나19 유행 속에서도 성장할 수 있었던 것은 로마켓의 비대면 주문결제와 배송 시스템 덕분이다. 로마켓 플랫폼을 이용하면 가맹점이 20분 이내에 플랫폼 내 점포를 생성해 자체 포스 시스템에서 손쉽게 제품 등록과 주문 결산이 가능하다. 판매수수료도 1퍼센트대로 저렴하다.

하이퍼로컬 서비스 시장에 참여하는 대기업도 늘고 있다. 네이버는 전통시장 장보기 서비스를 2019년 암사시장에서부터 시작했는데 현재 전국 105여 곳의 전통시장이 이 서비스를 사용하고 있다. 네이버 장보기 서비스는 전통시장의 신선식품 등을 온라인으로 구매하고 당일 혹은 2시간 이내에 배달해 주는 서비스이다. 2021년 상반기에는 이미 2020년 거래액의 약 15배 이상의 매출이 올랐고 재구매율이 45퍼센트로 지속성장 중이다. 코로나19로 말미암아 외부활동이 축소되고 집 근처에서의 쇼핑이 증가함으로 '슬세권(슬리퍼+세권)'이란 신종

어가 나올 정도이다. 슬세권 상권이 빠르게 성장하고 있고 상권의 중심축이 속칭 핫플레이스인 유흥가나 도심 중심에서 주택가 밀집 지역으로 점차 이동하는 현상이 나타나고 있다. 이러한 현상은 지역 기반에 있는 편의점의 매출 상승에서 확인할 수 있다. 이에 발맞추어 GS리테일에서는 '우리동네딜리버리'라는 서비스를 선보였다.

하이퍼로컬 시장의 확대는 골목상권을 형성하는 소상공인의 성장 환경을 조성할 수 있는 절대적인 기회라 할 수 있다. 하이퍼로컬 시장에서 소상공인의 성공 요인은 바로 지역 소상공인의 조직화이다. 협력과 공조는 지역이란 테두리와 조직적인 시스템 안에서 효율성이 높아질 것이라 본다. 지역 소상공인의 가치적인 요소와 지역에 맞추어진 장점을 발굴하고 집중함으로써 지역민의 소비가 자생적으로 이루어지고 그 자생력을 기반으로 개별 상가가 아닌 지역 상권이 발전할 수 있어야 한다.

미래를 준비하는 서울시 소상공인 정책이 필요

소상공인 큐레이션 AI 서비스

변화의 시기를 마주하는 시대적인 흐름에 도태되거나 늦어지는 것에 두려움이 있을 수 있다. 경제산업 전반에 디지털화가 진행되고 있으나 이를 받아들이는 주체의 수용도가 낮다면 시장의 흐름을 먼저 생각해야 할지 아니면 현상학적인 측면에서 관찰하고 정책을 만들어야 할지 고민이 될 것이다. 국가장관회의에서 소상공인 디지털 전환과 관련해 모델화를 먼저 끄집어낸 이유가 있는 듯하다. 그러나 가시적인 행정력의 모양새가 발표되기보다는 현 시장의 상황에 대한 정확한 진단과 그에 따른 작은 실천이 준비될 때 단위별, 카테고리별 대안이 나타날 듯하다.

소상공인 영역에서 스마트화란 소비자의 소비패턴에 부합한 가시적인 하드웨어의 제공이 중요하다. 하지만 무엇보다도 각각의 소상공인이 영위하는 사업영역에서 자신들의 위치를 진단할 수 있는 데이터의 정립이 중요하다. 그리고 데이터 정립의 가시적인 성과지표를 소상공인 본인들의 스마트폰을 통해 정기적으로 구독할 수 있는 시스템이 필요하다.

이와 관련하여 소상공인 전용 신용평가, 적정임대료평가 제도 등 소상공인 정책에 필요한 데이터를 제공할 수 있다. 소상공인 대출 관련 정부지원금에 대한 상환능력의 다각적인 평가를 통해 소상공인 전용 신용평가제도의 기반을 또한 마련할 수 있을 것이다. 그리고 소상공인 고정비 지출에 대한 평가제도 기반을 마련할 수도 있다. 창업 초기에는 임대료, 인건비, 각종 공과금 등 상가권리금의 투명성을 요구하고 경영 중에는 재계약이나 점포 이전 등에 고정비 지출 정보가 필요하다. 그러므로 소상공인 큐레이션 AI 서비스를 제안한다.

소상공인 큐레이션 AI 서비스는 빅데이터를 활용하여 가장 큰 규모의 경제 주체인 소상공인에 대한 지원을 강화하고 데이터 사업성을 극대화할 수 있다. 이것은 현재 자리 잡은 상권정보서비스의 활용데이터 30~40종을 100여 종으로 확대하여 유통 확대와 성과 검증을 할 기회이다. 그리고 정보 수집력이 미약한 소상공인에 대한 빅데이터 · AI 활

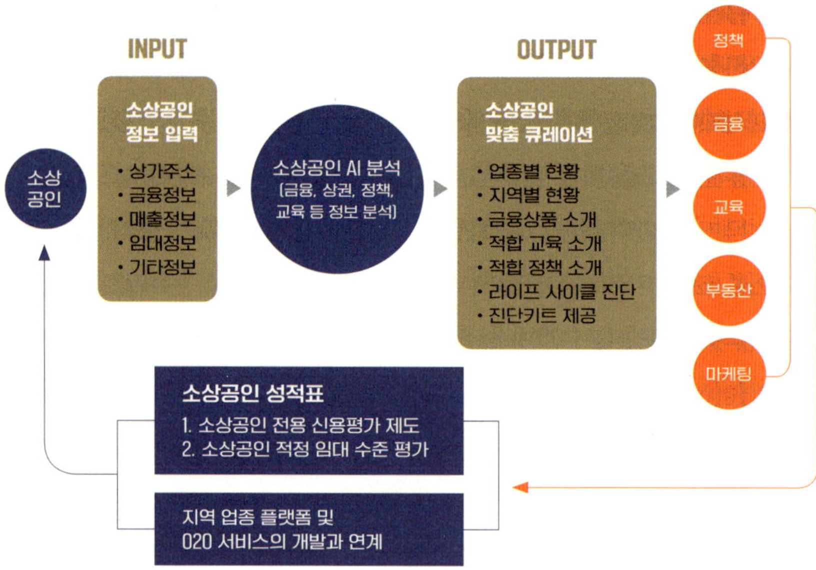

표 3 소상공인 큐레이션 AI 서비스 모형도

용강화로 기술과 산업발전을 도모할 수 있다. 정부 지원 정책과 금융상품에 대한 정보를 편리하고 효과적으로 전파하여 수혜자층 확대와 정보 불평등을 해소할 수도 있다. 소상공인에게 스마트화의 의미는 이렇게 개별 소상공인에게 적용되는 정보 데이터를 쉽게 받을 수 있는 것이다.

대중소기업과 파트너십, 집단적 소상공인 ESG 경영 운동

어떤 의미로는 ESG 경영에 대한 수용과 독특한 경영 전략으로 새로운 경쟁력을 만들어 갈 수 있을 것이다. 여기서는 주요 협력전략 중 대기업과 중소 · 중견기업 간 ESG 파트너십으로 공급망 내에 ESG 관리 프로그램을 구축하고, ESG 역량을 함께 성장시키는 방안을 제시하고자 한다(대한상공회의소 · 삼정KPMG, 2021).

사회적으로 논란이 되었던 대기업의 골목상권 침해 문제, 소상공인 생계형 적합업종 지정 문제 등의 현안에는 ESG 경영상의 접근 방식이 필요하다. 소상공인의 권익 보호와 경쟁력 제고를 위한 대기업의 상생에 관한 문제는 상생이란 이름으로 면죄부를 얻는 것은 물론, 시장 독과점, 비공정경쟁 등의 구조적인 모순에서 벗어나야 한다. 대기업의 상생방법론을 명확하게 제시할 필요가 있다. 즉 실제적인 상생 모델이 효율성을 갖고 ESG 경영의 확대로 진입해야 한다. ESG 경영체제로 무조건 따라오라는 것도 적절하지 않다. 사실 배달시장의 독과점과 온라인 검색시장의 독과점으로 실제적인 피해를 보는 것이 소상공인 시장 영역이다. 사회적인 책임과 지배구조의 변화는 ESG를 실천하고자

구분	내용
ENGAGING	대중소기업 ESG 파트너십(동반성장) 강화
ENCOURAGING	중소·중견기업 인식제고, 변화관리 지원
EDUCATING	중소·중견기업 ESG 지원 생태계 활성화
ENABLING	ESG 데이터 플랫폼 구축

자료: 대한상공회의소 · 삼정KPMG(2021).

표 4 4E 협력전략

하는 대기업이 스스로 기득권을 놓는 데에서 시작된다. 콘텐츠 구성과 소유권은 제공자에게 있음을 인식하고 그에 따른 사회적 책임을 제시할 때 상생의 기반이 마련된다고 할 수 있다. 특히 생계형 적합업종의 대기업 진입을 위한 상생협약은 대기업 시장과 기득권의 입장이 아니다. 진정한 사회책임과 지배구조의 공정함은 그 시장에서 활동하고 소비자와 접점에 있는 소상공인의 입장에서 시작될 때 얘기할 수 있는 것이다. 하나의 예로 공공기관, 대기업 내에 있는 직원식당과 카페테리아의 운영도 주변상권과 지역경제 이바지를 위해서 소상공인 사업장을 특정기간만 이용할 수 있는 체제를 만들어야 한다.

소상공인에게 ESG 경영의 도입은 쉽지 않다. 환경, 사회적 책임, 그리고 지배구조 측면에서 조직적인 체계나 구성이 되어 있지 않은 상태에서는 더욱 어렵다. 개별 소상공인이 ESG 경영전략이나 체제를 세우기 어렵다면 집단 ESG 경영을 고려해 볼 만하다. 즉 상권별, 지역별, 업종별 ESG 경영을 실천하는 것이다. 그리고 플라스틱 소비 축소로 탄소중립을 지키는 환경적인 측면에서는 집단별 캠페인이나 소상공인 운동이 가능하다고 본다. 집단적 ESG 경영 운동으로 개별적인 ESG 경영에 대한 인식의 변화를 도모할 수 있다. 소비자의 최종 사용자(end user) 시장 관점에서 환경의 중요성 등 소상공인 사업장 캠페인, 저탄소 배출 바우처 등이 제공되어야 한다. 이러한 소상공인의 ESG 경영 도입으로 소비자의 가치 창출을 유도할 수 있다. 사회적 책임 관점에서는 정부의 정책적 시행이 단지 자금지원 차원에서 머무는 것이 아니라 교육지원, 컨설팅 지원 등 다양한 사회적 책임에 동참하여 코로나19로 피폐된 시장을 다시 복구하려고 노력해야 한다. 또한 정부는 코로나19라는 전 세계적인 전염병으로 시장 거래가 축소되고 소비가 하락할 때를 기억하고 사회적인 책임 측면과 지배구조적 문제에 따라서 소상공인의 복지체계를 마련해야 한다.

서울시 근대문화 보존, 대면·비대면 시대 비교 서울시 상권 연구 필요

2021년 8월 31일을 마지막으로 서울의 대표 극장인 서울극장이 역사의 뒤안길로 물러났다. CGV 등 멀티플렉스 극장, 스마트폰 안으로 들어온 넷플릭스 등의 온라인 영화산업의 영향이다. 이는 근대문화 유산을 내포한 문화적인 차원의 손실로 볼 수 있기에 안타까움을 자아낸다. 근대문화의 상징과 같은 지역을 대표하는 기념비적인 건축물(monument)이 점차 손실되고 그 손실된 문화유산물을 중심으로 한 독특한 상권들이 매몰되고 있다는 점에 주목해야 한다. 서울시는 문화정책과 함께 지역문화를 내포하는 상권의 독특함을 보존하기 위해 노력해야 한다. 그렇게 함으로써 서울 골목상권이나 세밀화된 지역 상권의 독특성을 유지할 수 있다.

서울시의 주요 상권에 대한 연구가 필요하다. 주요 상권의 고유성을 유지하는 것이 무엇인지를 살피고 비대면과 대면 시대의 그 고유성의 변화를 비교분석해야 한다. 홍대의 젊음의 거리가 클럽 문화에서 어떤 예술적인 문화로 변이되는지 모니터링하고 그에 따른 가이드라인을 만들 필요가 있다. 클럽 문화에서 다른 문화, 디지털화(메타버스) 시도 등 온 · 오프라인에서 젊음의 거리에 대한 정체성을 보존하려는 노력이 필요하다.

청계천의 노가리 거리, 충무로의 인쇄 거리 등 자연발생적으로 형성된 상권들은 독특한 서울의 문화를 내포하는데 이러한 문화적인 가치 요소는 상권을 보존함으로써 유지할 수 있다. 상권 문제는 주체가 정부 기관에서 지역 소상공인 중심으로 전환되는 것이 좋다. 지역문화 개발을 위한 지자체의 개별적인 공모 등을 시행하고 지역 소상공인 조직들이 진행할 수 있도록 해야 한다. 서울시 정책은 기획과 추진계획이 아니라 유기적으로 진행되도록 지원하는 차원이어야 한다.

또한 지역 상권 내에 문화적 가치를 양성하기 위한 서울시 소상공인 장인 문화를 개발하고 독려해서 소호밸리 체인, 소호밸리 페스티벌 등으로 연계할 수 있다. 이처럼 장인을 위한 온라인 지역마켓에 대한 지원이 필요하다.

기존 소상공인과 청년 및 MZ세대의 협업이 가능한 클러스터 형성

다른 측면에서는 디지털 변화에 즉각적으로 반응하고 그 변화를 수용하는 청년 및 MZ세대와의 결합을 시도해 보는 것도 하나의 방법일 수 있다. 먼저 청년 소상공인이 창업 시작 전에 기존 소상공인과 클러스터(Cluster)를 형성하는 것이다. 청년, 특히 MZ세대는 소상공인 업종에 대한 경험이나 영업의 노하우를 익힐 수 있는 기회가 부족하다. 반면 기존 노령화된 사업장의 소상공인은 디지털 문화나 기술 수용성이 낮다. 따라서 서로 상충된 세대별 결합을 시도해 볼 만하다. 우선 청년에게는 일자리를 제공하면서 새로운 시장에 진입할 기회를, 소상공인에게는 친디지털 문화를 접목할 계기를 마련해 주어야 한다. 로봇을 활용한 식당이나 점포에서 그 수용성이 낮은 소상공인을 위한 청년 일자리 창출 차원에서 적응력을 갖추어 나가도록 협업 시스템을 만들어야 한다. 이는 세대 간 간극을 좁히면서 소상공인 사업장 내에서 디지털 전환의 필요 요소를 학습하는 계기가 된다.

소상공인이 데이터를 잘 활용하도록 시스템 개선

소상공인에게는 스마트상점보다 디지털 수요를 위한 데이터 지표에 대한 이해가 중요하다. 중소벤처기업부에서는 소상공인시장진흥공단을 통하여 스마트상점가와 스마트상가를 지원하고 있다. 대부분이 키오스크 보급과 같은 하드웨어적인 기계를 지원하고 보급하는 일이다. 그러나 소상공인에게는 소비자 편의성을 담보한 기계적인 지원도 필요하지만, 무엇보다 그 상점에서 이루어지는 매출, 유동인구 등과 같은 빅데이터의 분석자료 등 영업 행위에 지표를 쉽게 접할 수 있는 디지털화가 선행되어야 한다. 그리고 이러한 분석자료가 사용자 편의에 읽기 쉽게 받아들여지도록 해야 한다. 소상공인은 본인이 현재 어느 위치에 있는지 궁금해한다. 창업한 소상공인일수록 더욱 그러하다. 소상공인으로서 나는 잘하고 있을까? 동종업종에서 매출의 정도가 어느 정도일까? 이러한 끊임없는 자기진단은 변화에 대한 기회를 부여한다. 계절별, 연령별 소비패턴에 따라 소상공인이 다루고 있는 메뉴나 서비스에 대한 변화를 스스로 모색해야 한다. 그러한 데이터 지표가 개별 소상공인에게 전달될 수 있는 시스템이 필요하다.

빅데이터 센터와 상권분석 시스템은 일반 사용자가 사용하기에는 조금 어려운 측면이 있다. 상권정보 시스템 이용자가 상권 분석 기능을 활용하는 데 어려움이 없도록 분석 영역 설정 방법을 안내하거나 전문가 컨설팅을 실시할 필요가 있다. 상권에 대한 데이터는 아주 중요한 요소이다. 그러나 참고 자료일 뿐 정확한 분석이 이루어져야 한다. 소상공인시장진흥공단에서 제공하는 상권정보와 서울시 우리마을가게 상권분석 서비스는 빅데이터를 활용한 서비스 제공이라기보다는 통계데이터를 활용한 정보 제공이라고 할 수 있다. 이러한 시스템은 전체를 본다는 점에서는 그 사업의 목적성에 부합한다. 하지만 실제적으로 이루어진 데이터 교류가 개별 상점이나 상가에 실시간으로 모니터링되어 소상공인이 일주일, 한 달, 1년을 예측할 수 있는 분석자료를 미리 볼 수 있는 시스템으로 전환되어야 한다. 소비자에게 구독되는 재화나 서비스처럼 서울시 소상공인에게 필요한 정보가 스마트폰 안에 있어 사용자가 쉽게 구독할 수 있어야 한다.

서울시 소상공인 S·E·O·U·L 하자

코로나19는 판을 바꾸었다. 우리가 당면한 공간과 시간의 양면에 걸친 현장이 점차 바뀌고 있다. 소상공인뿐만 아니라 디지털 전환에 대한 시대적인 요구는 모든 삶의 영역에서 발견된다. 뒤바뀌는 판에서 소상공인은 사회적 거리두기의 단계별 강화 등으로 더욱 어려운 위치에 있었으며, 지금도 현실 세계의 판이 뒤집히는 경험을 하고 있다. 정부도 이러한 소상공인의 어려운 처지를 생각하여 재난지원금을 지급하고 있다. 그러나 재난의 시기를 지난 이후에는 어떻게, 무엇을 준비해야 할지에 대한 방안 제시가 없다. 대부분의 소상공인과 주요 소비자 계층은 전쟁을 겪어 보지 못한 세대이다. 전쟁 이후 폐허가 된 도시를 재건하고 다시 시장경제 논리에 따라 영업을 영위하기까지는 상당한 시간과 재정이 필요해 보인다. 코로나19의 여파도 전쟁과 마찬가지이다. 피해에 대한 복구와 재건을 위한 설계가 있어야 한다. 또한 코로나19라는 강한 충격과 더불어 디지털 전환의 가속화에 대한 수용과 변이에 대한 대처가 중요하다. 이는 새로운 것만 추구하자는 미래를 이야기하는 것이 아니다. 이미 우리가 거친 경험과 노하우들을 축척하고 새로운 것을 과감하게 수용하자는 말이다. 그것에 대한 작은 접근 방식을 '서울시 소상공인 S·E·O·U·L 하자'로 제시해 보았다.

기술이 사회에 미치는 영향은 실로 위대하다. 기술을 이용하여 좀 더 편하고 실효성이 있는 거래 시스템이나 삶의 방식으로의 전환이 이루어질 때가 많다. 그러한 기술의 개발과 실효에 대해 깨어 있는 경각이 정책을 개발하는 시점부터 필요하다. 현상에 대한 대처가 아니라 미래에 대한 준비를 통해서 서울시 소상공인이 생존하고 번영할 기회를 제공해야 한다. 다시 한번 강조하고자 한다. "서울시 소상공인 S·E·O·U·L 하자."

3부

역동적 창업생태계를 조성하라

07

잠재적 유니콘 기업을 키우기 위한 제언

배두현 _ 대한상공회의소 선임

경제성장을 위한 국가적 전략, 역동적 창업생태계 조성

코로나19 대유행으로 산업 · 경제 구조가 빠르게 변화하는 상황에서 경제 활로를 개척할 해법을 찾는 일이 무엇보다 중요해졌다. 창업은 새로운 기업이 시장에 진출하는 것으로 이를 통해 경제성장, 고용창출, 혁신 촉진, 신(新)시장 개척과 소비자 효용 증대 등 우리 경제에 전방위적으로 긍정적 효과가 나타난다. OECD(경제협력개발기구) · 한국개발연구원(KDI)은 「한국의 포용성장 연구: 모두를 위한 기회 창출」 보고서에서 한국 경제의 혁신에 대해 "재벌 중심의 제조업 발달은 서비스업-제조업, 대기업-중소기업 간 생산성 격차뿐만 아니라 혁신을 저해할 우려가 있다"며 "창업기업의 성장과 생존 비율 제고를 위한 지원책을 효율화해 혁신성장을 할 필요가 있다"고 평가했다.* 이러한 시기에 역동적인 창업 활동은 새로운 기회를 찾고 뉴노멀 시대를 대비할 수 있는 중요한 수단으로, 이 활동으로 성과를 내려면 철저한 사전 준비와 함께 과감한 지원책이 필요하다.

세계 주요국은 이미 기존 주력산업 주도의 성장 한계를 체감하고 성장의 대안으로써 창업을 국가 전략으로 채택하고 있다. 미국은 2009년부터 기업가정신(entrepreneurship)을 국가혁신전략의 핵심과제로 삼고 2011년 '스타트업 아메리카 이니셔티브(Start-up America Initiative)', 2014년 '스케일업 아메리카 이니셔티브(Scale-up America Initiative)' 정책을 발표하고 추진 중이다. 영국은 창업을 통한 '제2의 대영제국 건설'을 목표로 대학의 연구개발과 사업화를 강조하고 런던 슬럼가를 테크시티**로 개발했다. 중국은 '대중창업 만중혁신(大众创业万众创新)'***을 국정 지표로 채택하고 해외 유학파 출신을 중심으로 혁신 창업을 주도하고 있으며, 이스라엘은 정부의 전폭적인 재정지원하에 나스닥에 상장한 창업기업을 80개나 배출하며 민관 합동 창업생태계를 구축하고 있다.

---

* OECD · KDI, 2021, 「Inclusive Growth Review of Korea: Creating Opportunities for All」.

** 2010년 입주한 스타트업은 85개였으며 2021년 5,000여 개로 급증.

*** 일반 국민 모두가 창업 및 혁신을 추진에 참여한다는 의미.

창업지원 정책의 전반적 정비 필요

한편 우리나라는 공급자(정부) 중심의 비효율적 창업지원 체계로 부처별 정책이 다르고 일관적이지 않아서 창업자가 사업을 효율적으로 계획하고 운용하기 어려운 상황이다. 게다가 각종 서류 작성에서 인허가까지 창업 시작부터 활로가 막히는 경우가 많다. 따라서 지원 창구를 일원화하는 등 혼란을 줄일 필요가 있다. 새로운 기술과 산업의 태동과 융합이 예상되는 4차 산업혁명과 위드 코로나 시대를 맞이하여, 창업지원 정책을 큰 틀에서 정비해야 한다.

참고로 창업 관련 부처별 소관 법률과 업무는 〈표 1〉과 같다. 기획재정부는 창업할 때 주어지는 소득세 및 법인세 감면 등 각종 세제상의 혜택을, 산업통상자원부와 중소벤처기업부는 산업 활성화와 중소기업의 경쟁력 강화 차원에서 중소기업의 창업지원, 벤처창업 시 특례, 공공기술의 이전과 사업화 등을 명시하고 있다. 그리고 과학기술정보통신부는 연구개발과 기술혁신을 통한 기술이전 및 사업화를 기본방향으로 대학 · 연구소의 설립, 산학연 협력 등을, 교육부는 창업인력 양성 차원에서 창업을 위한 산업교육, 청년창업가 양성지원을 명시하고 있다.

소관부처	법률	업무
기획재정부	「조세특례제한법」	세액공제 등 특례 중심
산업통상자원부	「기술의 이전 및 사업화 촉진에 관한 법률」 「산업기술혁신 촉진법」 「산업융합촉진법」	기술이전, 사업화, 산업융합 중심
중소벤처기업부	「중소기업 창업 지원법」 「벤처기업육성에 관한 특별 조치법」 「중소기업 인력지원 특별법」 「1인 창조기업 육성에 관한 법률」 「여성기업지원에 관한 법률」	신기술, 여성, 창업교육, 판로지원 중심
과학기술정보통신부	「과학기술기본법」 「소프트웨어산업 진흥법」 「국가과학기술 경쟁력 강화를 위한 이공계지원 특별법」 「정보통신 진흥 및 융합 활성화 등에 관한 특별법」 「연구개발특구 육성에 관한 특별법」	연구개발, 기술창업 중심
교육부	「산업교육진흥 및 산학연협력촉진에 관한 법률」	신기술, 여성, 창업교육, 판로지원 중심

자료: 국회입법조사처(2017).

표 1 창업 관련 정부 부처별 소관 법률과 업무

창업생태계의 개념과 현황

창업 과정을 구성하는 정책, 시장, 금융, 인재, 문화, 지원 간 순환 체계

OECD는 창업생태계의 구성요소를 정책(policy), 시장(market), 금

자료: OECD(2012), 국회입법조사처(2017).

표 2 창업생태계 구성요소

융(finance), 인재(human capital), 문화(culture), 지원(support) 등으로 정의하고, 이러한 요소들의 성숙도에 따라 창업생태계의 성공과 선순환 여부가 결정된다고 보았다. 이상적인 창업생태계를 위해서는 구성요소 간 협력을 바탕으로 한 상생 관계 형성 및 긴밀한 정보교환과 상호지원이 필요하다고 언급했다.

이와 함께 역동적인 창업생태계란, 창업과 관련된 이해관계자인 창업자, 투자자, 정부의 생애주기(life-cycle)가 선순환하는 기업 환경을 의미한다. 창업생태계 선순환은 창업기업이 성공적으로 시작하고 성장한 후 회수시장에서 인수합병(M&A)이나 기업공개(IPO)로 투자금을 회수하고 다시 창업에 재투자하며 만약 창업에 실패해도 재도전의 기회가 존재하는 구조이다. 이처럼 창업생태계가 선순환할 때 신산업 중심의 산업구조가 재편되고 새로운 일자리를 창출하는 혁신성장이 이루어진다.

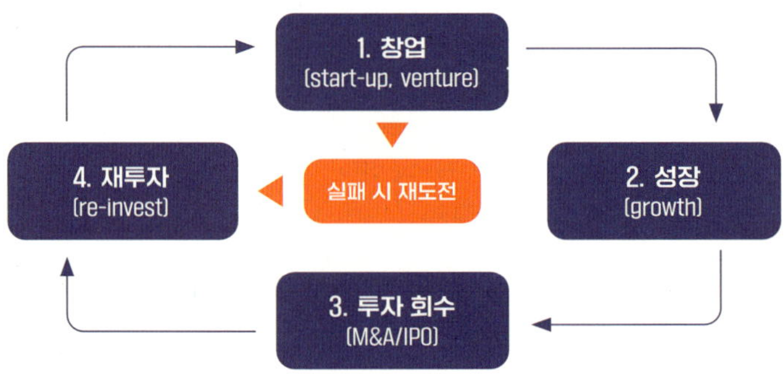

그림 1 **창업생태계 선순환 구조**

창업생태계의 양적 확대, 질적 성장 미흡

전대미문의 코로나19 위기 속에서도 2020년 벤처투자는 역대 최대 실적을 기록하며 양적인 성장세를 이어 가고 있다. 중소벤처기업부의 조사에 따르면 2020년 벤처투자 금액은 전년보다 268억 원 증가한 4조 3,045억 원으로, 2016년부터 5년 동안 2배 이상 증가했다. 벤처투자 건수는 2016년 2,361건에서 202년 4,231건으로 1.8배 증가했다. 또한 벤처 피투자 기업의 수도 2016년 1,191개에서 2020년 2,130개로 1.8배 증가했다. 벤처투자 증가 요인에 대해 중소벤처기업부는 코로나19 시대에 바이오 · 의료와 ICT 분야, 소재 · 부품 · 장비 관련 투자 증가, 증시 활황으로 투자 회수에 따른 기대감 상승, 모태펀드 역할과 K-유니콘 프로젝트 등 정부의 혁신 스타트업 · 벤처 생태계를 만들기 위한 지속적인 노력이 시장에서 긍정적으로 작용한 결과라고 설명했다.

그러나 질적인 성장은 미흡한 것으로 나타나 창업 이후 성공적인

구분(연도)	2016	2017	2018	2019	2020
투자 금액 (단위: 억 원)	21,053	23,803	34,249	42,777	43,045
투자 건수 (단위: 건)	2,361	2,417	3,150	3,713	4,231
피투자 기업 수 (단위: 개)	1,191	1,266	1,399	1,608	2,130

자료: 중소벤처기업부(2020).

표 3 우리나라 벤처투자 성장 추이

연착륙이 얼마나 어려운지를 알 수 있다. 우리나라와 OECD의 '창업기업 1~5년 차 생존율' 차이를 살펴보면, OECD 창업기업 생존율은 1년 차 80.8퍼센트, 2년 차 66.8퍼센트, 3년 차 57.2퍼센트, 4년 차 47.2퍼센트, 5년 차 40,7퍼센트이다. 반면 우리나라는 1년 차 65.0퍼센트, 2년 차 49.5퍼센트, 3년 차 42.6퍼센트, 4년 차 32.8퍼센트, 5년 차 29.2퍼센트로 우리나라가 OECD보다 약 15퍼센트 낮은 수준이다.

특히 우리나라는 창업 후 시간이 지날수록 생존율이 떨어지는 것으로 나타났다. 창업기업 5년 차 생존율은 29.2퍼센트로 OECD 평균인 40.7퍼센트보다 11.5퍼센트 낮은 수준이다. 이는 평균적으로 100개 기업 중에서 29.2개 기업이 창업 후 5년까지 생존하며, 3분의 2 이상의 기업이 문을 닫는다는 것을 의미한다. 업종별 생존율을 살펴보면 창업의 진입 장벽이 상대적으로 낮은 문화 · 스포츠 · 여가업이 18.4퍼센트, 숙박 · 요식업이 19.1퍼센트, 도소매업이 26.0퍼센트로 평균인 29.2퍼센트보다 낮은 수준이다. 그 원인으로는 준비 과정이 부족한 채 전문적인 기술 없이도 창업이 가능한 서비스업 창업에 나서는 자영업자가 늘면서 유사 업종 안에서 지나친 경쟁이 발생한 점을 꼽을 수 있다. 그리고 소비, 유통, 인구구조가 변화하면서 전통적인 서비스업에 대한 수요가 점차 감소했기 때문이기도 하다. 한편 코로나19의 장기화로 창업기업 생존율은 더욱 낮아질 것으로 예상된다.

미국, 유럽, 일본, 중국 등 주요국과 우리나라의 창업 유형과 기업가 유형을 살펴보더라도, 우리나라는 생계형 창업이 기회형 창업(기술 기반)보다 많고 자수성가 비중이 낮은 것으로 나타나 창업의 질이 상대적으로 양호하지 않다고 볼 수 있다. 창업 유형은 기술 기반의 '기회형

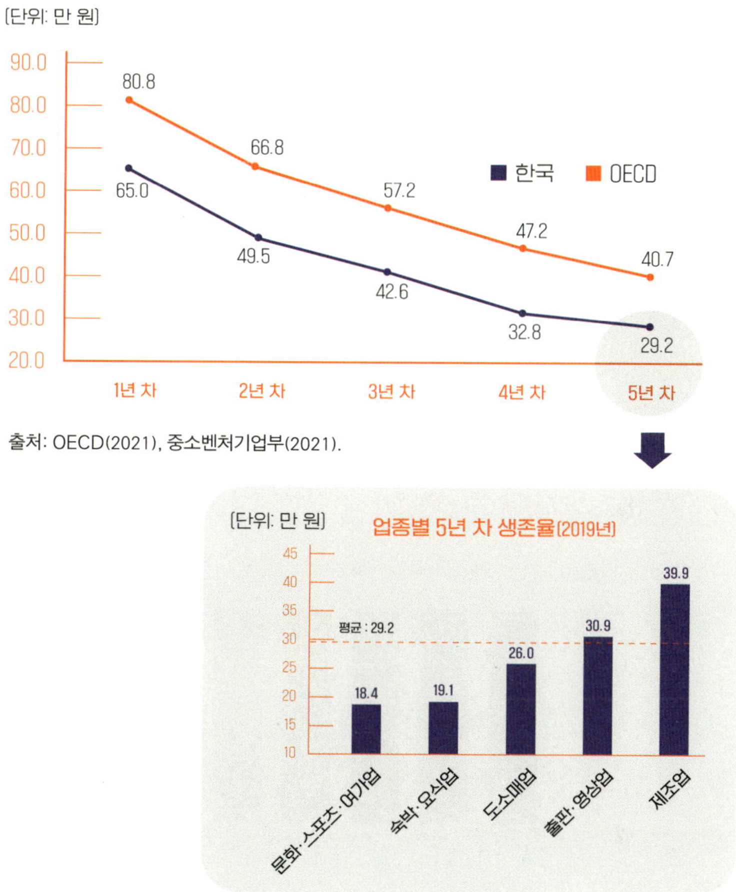

그림 2 **우리나라 창업기업 생존율**

창업', 요식업 등 생계를 위한 '생계형 창업', 가업승계 등 '기타'로 구분하는데 우리나라는 OECD 평균 대비 생계형 창업의 비중이 높다. 우리나라는 기회형 창업이 21퍼센트로 OECD 평균인 52퍼센트의 약 2분의 1 수준이지만, 생계형 창업은 63퍼센트로 OECD 평균 26퍼센

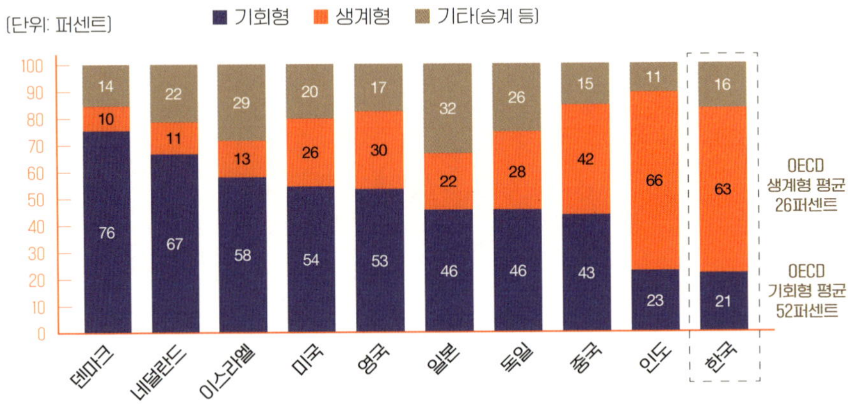

그림 3 **창업 유형 국제 비교**

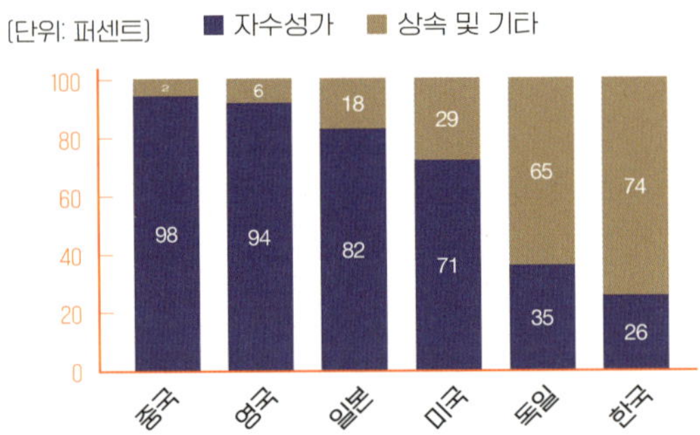

주: 자산 10억 달러 이상 자산가를 대상으로 함.

자료: PIIE(2016).

그림 4 **기업가 유형 국제 비교**

트보다 약 2.5배 높은 수준이다.

기업가유형은 '자수성가', '상속 및 기타'로 구분할 수 있는데, 그 자수성가 비중이 우리나라는 26퍼센트로, 중국 98퍼센트, 영국 94퍼센트, 일본 82퍼센트, 미국 71퍼센트 등에 비해 매우 낮은 수준이다.

창업생태계 문제점

'창업 마중물' 역할, 벤처투자 등 초기자금 부족

창업은 성장의 각 단계에 적합한 투자를 충분하게 유치하는 것이 중요하다. 하지만 많은 창업기업이 초기 단계에서 죽음의 계곡(Death Valley)을 넘지 못하고 실패한다. 창업의 단계는 초기/창업단계(0~3년), 중간/성장단계(4~9년), 회수단계(10~15년)로 구분할 수 있다. 초기/창업단계는 '창업/초기성장기', 중간/성장단계는 '고도성장기/성숙기', 회수단계는 '매각/재투자' 단계로 구분할 수 있다. 창업단계별 투자 방법은 자비/친분관계, 엔젤투자, 벤처캐피털(VC), 비은행 · 금융기관, 은행권으로 구분할 수 있으며 단계별 투자유치가 창업의 성패를 좌우한다.

벤처투자는 해마다 늘고 있지만, 대부분 창업 중 · 후기에 몰려 있고 초기 투자는 상대적으로 부족한 상황이다. 우리나라 초기 단계 벤처투자는 14퍼센트로, 중국 23퍼센트, 미국 26퍼센트에 비해 낮은 수준이다. 특히 기술 기반형 창업의 자금지원이 부족하다고 평가된다. 이에 많은 창업자가 초기자금 부족을 호소하는 등 정부 차원의 자금지원이 필요한 상황이다.

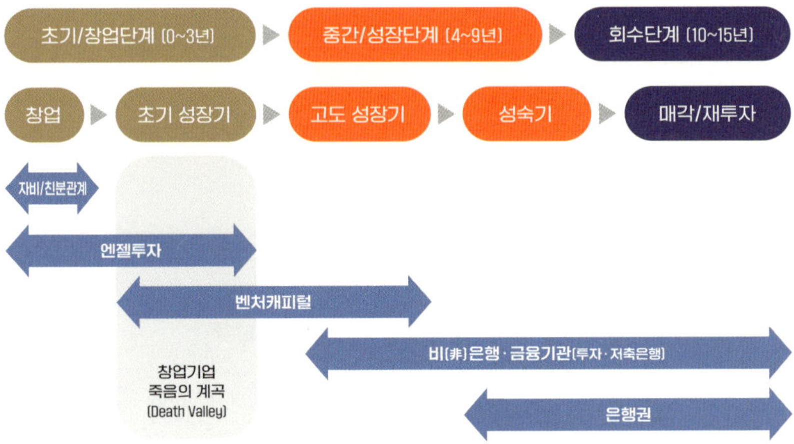

자료: OECD(2021), 중소벤처기업부(2021).

그림 5 창업 단계별 부자 구조

그림 6 창업 단계별 벤처투자 비중

과감하게 투자하는 모험자본 역할 미흡

최근 벤처투자 패턴 추이를 살펴보면, 회수가 쉽고 상대적으로 투자 위험이 낮은 우선주에 집중되는 경향을 보인다. 우선주 비중은 2016년 48퍼센트에서 2019년 59퍼센트로 11퍼센트포인트 증가했

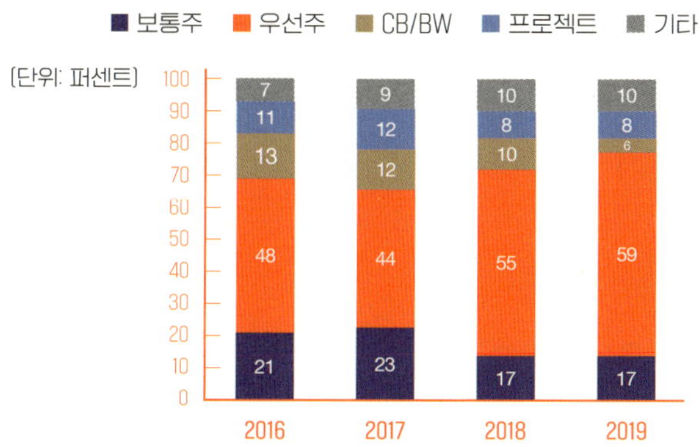

자료: 한국벤처캐피털협회(2021).

그림 7 벤처투자 패턴 추이

지만, 보통주 비중은 2016년 21퍼센트에서 2019년 17퍼센트로 4퍼센트포인트 감소하며 모험자본의 비중이 작아진 것으로 나타났다.

초기단계부터 민간자본이 과감하게 투자하는 것은 원금 회수의 불확실성이 높아 현실적인 제약이 존재하기 때문이다. 정책 자본도 공급자 중심의 지원 위주라서 과감한 투자가 힘든 상황이다. 우리나라 민간자본은 엔젤투자, 액셀러레이터, 크라우드 펀딩 등이 주류이지만 주요국에 비해 금액이 크지 않고 활성화되어 있지 않으며, 정책자본은 주로 정부, 국책은행 등에 의한 투자가 아닌 융자 성격이 강하다.

창업 투자에 대한 회수시장 경직

우리나라 회수시장은 경직되어 있어 신규 투자 유입과 활성화의 저해 요인으로 작용하고 있다. 회수유형으로는 장외매각, 기업공개, 인수합병 등으로 구분 가능한데, 주요국 대비 기업공개까지 시간이 오래 걸리고, 인수합병은 거의 제로에 가까운 상황이다. 우리나라의 기업공개 평균 소요 기간은 12년으로 주요국인 미국(6.8년), EU(6.3년), 중국(3.9년)의 약 2~3배 수준이다. 창업 후 기업공개까지 걸리는 시간(12년)은 벤처투자조합의 평균 존속기간인 6년과 상당한 시간 차이를 보인다. 이에 따라 초기 창업기업에 투자하기 어렵고, 기업공개까지 기다리지 못하고 투자금을 조기 상환하는 등의 문제가 발생한다.

그리고 회수시장에서 우리나라 인수합병 비중은 약 1퍼센트에 불과해 미국의 45퍼센트와 큰 차이를 보이며, 우리나라 인수합병 시장이 활성화되어 있지 못하다는 지적은 오랫동안 이어져 왔다. 이러한 현상의 주요 원인으로는 대기업의 중소기업 인수합병에 대한 부정적 인식, 소유와 경영이 분리되지 않은 기업지배구조, 중소기업의 회계자료에 대한 불신 등이 꼽힌다. 이 문제를 해결하기 위해 정부는 기업주도벤처캐피털(CVC) 규제완화 등 다양한 정책을 시도하고 있지만, 그 효과는 더 지켜봐야 할 것이다. 또한 인수합병 부진의 이유로는 생각보다 시장에 매력적인 벤처기업의 부족, 기술 유출에 대한 우려로 인수합병을 꺼리는 현실(특히 기술 강소기업), 그동안 높아진 한국의 벤처기업 가치(valuation), 다른 업종으로 시너지가 적어 인수합병 유인이 상대적으로 낮은 일부 바이오 업종에만 집중된 벤처캐피털 포트폴리오 구성 등이 제기되고 있다.

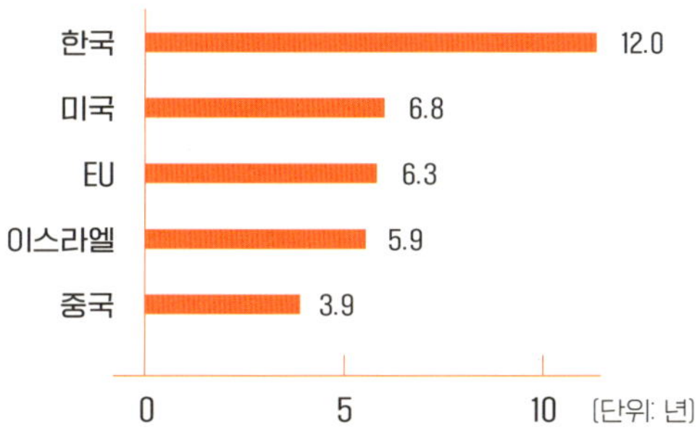

자료: 맥킨지(2015).

그림 8 기업공개 평균 소요기간

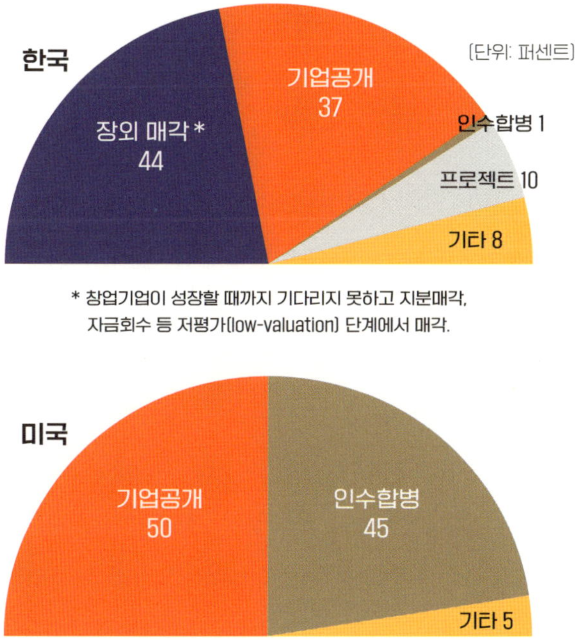

자료: 한국벤처캐피털협회(2021).

그림 9 벤처투자 회수시장 현황

역동적 창업생태계 조성을 위한 정책제언

창업 활성화를 위한 '선 허용, 후 보완' 법·제도 개선 필요

침체한 창업생태계에 활력을 불어넣기 위해서는 단기적 성과에 치중하는 전시성 사업을 추진하는 것이 아닌, 법 · 제도를 개선하여 창의력과 도전정신을 갖춘 창업기업을 육성해야 한다. 무엇보다 신기술과 아이디어를 가진 젊고 유능한 창업자들이 실패를 두려워하지 않고 자유롭게 창업하고 공정하게 경쟁하여 성장할 수 있는 여건을 만드는 것이 중요하다. 지금까지 없었던 새로운 제품과 서비스를 개발하는 입장에서는 기존의 모든 창업 환경이 규제로 다가올 수 있다. 그러므로 법 · 제도로 생긴 진입장벽을 없애는 일이 가장 중요하다. 신기술 · 산업은 기존 시장의 법 · 제도 틀, 인프라, 시장 관행에서는 성장하기 어렵다. 특히 4차 산업혁명과 디지털 전환 시대에는 빠르게 변화하는 시대 흐름에 맞추어 한발 앞선 빠른 정책 의사결정이 필요하다.

미국과 중국 등 주요국은 신산업에 '선(先) 허용, 후(後) 보완' 원칙을 적용한다. 일단 신산업이 어떻게 발전하는지 지켜보고 문제가 발생하면 그때 규제하는 정책을 편다. 미국은 실리콘밸리 창업기업에는 최소한의 규제 원칙을 고수하는 '해를 끼치지 않는(do-no-harm) 정책'을 시행한다. 중국은 '1억 명 대중창업'을 목표로 새로운 비즈니스 모델이 등장하면 5~10년 후 규제하는 규제무풍지대(white-space)를 시행하고 있다.

창업 자금 확대를 위한 인센티브 마련

창업생태계 활성화를 위해서는 모험자본의 획기적 증대가 필요하다. 코로나19로 창업기업은 투자 미팅 취소, 투자 결정 지연 등 투자 재원 모금에 심각한 타격을 받고 있다. 최근 자금경색이 상당하다는 현장의 목소리가 높아지고 있다. 미래 성장 가능성은 있으나 당장 재무적 여건이 취약한 창업기업에게 '자금 마중물'이 있어야 한다.

정부는 정책펀드를 대폭 확대하는 등 적극적인 역할을 하여 민간의 위험 부담을 경감시켜 투자 공백을 최소화해야 한다. 이때 코로나19 극복 과정에서 경쟁력을 인정받은 혁신기업 중심으로 집중적인 선별 투자가 필요하다. 창업기업의 새로운 준비와 도약을 위해 정부의 징검다리 역할이 긴요한 시점이다. 정부가 주도하여 현재 운영 중인 혁신모험펀드나 성장사다리펀드 등 모험자본을 대폭 확대해야 한다.

그러나 정부 주도의 보증 · 융자 확대와 일부 초기자금 지원정책만으로는 창업기업이 혁신적으로 성장하기 어렵다. 창업기업에 투자하는 민간자본을 대상으로 세액공제, 법인세 감면 등 인센티브 유인책이 필요하다. 대표적으로 엔젤투자 세액공제 확대, 스톡옵션 비과세 확대, 우리사주 소득공제 확대, 공모창업투자조합 세제혜택 등이 있다.

추가로 담보가 없거나 신용도가 부족하더라도 기술력과 미래 성장성을 바탕으로 자금조달이 가능하도록 '기술금융 인프라'를 계속해서 확충해야 한다. 또한 현재는 창업기업의 신용평가와 기술평가가 분리되어 있어 기술력이 우수한 기업도 신용도가 낮으면 은행 대출에 어려움이 있다. '신용평가'와 '기술평가'가 결합한 통합 모델을 개발 · 구축하고, 정부뿐만 아니라 민간은행권의 활용과 지원을 적극적으로 유도하고 장려해야 한다.

기업 내 창업 활성화 통한 신사업 발굴·진출

성공 가능성이 높고 실패해도 위험도가 낮은 기업 내 창업 활성화를 위한 특화된 프로그램 운영으로 기업의 우수 인력이 적극적으로 창업할 수 있는 환경을 조성해야 한다. 대기업은 이미 신사업을 발굴하려고 사내 창업을 적극적으로 권장하는 추세이나 중소기업은 정부의 적극적인 지원이 필요하다. 대표적인 대기업의 사내 창업 성공 사례로는 삼성SDS의 네이버, LG유플러스의 인터파크, (주)SK의 SK엔카 등을 들 수 있다. 기업 측면에서는 창업 후 실패해도 재입사가 가능한 '창업복귀제'*를 확대하거나 모기업에서 일정 금액 이상을 지원해야 한다. 또한 정부 측면에서는 기존의 중소기업을 위한 TIPS(Tech Incubator Program for Startup) 프로그램을 강화해야 한다.

창업의 처음부터 끝까지 지원하는 인프라 확충

'K-스타트업 밸리(K-Start Up Valley)'(가칭)를 조성해 창업의 시작부터 글로벌 진출을 목적으로 한국형 유니콘 기업을 키워야 한다. 창업의 혁신거점을 마련하고, 한곳에서 시제품 제작과 양산, 금융기관을 통한 자금지원, 국내외 판로개척 등 창업의 시작부터 끝까지 모든 것이 가능한 토털-클러스터(Total-Cluster)를 만들어 집중적으로 육성해

---

* 1년 동안 인사 고과 평균 이상을 부여하며 자유로운 사업 진행 지원, 독립 후 실패해도 3년 안에 복귀 가능함.

야 한다. 더불어 직장인, 예비창업자, 학생 등 누구나 쉽게 접근하고 창업할 수 있도록 개방형 커뮤니티를 구성한다. 그리고 창업기업이 성장 단계 이후에도 지역사회에 체류함으로써 지역 내 일자리 창출과 경제성장, 글로벌화의 구심점 역할까지 할 수 있도록 설계해 '한국형 실리콘밸리'를 육성해야 한다. 우리나라에 특화된 방역 선도국가 위상을 확립하려면 바이오, 신약, 원격의료 등에 집중적으로 투자하고, 신(新)한류 · 콘텐츠 확산을 위한 음악, 드라마 · 영화, 공연 등을 제작 · 배포하며, 기타 '브랜드 K'로 뷰티, 농식품, 기후 위기 대응 등 글로벌 진출이 가능한 산업을 육성해야 할 것이다.

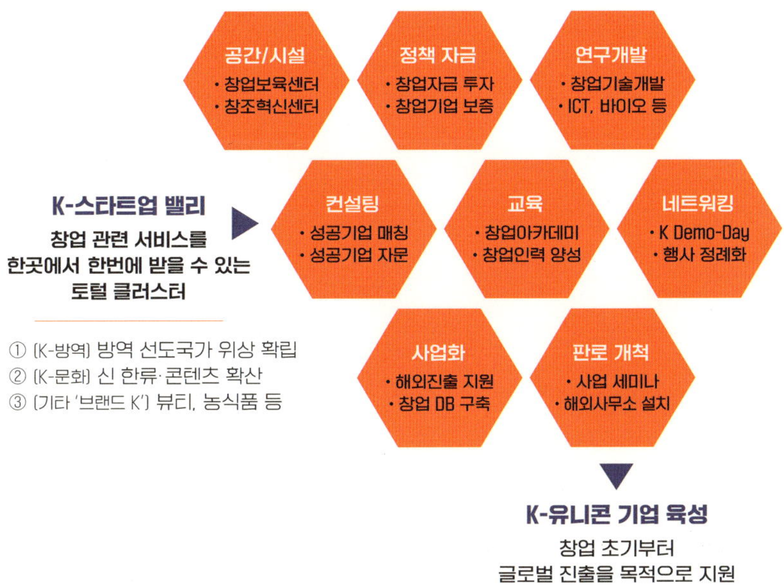

자료: 저자 작성.

그림 10 'K-스타트업 밸리' 조성(안)

민간 자본 투자 활성화로 창업 시장 확대

안정적인 창업 자금을 확보하려면 정부가 민간투자에 대한 세제 등 인센티브를 제공하고, 특히 자금력이 풍부한 대기업과 해외 기업의 참여를 적극적으로 유도해야 한다. 창업투자회사와 마찬가지로 양도소득세나 배당소득에 대한 법인세 공제율 상향, 증여세 부과 제외 등의 혜택 지원이 필요하다. 세제 지원으로 기술혁신형 인수합병에 대한 매수기업 법인세 감면, 매도기업 증여세 부담을 완화해야 한다. 또한 규제 완화로 인한 지주회사(대기업)의 벤처캐피털(CVC) 활성화는 회수시장뿐 아니라 기업의 개방적 혁신에도 긍정적인 효과를 기대할 수 있다. 이를 통해 대기업은 사업 다각화, 신시장 개척, 외부자원(기술 · 인력) 확보 등을 할 수 있으며, 벤처기업은 안정적 자금 확보, 성장 단계별 경영 자문, 회수시장 활성화라는 전략적 장점을 얻을 수 있다.

2020년 12월 '지주회사 CVC 제한적 보유' 법안이 국회를 통과하며 기업들의 기대가 큰 상황이다. 주요 내용으로는 금산분리 예외 범위 확대, 타인자본 이용 지배력 확장, 총수 일가 사익 편취, 형벌 조항 추가 등이 있다. 이미 몇몇 기업에서 선제적인 움직임이 있었으나 100퍼센트 완전자회사, 해외투자 20퍼센트 제한 등은 중장기 보완과제로 지적되었으며, 'CVC 1호'는 대기업 특혜라는 부담 어린 의견도 제시되었다.

실패해도 다시 도전하는 '재도전 지원' 강화

창업 실패 후 재창업에 대한 두려움을 극복할 수 있도록 단순한 자금지원 외에 기술 교육, 전문가 멘토링 등 정책적인 안전망을 강화하

자료: 저자 작성.

그림 11 CVC 개념도

구분	내용
금산분리 예외범위 확대	· CVC는 투자 행위만 허용, 타 금융업 금지
타인 자본 이용 지배력 확장	· CVC는 지주회사 지분 100퍼센트 보유 자회사로 설립 · CVC 차입 규모 제한(자기 자본의 200퍼센트) · 펀드 조성 시, 외부 자금 출자는 40퍼센트, 해외투자 20퍼센트 이내로 제한
총수일가 사익 편취	· 소속 기업집단 총수일가 지분보유 기업 투자 금지
형벌 조항 추가	· 금지사항 위반 시 3년 이하 징역 혹은 2억 원 이하 벌금

자료: 공정거래위원회(2020).

표 4 기업 주도형 벤처캐피털 주요 내용

는 방안도 마련해야 한다. 그동안 창업 정책은 주로 초기와 성장단계에만 집중하고 창업 재도전 단계의 지원은 상대적으로 미흡했다. 따라서 재창업과 재도전을 위한 다양한 지원방안을 실행해야 한다. 현재는 주로 자금 위주의 지원책으로 재창업 사업화 자금, 보증 및 대출 지원 등이 대부분이다. 추가로 사업화 자금 증액 및 사업 안정 시점까지 후속 지원, 재창업을 위한 기술 확보와 취득을 위한 연구개발 자금지원, 창업성공자의 멘토링 제공, 벤처투자자와 기관의 네트워킹, 연대보증 기준 완화와 절차 간소화 등 재창업을 위한 종합 패키지를 지원해야 한다. 뿐만 아니라 법률 · 세무 · 노무 · 지적재산권 지원을 위한 허브(support-hub)도 구축해야 한다.

08

혁신역량 강화로 기술 기반 창업을 활성화하라

한지혜 _ 서울연구원 부연구위원

기술 기반 창업의 활성화가 중요한 이유

새로운 뉴노멀의 등장과 걸맞은 대응의 필요성

최근 서울은 또다시 '뉴노멀(new normal)'에 직면하고 있다. 뉴노멀이란 시대 변화에 따라 새롭게 떠오르는 기준 혹은 표준을 뜻하는 말로, 2000년대 초반 IT 버블이 꺼진 이후의 경제 상황을 특징짓기 위하여 미국 벤처투자가 로저 맥나미(Roger McNamee)가 처음 언급했다. 이후 2008년 금융위기로 촉발된 경제적 변화를 지칭하는 용어로 자주 사용되었다. 그리고 현재, 세계 금융위기 이후 '새로운 표준'으로 정립된 저성장 기조뿐 아니라, 코로나19 발생으로 나타난 다양한 사회 · 경제적 변화와 그에 따라 가속화된 디지털 전환을 모두 포괄하는 시대적 단어로 통용되고 있다.

그동안 새로운 뉴노멀이 등장할 때마다 정부는 과거를 반성하고 새로운 질서를 모색하곤 했다. 2000년 미국에서 닷컴버블이 붕괴한 뒤로 악화된 경제 상황이 새로운 기준, 즉 뉴노멀로 제시되었을 때는 많은 중앙 및 지방정부가 정보사회에 대한 기대를 내려놓고 제조업과 금융업의 성장에 집중했으며 또한 자유주의 경제체제와 세계화를 더욱 공고히 하고자 했다. 금융위기 이후 저물가, 저성장, 저금리의 3저 현상이 보편화되고 뉴노멀로 정의되었을 당시에는 기존 제조산업의 혁신이 세계 각국과 도시의 주요 경제정책 과제가 되었다. 금융위기를 겪으며 많은 국가가 금융 및 서비스업을 통한 경제성장에는 한계가 있다는 사실을 깨달았고, 경제성장과 고용 창출의 원동력으로서 제조업의 잠재력을 인지했기 때문이다. 실제로 미국은 제조업을 일자리 창출, 기술혁신, 국가경쟁력 제고를 가능케 하는 플랫폼으로 재정의하고 제조업 르네상스 정책을 시작했다. 영국과 일본도 제조업의 역할을 재조명하고 외국인 투자 유치, 산업클러스터 조성 등으로 제조업의 부활을 도모했다.

지금도 마찬가지로 3저 현상에 더해 대면 활동의 위축과 비대면 서비스 요구 증가, 국가 안보 우선과 국가 간 교류의 제한, 거리두기 문화의 고착화 등으로 요약되는 코로나19로 촉발된 사회 변화와 이로 인해 가속화된 디지털 전환이 새로운 뉴노멀로 정의되면서 이에 걸맞은 대응이 적극적으로 모색되고 있다.

그렇다면 뉴노멀 시대에는 어떤 대응이 필요할까? 다양한 대응이 가능하겠지만 창업, 특히 기술을 기반으로 한 창업이 활성화되도록 유도하는 것이 중요하다.

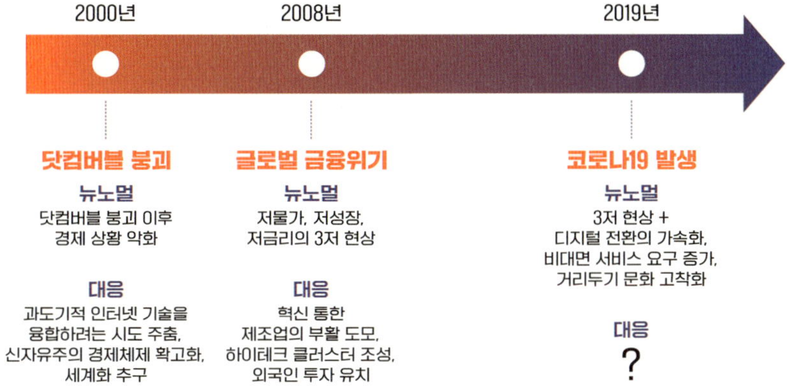

자료: 저자 작성.

표 1 새로운 뉴노멀의 등장과 경제정책의 변화

일자리 창출, 국제경쟁력 확보, 경제성장으로 이어질 제조업 혁신에 효과적

기술 기반 창업의 활성화가 중요한 이유 중 첫 번째는, 기술 기반 창업이 무엇보다 제조업의 혁신에 효과적이기 때문이다. 주요 선진국이 코로나19가 발생하기 전에도 기술 기반 창업을 활성화하려고 했던 이유가 여기에 있다. 세계 금융위기 이후 각국이 경제성장을 위해 제조업 혁신을 강조하고 그에 대한 투자를 확대하던 당시, 사물인터넷(IoT)과 3D 등을 활용한 신공정 기술이 등장했고 공장의 스마트화, 저비용 및 단기간 제조, 맞춤형 제조 등의 구현이 가능해졌다. 또한 스마트폰과 스마트 가구 등 신제품의 가능성을 확인한 소비자 덕분에 하드웨어 · 소프트웨어 · 서비스가 결합한 고부가 융합 제품에 대한 수요가 증가했다. 이는 마침 혁신을 통해 제조업 분야에서 국제경쟁력 및 주도권을 확보하려던 선진국에 기회가 되었고, 선진국은 앞다투어 관련 기술을 확보하고 우위를 차지하고자 기술 기반 창업을 적극적으로 장려했다. 디지털 전환이 가속화된 지금은 제조업에 혁신적인 변화를 불러올 다양한 기술들의 실현 가능성이 한층 증가했고, 활발한 기술 기반 창업으로 제조업의 혁신, 그리고 그 결실로 따라올 일자리 창출, 국제경쟁력 확보, 경제성장의 기대효과도 증대되었다.

오히려 팬데믹이 기회로 작용

기술 기반 창업의 활성화가 중요한 이유 중 두 번째는, 기술 기반 창업으로 팬데믹을 버틸 수 있고, 한 발 더 나아가 오히려 팬데믹을 기회로 활용할 수 있기 때문이다. 국내 창업기업 수는 그동안 꾸준히 증가해 왔으며, 코로나19의 유행으로 다수의 산업과 기업이 어려움을 겪은 2020년에도 증가세를 유지했다. 그중 기술 기반 창업기업의 수는 2020년에 전년 대비 3.8퍼센트(8,342개) 증가한 22만 8,942개로 역대 최고치를 달성했다. 이는 코로나19 유행 때문에 사회 전반적으로 비대면 활동이 증가하고 디지털 전환이 가속화되면서 정보통신업(전년 대비 21.2퍼센트 증가)과 전문 · 과학 · 기술 서비스업(전년 대비 17.2퍼센트 증가) 부문의 창업이 급증한 데 기인한다.

기술 수용력 확대로 기술 기반 창업 성장은 지속 가능

기술 기반 창업의 활성화가 중요한 이유 중 세 번째는, 기술 기반 창업을 향한 관심과 열기가 코로나19가 종식된 이후에도 지속될 디지

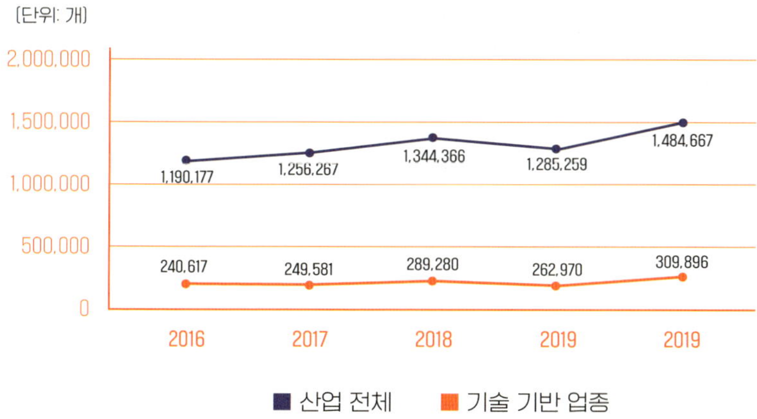

자료: 통계청, 지역별 · 업종별 창업기업 수(2016~2020).

그림 1 2016~2020년 연도별 창업기업 수 추이

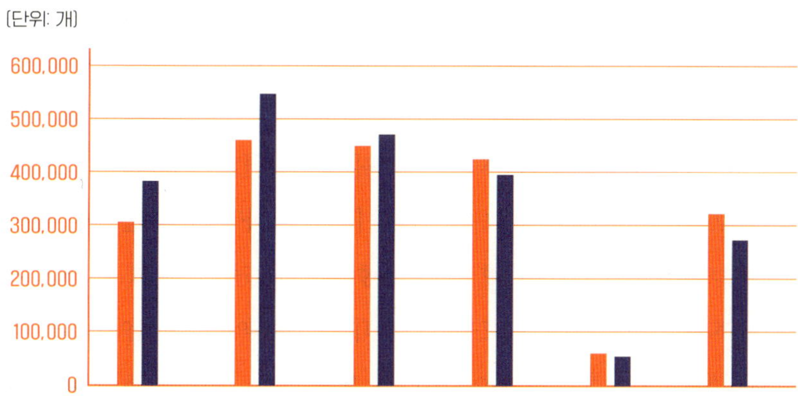

	정보통신업	전문, 과학 및 기술 서비스업	사업시설 관리, 사업 지원 및 임대 서비스업	교육 서비스업	보건업 및 사회복지 서비스업	예술, 스포츠 및 여가 관련 서비스업
2019	30,336	46,413	44,342	42,864	5,527	31,139
2020	36,760	54,411	47,070	39,056	4,939	27,904

자료: 통계청, 지역별 · 업종별 창업기업 수(2019~2020).

그림 2 2019~2020년 업종별 국내 창업기업 수(6개 지식서비스업)

털 전환으로 쉽게 식지 않을 것이기 때문이다. 즉 IT 성숙도와 수익 창출 능력 등을 고려하면 단기 조정은 있을지 몰라도 20년 전의 IT 버블 때처럼 붕괴하지 않고 지금의 성장세를 유지할 가능성이 크다. 실제로 위드 코로나 시대에 관한 대부분의 예측이 많은 불확실성을 내포하고 있지만, 디지털 전환이 계속되고 글로벌 스타트업 생태계가 기술 중심으로 형성 및 발달할 것이라는 예측에는 큰 이견이 없다.

구체적으로 미국은 인공지능(AI), 사물인터넷, 빅데이터를 유망 스타트업 분야로 전망하고 있으며, 유럽은 블록체인, 로봇, 농업기술(ag-tech), 뉴푸드, 인공지능, 빅데이터, 선진 제조기술을 유망 스타트업 분야로 전망하고 있다. 한국 스타트업의 주요 유망 분야도 디지털 의료, 에듀테크(edu tech), 핀테크(fin-tech) 등으로 전망되고 있다. 이는 코로나19 발생 이후 물리적 접촉을 최소화하기 위해 다양한 디지털 솔루션이 적극적으로 활용되면서 사회의 기술 수용력이 크게 향상되었기 때문이다. 예를 들자면, 불특정 다수와의 접촉을 꺼려 대중교통 대신 보행, 자전거 등으로 이동하려는 시민의 수가 증가함에 따라 생소한 교통 서비스였던 전기 스쿠터, 전동 킥보드 등 퍼스널모빌리티 공유 서비스의 이용이 확대된 현상을 들 수 있다. 서울은 퍼스널모빌리티산업협의회 소속 12개 업체의 이용 건수가 2020년 3월 143만 5,143건에서 8월 360만 1,629건으로 증가했고, 코로나19 발생 전에는 한정된 지역에서 운영되던 퍼스널모빌리티가 이후 여러 지역으로 확산했다. 또한 퍼스널모빌리티의 안전한 이용을 위한 문화가 형성되는 등 새로운 교통수단에 거부감을 느끼던 시민의 퍼스널모빌리티 수용력이 크게 향상되었다.

서울 창업생태계 현황과 과제

뉴노멀 시대에 기술 기반 창업의 활성화가 중요하다면, 어떻게 기술 기반 창업을 활성화할 수 있을까? 우선 창업 자체에 초점을 맞추어 보자. 창업을 활성화하는 것은 선순환의 창업생태계를 조성하는 것과 일맥상통한다. 창업이 이루어지는 일련의 과정은 창업자, 대학 · 멘토 · 인큐베이터 등의 창업지원기관, 엔젤 · 벤처투자가 · 투자은행 등의 투자자가 상호 유기적으로 출현-확장-성숙-자기재생 혹은 쇠퇴를 반복하는 과정으로 요약될 수 있다. 이 과정이 계속 바람직한 방향으로 순환하여 성공적인 결과(창업기업의 스케일업)를 낳는 환경, 즉 선순환의 창업생태계가 조성되면 성공 사례가 증가하고 성공을 기대하며 창업에 도전하는 사람이 증가한다. 창업이 활성화되는 것이다. 때문에 '창업을 어떻게 활성화할 수 있을까?'라는 질문은 '선순환의 창업생태계를 어떻게 조성할 수 있을까?'의 질문으로 귀결된다. 그리고 그 질문에 대한 해답은 창업생태계의 상호작용과 순환을 원활하게 촉진하는 제도적 환경을 잘 갖추는 것에 있다.

그렇다면 현재 서울의 창업생태계는 어떠할까? 선순환의 창업생태계를 보유하고 있을까? 선순환의 창업생태계가 지속될 수 있는 제도적 환경을 갖추고 있을까?

선순환의 창업생태계 보유

현재 서울은 2020년 말 기준 국내 창업기업 수의 약 20.9퍼센트(약 31만 개, 국내 8개 주요 도시 중 1위)가, 그리고 기술 기반 업종의 약 24.0

순위	도시	생태계 활동성	자금 조달	글로벌 연계성	시장 진출	지식 축적	인재	지속 성장 지수
1	실리콘밸리	10	10	7	10	10	10	7
2	뉴욕	10	10	10	9	5	10	7
3	런던	9	10	10	10	7	10	7
4	베이징	10	9	1	10	10	10	9
5	보스턴	9	9	9	9	5	9	7
6	텔아비브-예루살렘	9	9	8	10	4	9	6
7	로스앤젤레스	9	10	4	9	7	9	6
8	상하이	10	8	1	8	10	9	9
9	시애틀	8	6	9	8	7	8	6
10	스톡홀름	8	5	5	8	3	7	4
11	워싱턴 DC	5	7	7	7	1	8	6
12	암스테르담	6	7	10	7	1	7	6
13	파리	4	9	9	1	1	8	4
14	시카고	5	6	6	6	1	8	7
15	도쿄	7	8	1	3	9	7	8
16	베를린	7	7	10	2	1	7	7
17	싱가포르	4	8	7	8	1	4	7
18	토론토-워털루	5	8	8	6	2	6	8
19	오스틴	5	6	7	5	7	6	8
20	서울	7	3	1	9	10	5	4
21	샌디에이고	6	2	3	7	6	6	6
22	선전(심천)	7	6	1	1	9	5	9
23	애틀랜타	4	1	4	6	1	6	6
24	덴버-볼더	3	5	6	5	4	5	5
25	밴쿠버	6	1	5	5	2	4	7
26	벵갈루루	4	7	8	1	8	2	5
27	시드니	3	3	8	1	1	5	6
28	항저우	8	2	1	1	9	3	9
29	홍콩	3	4	1	7	1	1	6
30	상파울루	6	1	4	2	1	1	9

*주: 10점 만점.

자료: 스타트업지놈(2020).

표 2 2020년 글로벌 창업생태계 순위 및 평가항목별 점수*

퍼센트(약 5만 5,000개, 국내 8개 주요 도시 중 1위)가 집적해 있을 정도로 국내 주요 창업 공간으로 기능하고 있다. 글로벌 창업생태계 분석 기관인 스타트업지놈(Startup Genome)이 주기적으로 발표하는 글로벌 창업생태계 리포트(GSER)에서 2020년 20위에 선정될 정도로 서울은 세계적인 창업생태계를 보유하고 있다. 최근에는 고성장 창업기업의 등장, 높은 연구개발역량과 특허 출원율, 인공지능 · 핀테크 · 생명과학에 대한 적극적인 투자 등에 힘입어 글로벌 창업생태계 순위가 3년 만에 30위권 밖에서 바로 20위권 안으로 진입할 만큼 역동적인 창업생태계의 성장세까지 나타났다.

이러한 성과를 고려하면, 서울의 창업생태계는 선순환의 고리를 이미 형성하고 있다고 할 수 있지 않을까? 국내에서 측정된 다른 지표를 살펴보자.

서울은 국내 8개 주요 도시 중에서 창업 잠재성(potential), 즉 창업이 발현될 가능성, 더 나아가 창업생태계를 구성하고 있는 창업자-창업지원기관-투자자 간에 정(+)의 상호작용이 발생할 가능성이 가장 농후하다. 서울은 국내 다른 도시와 비교하여 창업에 관심도가 높으며, 창업에 실질적인 도움을 줄 수 있는 엔젤투자자, 벤처캐피털, 창업보육센터가 집중해 있기 때문이다. 구체적으로 2016년 기준 약 8.4만 명이 대학교, 전문대학교, 사이버대학교에서 실시하는 창업 관련 과목을 이수했고, 2015년 기준 약 10억 원이 공공연구기관, 대학, 기업체에 연구개발비로 투입되었다. 엔젤투자자 수는 한국엔젤투자협회의 등록 회원만 고려하면 2016년 기준 5,024명(국내에서 서울에 이어 두 번째로 우수한 창업생태계를 보유한 부산의 약 14.0배)에 달한다. 입지하

구분		도시명	현황	도시명	현황
창업 잠재성	**창업 강좌 이수자 수** (대학알리미, 2016년 기준, 명)	서울	83,930	광주	9,943
		부산	23,177	대전	17,075
		대구	15,188	울산	3,387
		인천	11,758	세종	2,435
	연구개발비 (국가과학기술자지식정보서비스, 2015년 기준, 억 원)	서울	100,306	광주	7,332
		부산	12,862	대전	66,551
		대구	11,040	울산	9,723
		인천	24,996	세종	4,887
	엔젤투자자 수 ((사)한국엔젤투자협회, 2016년 기준, 명)	서울	5,024	광주	213
		부산	359	대전	270
		대구	240	울산	74
		인천	342	세종	11
	벤처캐피털 수 (한국벤처캐피털협회, 2016년 기준, 개)	서울	101	광주	1
		부산	5	대전	1
		대구	1	울산	0
		인천	0	세종	0
	창업보육센터 수 (창업보육센터네트워크시스템, 2017년 기준, 개)	서울	34	광주	13
		부산	18	대전	14
		대구	12	울산	1
		인천	5	세종	2
창업 성과	**신설법인 수** (중소벤처기업부 신설법인동향, 2017년 6월 기준, 개)	서울	2,859	광주	358
		부산	453	대전	208
		대구	246	울산	124
		인천	343	세종	48
	벤처캐피털 투자금액 (한국벤처캐피탈협회 연보, 2016년 기준, 억 원)	서울	11,437	광주	178
		부산	289	대전	1,633
		대구	91	울산	50
		인천	517	세종	2

자료: 모미령(2017).

표 3 국내 주요 도시별 창업 잠재성 및 성과

고 있는 벤처캐피털의 수 또한 2016년 기준 101개(부산의 20.2배), 창업보육센터 수가 2017년 기준 34개(부산의 약 1.9배)이다.

이러한 서울의 높은 창업 잠재성은, 중소벤처기업부 신설법인 동향에 기록된 신규 설립 법인 수와 한국벤처캐피털협회 연보에 게재된 벤처캐피털 투자금액을 비교하면, 우수한 창업 성과(performance)로 이어지고 있다. 2017년 6월을 기준으로 서울에 신규 설립된 법인 수는 총 2,859개인데, 이는 국내 다른 7개 도시에 신규 설립된 법인 수의 총합계(1,780개)보다 약 1.6배 많은 수이다. 사업자등록증상의 본점 소재지 기준으로 피투자업체가 받은 신규 투자금액도 서울은 2016년 기준 약 11,437억 원으로 7개 도시의 총투자금액(약 2,760억 원)보다 약 4.1배 많다.

선순환을 지속할 제도적 환경 보유

서울은 이 선순환의 창업생태계를 유지할 만한 제도적 환경을 갖추고 있을까? 우선 서울은 창업지원정책의 측면에서 우수하다. 실제로 스타트업지놈이 서울시 창업지원정책을 서울이 창업가들에게 매력적인 도시일 수밖에 없는 이유 중 하나로 콕 집어 언급할 만큼, 서울에서는 공공 주도의 다양한 창업기업 육성과 지원정책이 추진되고 있다. 서울시는 시를 벤처 중심지 혹은 스타트업 허브로 성장시키기 위하여 2011년부터 창업 활성화를 위한 제도적 지원을 시작했다. 많은 지원정책 중에서도 그동안 서울시가 가장 중점을 두고 추진한 것은 창업 클러스터 조성이다. 2011년에는 상암DMC와 구로 G밸리 등 단 두 곳에 불과하던 서울 창업 클러스터가 마곡, 여의도, 마포, 양재, 성수,

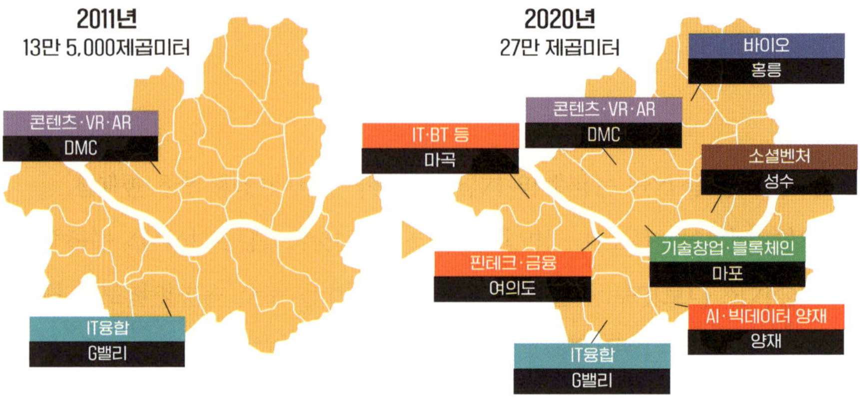

자료: 매일경제(2021. 2. 10.).

그림 3 서울 관내 창업 클러스터 변화(2011~2020년)

홍릉의 성장으로 2020년에는 8곳에 달할 정도로 서울시는 지난 10여 년 동안 관내 창업 클러스터 조성에 집중했다.

강남 테헤란밸리와 같이 금융 및 IT산업 관련 벤처기업들이 자연발생적으로 형성한 창업 클러스터를 관리의 대상으로 설정하여 클러스터의 성장을 적극적으로 지원하기도 했다. 문래 기계 · 금속 집적지구, 성수 수제화 집적지구, 종로 주얼리 집적지구 등 지역 특화산업이 밀집한 지역과 창동 · 상계 문화복합공간, 명동–남산 일대의 애니타운 등 예술 및 문화산업 육성을 위해 설정한 전략적 거점을 중심으로 새로운 창업 클러스터를 조성하는 노력도 게을리하고 있지 않다. 이외에도 용산에는 국제적인 교류에 기반한 창업 클러스터를, 성동에는 재사용 플라자를 중심으로 업사이클(upcycling) 기반의 창업 클러스터를, 송파에는 가락시장을 중심으로 농수산물 기반의 창업 클러스터를 조성하는 등 서울이 보유한 산업적 특징을 살린 다양한 창업 클러스터의 형성에 힘쓰고 있다.

서울시는 자금이 부족한 창업기업이 서울에서 필요한 창업공간을 저렴한 가격에 이용하고 컨설팅, 사업화, 마케팅 등 맞춤형 지원을 받을 수 있도록 창업 클러스터 내에 창업보육센터를 직접 운영하는 등 인프라 지원정책도 추진하고 있다. 구체적으로 서울창업허브가 제공하는 정보에 따르면 현재 서울에는 총 46개소의 공공창업지원기관(서울시창업센터 43개소, 정부지원센터 3개소)이 위치하며, 각각 창업 클러스터의 중심시설 역할을 담당하거나 민간 창업지원기관이 위치하지 않는 지역에 창업지원 서비스를 제공하고 있다.

이외에 서울시는 인재 양성과 채용, 혁신기술 개발, 기술사업화, 지식재산권 확보, 판로확보, 관계자 간 네트워크 형성 기회 제공 등 창업기업이 성장하는 데 필요한 소프트웨어적 지원을 아끼지 않고 있다.

서울은 창업 인프라의 측면에서도 우수하다. 서울시의 창업지원정

공공 부문　　민간 부문

자료: 서울창업지도(2021. 7. 26.).

그림 4 서울시 창업지원기관 분포도

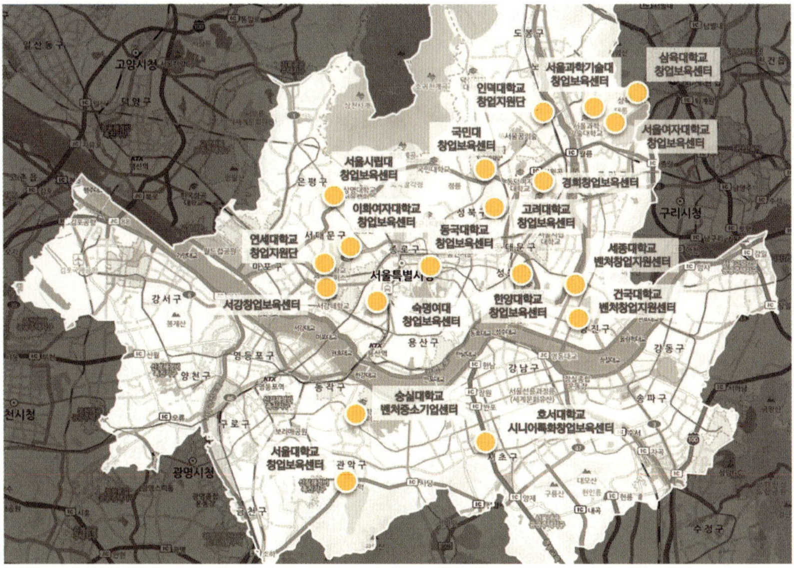

자료: 서울창업지도(2021. 7. 26) 재작성.

그림 5 서울시 대학 창업보육기관 현황

책으로 다양한 공공창업지원기관이 조성되었을 뿐 아니라 많은 민간 창업지원기관이 자연발생적으로 강남구, 중구, 마포구 일대에 자리 잡았기 때문이다. 서울창업허브의 창업지원기관 구분 기준에 따르면 현재 엔젤투자조합 3개소, 액셀러레이터 27개소, 미디어 5개소, 파트너스 8개소, 네트워크 4개소, 벤처캐피털 19개소가 서울에 입지하고 있다. 서울창업허브에 등록된 공공 및 민간 창업지원기관의 수와 대학이 운영하는 창업보육센터(총 19개소)를 모두 고려하면, 총 131개의 창업지원기관이 서울에 위치한다.

창업생태계 지속 가능성 제고 필요

이러한 사실을 종합해 보면, 서울은 이미 창업 활성화에 매우 적합하고 선순환의 지속 가능한 창업생태계를 보유한 것으로 보인다. 그러면 서울은 창업생태계와 관련하여 더 이상 노력하지 않아도 되는 걸까? 그렇지 않다. '기술을 기반으로 한' 창업의 활성화라는 과제가 남아 있기 때문이다. 사실 지금까지 살펴본 지표와 내용은 기술 기반 창업이 아닌 서울의 전반적인 창업에 대한 것이다(창업 활성화의 의미와 서울 창업생태계의 우수함을 확인하기 위해 기술 기반 창업이 아닌 창업에 초점을 맞추었다). 상위의 지표들은 기술 기반 창업뿐 아니라 생계를 위

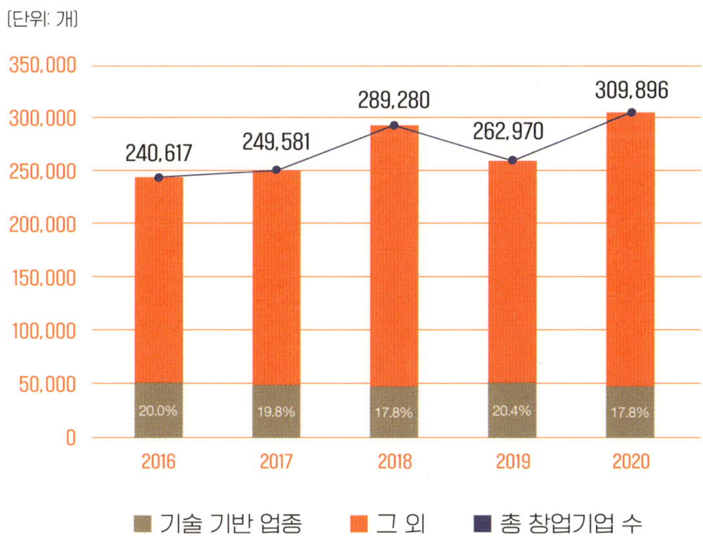

자료: 통계청, 지역별 · 업종별 창업기업 수.

그림 6 서울시 창업기업 수 및 기술 기반 창업기업 비율

한 창업, 즉 도매 및 소매업, 숙박 및 음식점업, 부동산업에 종사하는 자영업자의 창업도 포괄한다.

기술 기반 창업을 따로 분리해서 살펴보면, 기술 기반 창업이 서울 창업생태계의 주를 이루고 있지 않음을 쉽게 알 수 있다. 실제로 지난 5년 동안 총 창업기업의 수가 연평균 6.5퍼센트의 성장률로 증가할 때 기술 기반 창업기업 수는 연평균 3.4퍼센트의 성장률을 나타냈다. 그 결과 창업기업 중 기술 기반 창업기업이 차지하는 비율은 2016년 20.0퍼센트에서 2020년 17.8퍼센트로 오히려 감소했다. 기술 기반 업종보다 다른 업종에서 창업이 더 활발히 일어난 것이다.

서울 창업기업의 업종별 비율을 비교하면 그러한 사실이 더 잘 드러난다. 통계청 자료에 따르면, 2020년 서울의 창업기업 중 70.0퍼센

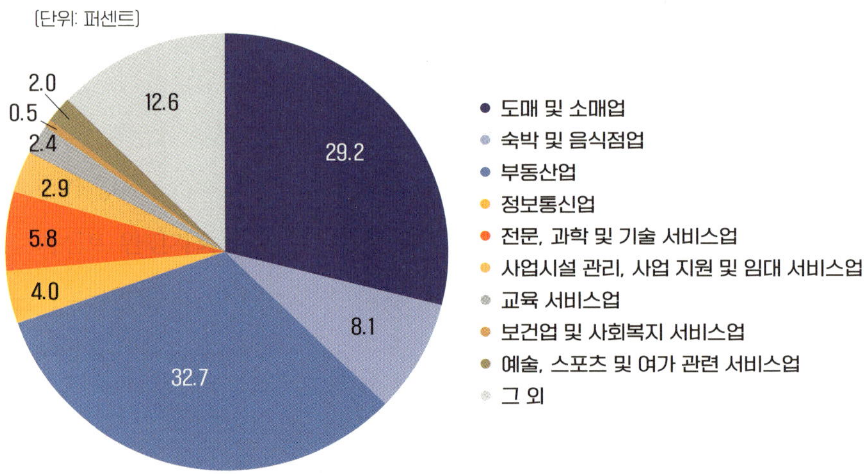

자료: 통계청, 지역별 · 업종별 창업기업 수.

그림 7 2020년 서울시 창업기업 업종별 비율

트가 도매 및 소매업(29.2퍼센트), 숙박 및 음식점업(8.1퍼센트), 부동산업(32.7퍼센트)에 종사했다. 반면 기술개발 및 지식축적에 기여하는 6개 지식 서비스업(정보통신업 4.0퍼센트, 전문, 과학 및 기술 서비스업 5.8퍼센트, 사업시설 관리, 사업지원 및 임대 서비스업 2.9퍼센트, 교육 서비스업 2.4퍼센트, 보건업 및 사회복지 서비스업 0.5퍼센트, 예술, 스포츠 및 여가 관련 서비스업 2.0퍼센트)에 종사하는 창업기업은 서울 전체 창업기업 중 약 17.5퍼센트에 불과했다.

요컨대 기술 기반 창업이 뉴노멀 시대 서울 경제성장의 핵심 동력이란 사실을 고려하면, 생계형 창업 위주인 지금의 서울 창업생태계는 지속 가능성이 부재하다. 그동안 서울 창업생태계는 전체 창업기업 수의 증가, 충분한 창업지원 인프라 확보 등 양적 확대의 측면에서는 훌륭한 성과를 이루었다. 이제는 성장 및 경제적 파급효과가 큰 기술 기반 창업을 활성화하여 창업생태계의 질적 수준을 제고해야 한다.

혁신역량 강화를 위한 도시공간 조성 방향

기술 기반 창업을 활성화하기 위해서는 어떻게 해야 하는가의 질문으로 다시 돌아가 보자. 이 질문에 대한 답은 서울 창업생태계 혁신역량의 강화에 있다. 기술 기반 창업이 활성화되기 위해서는 신기술 개발, 기존 제품 및 서비스 간 융합 등 과거에 없던 새로운 아이디어의 고안과 구현이 반드시 수반되어야 한다. 이를 위해서는 서울이 이미 갖추고 있는 대학 · 연구소의 연구개발, 숙련 노동력(혹은 인적자본), 지원 인프라 등에 더해, 창업 과정에 참여하는 주체들 간의 밀접한 상호 연계, 혁신적인 아이디어가 창출되기 쉬운 환경 등 창업생태계의 혁신역량이 풍부해져야 한다. 즉 창업 주체들이 서로 자유롭게 교류하고, 혁신적인 아이디어가 샘솟는 환경이 조성되어야 하는 것이다. 어떤 공간이 마련되어야 이러한 환경이 조성될 수 있을까?

공공의 주도적인 도시공간 조성으로 실리콘밸리를 빠른 속도로 따라잡아 세계 2위의 기술 기반 창업생태계를 보유하게 된 뉴욕시의 사례를 통해, 서울이 창업생태계 혁신역량을 강화하기 위해 어떤 도시공간을 조성해야 하는지 그 실마리를 찾아보자.

저렴한 가격의 산업·업무공간 유지 및 확보

첫째, 서울 내에 기술 기반 창업기업이 입주할 수 있는 저렴한 가격의 산업 · 업무공간을 유지하거나 새로이 제공하여 기술 기반 창업기업이 비용 부담 없이 활동할 수 있는 환경을 조성해야 한다. 기술 기반 창업기업에게 서울은 기회의 장소이다. 서울은 고용할 수 있는 유능한 청년 엔지니어가 많고, 기술 및 제품 개발을 연계할 수 있는 대학 · 연구소가 집적해 있으며, 또 기술 수용력이 높아 신기술의 테스트베드로 매우 적합한 곳이기 때문이다. 하지만 자금이 부족한 기술 기반 창업기업이 감당하기에는 서울 산업 · 업무공간의 임대료가 너무 비싸다. 그래서 상당수의 기술 기반 창업기업이 서울의 풍부한 인적 · 경제적 · 물적 자본의 혜택을 어느 정도 누릴 수 있으면서 상대적으로 임대료가 저렴한 경기도에 산업 · 업무공간을 마련하고 있다. 그러나 소통과 교류는 서로 근거리에 집적해 있을 때 더욱 쉽고 활발하게 일어난다. 즉 기술 기반 창업기업이 경기도보다는 서울에 머물면서 기업 활동을 영위할 때 서울 내 청년 엔지니어, 대학 · 연구소, 창업지원기관과 소통 및 교류하기가 수월하다. 시 차원에서 비용 부담을 완화해 주어 기술 기반 창업기업이 서울 내에 산업 · 업무공간을 확보하고 머물 수 있는 환경을 조성하는 것이 중요한 이유가 여기에 있다.

실제로 뉴욕시는 소프트웨어 및 뉴미디어산업 중심의 창업생태계, 즉 실리콘앨리의 성장을 도모하기 위하여 관련 업종의 창업기업이 실리콘앨리의 산업 · 업무 공간을 저렴하게 이용할 수 있도록 부동산세 감면, 임대료 세금 면제, 전기 사용료 감면 등 다양한 인센티브 제도를 도입했다. 그리고 뉴욕시는 또 다른 창업 클러스터인 브루클린 테크 트라이앵글(BTT)을 조성할 때 실리콘앨리의 인센티브 제도와 함께 해당 지역이 지나치게 주거화나 상업화(임대료 상승)되지 않고 산업 및 업무공간으로 유지될 수 있도록 용도 관리정책을 추진했다. 이외에도 지역 내에 위치하던 앵커시설이 외부로 이전하면 부지를 확보하여 기

뉴욕 실리콘앨리 전경 / 뉴욕 브루클린 테크 트라이앵글 전경

자료: 이코노미스트(2010), KET_NYET(2016).

그림 8 뉴욕시 기술 기반 창업 클러스터 전경

술 기반 창업기업에 임대하거나 지역 내에서 산업 · 업무공간으로 운영되고 있는 부동산을 소유한 자가 해당 부동산을 다른 용도로 개발할 의향을 보이면 해당 부동산의 용도를 산업 · 업무공간으로 그대로 유지하는 대신 다른 지역에서 주택을 개발할 수 있는 권리를 부여했다.

대학 및 연구소 중심의 창업 클러스터 조성

둘째, 대학 및 연구소 중심의 창업 클러스터 조성으로 대학이 창업 과정에서 지금보다 중심적인 역할을 담당할 수 있도록 해야 한다. 현재 서울의 창업 클러스터는 대학 및 연구소가 아닌, 서울의 주력산업과 지역특화산업을 중심으로 형성되어 있다. 그래서 기업 혹은 산업체가 창업생태계의 중심 주체로 기능하고, 인접한 대학 및 연구소는 주변인으로서만 창업 과정에 참여하고 있다. 그러나 대학은 창업 교육을 제공해 창의적인 인재와 혁신적인 기업가를 양성하는 소극적인 역할만 해서는 안 된다. 캠퍼스를 창업 클러스터로 이전하거나 창업 클러스터 내에 지원센터를 별도로 세워 창업 의사를 보유한 학생이 경영감각과 사업화 경험이 풍부한 기업과 협업하여 창업할 수 있는 기회를 제공하는 적극적인 역할을 수행해야 한다.

실제로 뉴욕의 많은 명문대학은 학생에게 다양한 창업지원 프로그램이나 교과 과정을 제공하며 기업가정신을 육성하고 있다. 구체적으로 뉴욕대학교는 여름방학마다 창업 아이템 평가, 시제품 확인, 면접 등을 거쳐 선발된 10개 이내의 팀에 실리콘앨리의 투자자를 멘토로 배정하여 창업 아이템을 사업화하는 과정을 경험할 수 있도록 하고 있다. 또한 소호와 본교 근처에 인큐베이팅 센터와 창업센터를 설립, 직

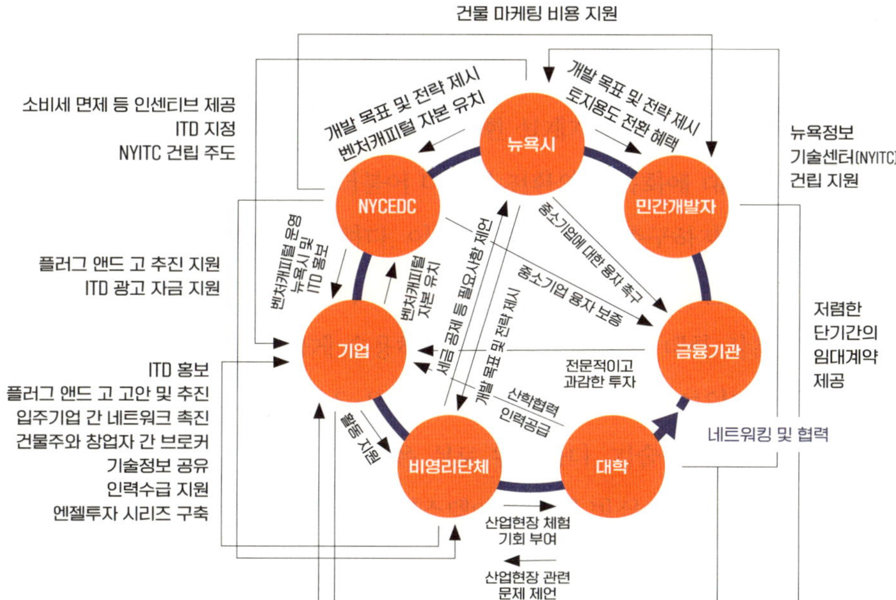

자료: 저자 작성.

그림 9 뉴욕 실리콘앨리 창업생태계 구성

접 운영하며 창업 활동 중인 학생들에게 컨설팅을 제공한다. 코넬대학교는 실리콘앨리와 원활하게 산학협력이 이루어지도록 공과대학 캠퍼스를 루즈벨트섬으로 이전했다. 컬럼비아대학교는 기술 기반 창업기업에 산업 · 업무공간과 각종 지원 혜택을 제공하는 뉴욕정보기술센터(NYITC)의 건립을 지원했다.

대학에서 창출된 기술 기반 창업기업은 다른 창업기업보다 훨씬 높은 성공률을 보인다. 신선한 아이디어와 이를 구현할 수 있는 기술을 지닌 20~30대 석 · 박사 후보생이 창업 활동에 주역으로 참여하기 때문이다. 따라서 기술 기반의 창업이 활성화되기 위해서는 혁신적인 아이디어와 기술을 바탕으로 기초연구와 응용연구, 그리고 기술개발을 수행하는 대학 및 연구소와의 상호작용이 활발한 환경, 더 나아가 대학 및 연구소가 창업 활동의 주축이 될 수 있는 환경이 필요하다. 이를 위해서는 기업이나 산업체보다는 대학과 연구소가 창업 클러스터의 중심 거점이 되어야 한다.

주거-산업·업무-상업-문화가 혼합된 지역 환경의 조성

셋째, 주거-산업 · 업무-상업-문화가 혼합된 지역 환경을 조성하여 기술 기반 창업 주체가 24시간 머무르며 타인과 소통 및 교류할 수 있도록 해야 한다. 기술 기반 창업의 핵심 주체인 청년 엔지니어는 고유한 개성과 감각을 지닌, 소위 '힙한' 골목 상권과 미술관, 영화관, 카페 등 다양한 문화 · 여가 공간이 많은 서울에서 생활하고 일하고 놀기를 선호한다. 하지만 장거리 출퇴근과 서울의 비싼 주거비 탓에 많은 청년 엔지니어가 선호와는 상관없이 평일에는 서울 밖 직장 인근에 거주하며 일하고, 주말에는 서울에서 문화 · 여가 생활을 즐기는 일상을 반복하고 있다. 이러한 환경은 청년 엔지니어가 서로 활발하게 정보와 의견을 지속적으로 교환하는 것을 저해하고, 결과적으로는 혁신적인 아이디어가 창출될 가능성을 줄어들게 한다.

뉴욕시는 일찌감치 창업 클러스터에 입주한 창업기업의 종사자가 직장 근처에서 거주하며 일상생활과 문화 · 여가를 누릴 수 있도록 하는 것의 중요성을 깨달았다. 이에 빈 업무용 부동산을 주거용 혹은 복합용도로 전환하고자 하는 개발업자에게 14년 동안 다양한 세금 경감 및 면제 혜택을 제공하는 방식으로 실리콘앨리의 용도 복합화를 유도

메트로테크캠퍼스

브루클린브리지스트리트

자료: Brooklyn Tech Triangle(2013).

그림 10 뉴욕 브루클린 테크 트라이앵글 내 주요 문화·여가 공간

했다. 브루클린 테크 트라이앵글 조성 시에는 주거용도와 비주거용도

(상업 및 준공업)의 혼합적 토지이용을 허용하는 특별지구를 확대 지정하고 개발사업 추진 시 개발되는 주택의 일정 비율이 시장가격보다 낮은 가격에 분양이나 임대될 수 있도록 했다. 또한 뉴욕시는 브루클린 테크 트라이앵글을 매력적이고 역동적인 첨단문화산업 공간으로 육성하기 위하여 메트로테크캠퍼스, 콜럼버스파크, 캐드맨플라자 등의 공간을 행사, 교류 등을 위한 공간으로 재조성했다. 브루클린브리지스트리트 등 주요 가로에는 경관개선사업을 추진하고 식음료, 오락 등을 즐길 수 있는 공간을 만들었다.

위기를 넘어 지속적인
성장 패러다임을 모색하다

4부

기술 발전에 따른 고용환경 변화에 주목하라

09

대전환기 일의 미래와 남겨진 숙제

박가열 _ 한국고용정보원 연구위원

변화하는 세계처럼 일도 변화

"10년이면 강산도 변한다"라는 속담이 있듯이 세상은 끊임없이 변화한다. 변하지 않는 것은 변화한다는 사실뿐이라는 옛 선현의 말처럼 인류는 불의 사용과 농기구와 가축의 사용, 기계의 도입과 전기의 발명, 컴퓨터와 통신, 인터넷, 인공지능의 개발에 이르기까지 무수한 발명을 통해 우리 삶을 윤택하게 하고 일의 세계를 변화시켰다. 우리가 현재 일상생활에서 사용하는 로봇 청소기, 세탁기, 전기밥솥, 전자레인지, 자동차는 불과 100여 년 전의 여러 시종의 일손을 대신하고 있다.

일의 세계는 한 사회를 반영하는 거울이다. 짐 데이토(Jim Dator)를 태두로 하는 하와이대학교의 미래학 연구자들은 사회(Society), 기술(Technology), 경제(Economy), 생태 · 환경(Environment), 정치(Politics) 등 핵심적인 동인들(STEEP)의 상호작용을 살펴보면 미래에 펼치질 다양한 시나리오를 예상할 수 있다고 한다. 이처럼 일의 세계는 다양한 요인의 직접적인 영향과 상호작용 속에서 우리가 선호하는 모습으로 다가올 것이다.

일의 미래는 다양한 요인이 상호작용하여 나타날 전망

출생률 저하에 따른 인구감소, 도시와 시골의 인구 집중도 격차, 초고령사회의 도래가 2020년을 시작으로 2021년부터 본격화될 전망이다. 저출산에 따른 여성의 사회 진출 기회 확대와 고령인구 비중의 증가로 사람들은 일터에서 탈피하여 자유를 누리는 시기를 미루게 될 것이고, 각종 연금을 둘러싼 세대 간 갈등은 앞으로 점차 커질 수밖에 없을 것이다.

위기는 기회라고 했던가? 이른바 4차 산업혁명으로 일컬어지는 디지털 혁신(digital transformation)은 코로나19의 갑작스러운 충격과 함께 빠르게 전개되고 있다. 이처럼 혁신적인 변화를 불러오는 시대적 격변에는 동전의 양면처럼 일자리를 둘러싼 기회와 위험이 공존한다. 최근 5세대 이동통신 서비스의 상용화가 본격화되고 있는데, 가상으로 모든 사람과 사물을 연결하기 위해 고안된 5세대 이동통신보다 50배나 빠르고 지연 시간은 10분의 1로 줄어드는 6세대 이동통신이 개발되면 진정한 몰입형 현실(truly immersive XR)과 디지털 복제(digital replica)가 가능해진다. 〈마이너리티 리포트〉나 〈아이언맨〉과 같은 공상과학 영화 속에서나 보던 고정밀 모바일 홀로그램(high-fidelity mobile hologram)을 활용해서 통신할 수 있는 날이 다가오고 있다. 이러한 현실의 물리적 세계와 디지털 기반의 가상세계가 초연결되면 확장된 가상세계(metaverse)가 눈앞에 현실로 펼쳐질 것이다.

한편 2020년 이후 지금까지 코로나19는 우리 삶을 일순간에 바꾸었다. 전문가들은 이제 코로나19 이전의 시절로 돌아가기 힘들 것이라고 단언한다. 흑사병이 유럽 중세사회의 문을 닫고 르네상스와 근대사회의 새 시대를 열었듯이 코로나19는 미래의 일의 세계에 심대한 영향을 미칠 것이다. 코로나19가 장기화하면서 일부 전문직이나 컴퓨터 프로그램 개발자와 같이 특수 직종에 한정되었던 재택근무가 공공기관이나 대기업의 다양한 직종으로 확대되었다. 온라인을 통한 화상회의 개발 업체와 컴퓨터 네트워크 관련 업체는 폭발적인 성장의 특수를 누리고 있다. 반면에 대면 상황이 필수적인 식음료, 여행, 실내체육시설, 전시체험 업종 등은 방역을 위한 집합 제한 조치로 존폐의 갈림길에서 근근이 하루를 버티고 있다.

이처럼 다양한 요인이 상호작용하며 일의 미래를 구성할 것으로 전망된다. 여기에서는 미래사회의 근본적인 변화를 추동하는 인구구조의 변화, 디지털 기술과 최근 코로나19로 중요성이 커지고 있는 생태환경 등의 3가지 핵심적인 동인을 중심으로 앞으로 다가올 일의 미래를 준비하는 데 필요한 사항을 살펴보고자 한다.

활력을 잃은 인구구조가 미래사회에 미치는 영향

우리나라는 세계에서 유래를 찾기 힘들 정도의 빠른 속도로 인구고령화가 진행되고 있다. 조금 과장되게 표현하면 2명이 1명을 부양하던 시대에서 불과 반세기 만에 1명이 2명을 부양하는 시대로 역전된 것이다.

통계청이 발표한 '2020년 인구동향조사 통계'에 따르면, 출생아 수는 27만 2,000명으로 1970년 101만 명에서 50년 만에 3분의 1 수준으로 급격히 낮아졌다(통계청, 2021). 한편 여성 1명이 평생 낳을 것으로 예상되는 평균 출생아 수를 뜻하는 합계출산율은 세계 최저 수준으로 2018년 처음으로 1명 아래로 떨어진 뒤, 2019년 0.92명, 2020년 0.84명으로 계속해서 내리막길을 걷고 있다. 2019년 기준 경제협력개발기구(OECD) 회원국 중 우리나라만이 유일한 0명대의 합계출산율을 보였다.

우리나라의 생산연령인구 구성비는 1966년 53.0퍼센트로 분석되었고 이후 계속 증가하다가 2012년 73.4퍼센트로 정점에 이른 후 감

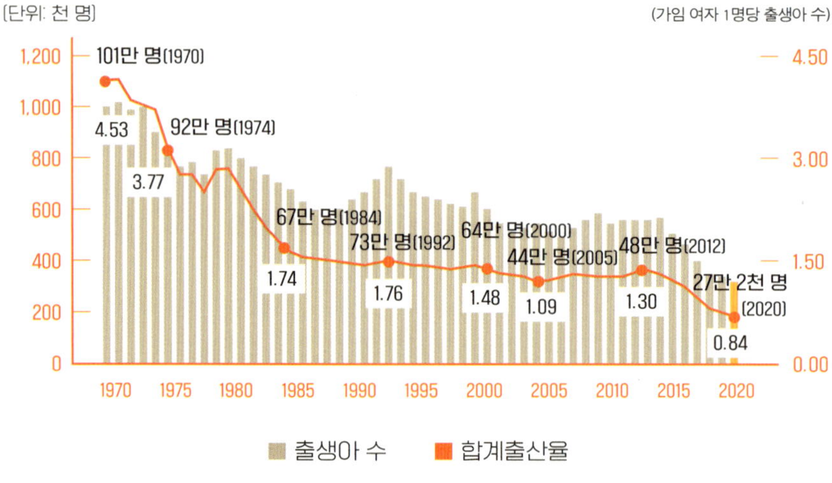

자료: 통계청(2021).

그림 1 **우리나라의 출생아 수 및 합계출산율 추이**

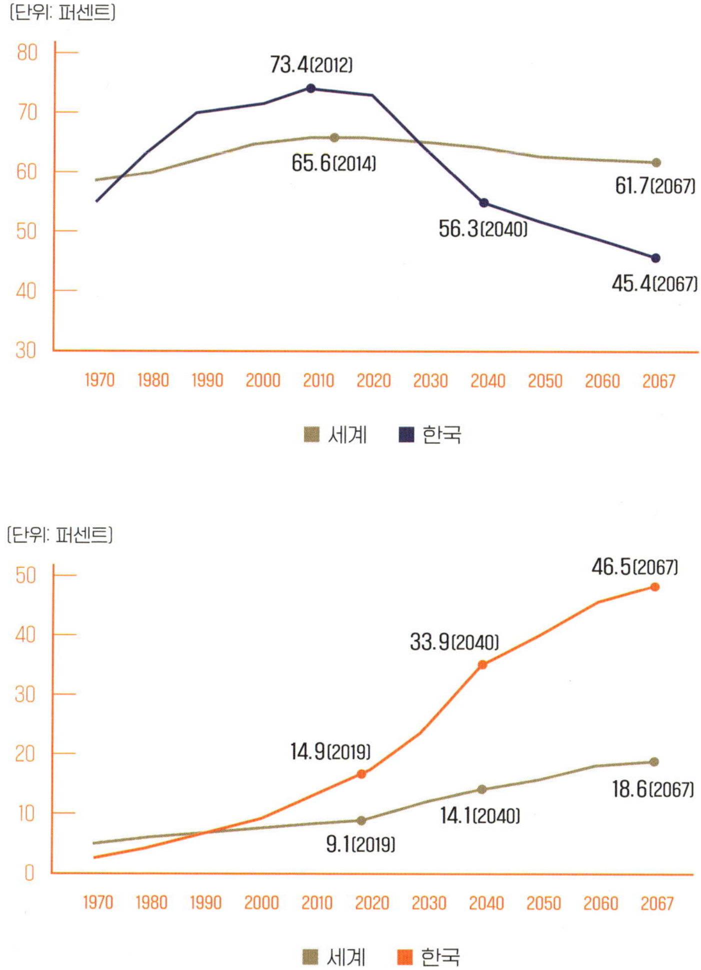

자료: 통계청(2019).

그림 2 세계와 한국의 생산연령인구 및 고령인구 구성비 추이

소하여 2019년 72.7퍼센트, 2040년에 56.3퍼센트, 2067년에는 45.4

퍼센트 수준까지 낮아질 전망이다(통계청, 2019). 고령인구의 구성비는 2019년 14.9퍼센트로 1970년(3.1퍼센트)에 비해 약 5배 증가한 수준이며, 이후 계속 증가하여 2067년에는 46.5퍼센트로 생산연령인구를 추월할 것으로 전망된다. 2040년 전후 경제에는 생산연령인구가 계속해서 감소하여 전체 구성비의 절반 이하가 되고, 고령인구의 비중이 급격히 증가하여 3분의 1을 넘어서면서 본격적인 위기가 도래할 것으로 전망된다.

이처럼 빠른 속도로 진행하고 있는 인구구조의 고령화는 경제의 활력을 떨어뜨려 잠재적인 성장에 부정적으로 작용할 우려가 있다. 이제부터 고령자가 불편함 없이 일할 수 있는 노동환경을 구축하기 위한 법과 제도, 조직구조와 고령 친화적인 일터 문화를 조성하기 위한 노력을 시작해야 할 것이다.

디지털 혁신의 위험과 기회

기술발전과 일자리의 관계

기술발전과 도구의 개발은 인간다운 삶을 누리기 위해 끊임없이 발전해 왔고 이 과정에서 일하는 방식과 일의 주체가 변모했다. 주지하듯이 석기와 청동기를 거쳐 철기 농기구를 사용하고 가축을 농사에 활용하면서 한곳에 정주하며 생활을 할 수 있게 되었다. 에너지 동력의 혁신은 사회구조와 일자리의 근본적인 변화를 가져왔다. 증기기관을 활용한 공장 생산 체제를 통해 대량생산이 가능해지면서 장인 중심의 소규모 맞춤형 생산 구조는 퇴조했다. 숙련도가 낮은 단순 기계조작원이 기술의 힘을 빌려 그동안 생산 과정의 정점에 있었던 장인의 일자리를 빼앗고 하루아침에 길거리로 내몬 것이다. 이후 상품의 제조 공정에서 노동의 효율적인 관리를 위해 과업과 동작을 세분화하여 분석하고 전기를 동력으로 활용한 자동화가 가능해지면서 기계조작원도 이전의 장인과 마찬가지로 다른 일자리를 알아보아야 하는 처지가 되었다.

벌써 한 세대 전으로 흘러간 1980년대 후반부터 손끝 하나로 통하는 지식과 정보가 세상을 지배한다는 정보통신 혁명의 시대가 시작되었다. 한 걸음 나아가 이제는 모든 것이 디지털로 수렴된다는 디지털 혁신의 시대가 열렸다. 일상생활 속 데이터는 제조업 시대의 원유(crude oil)로 자리매김하고 있다. 데이터를 축적하고 연결하고 궁극적으로 인공지능 기법을 활용하면서 생활 속 곳곳에서 편리한 서비스가 가능해졌다. 택시에서의 잦은 카드 결제 위치를 기반으로 심야버스 정류장을 선정하고, 필체의 차이로 일일이 확인해야만 했던 OMR 주관식 문제를 자동으로 채점하며, 보행 가능한 구역을 인식하게 되면서 이전에는 꿈도 꿀 수 없었던 많은 귀찮은 일이 인공지능과 로봇으로 대체되고 있다.

이처럼 기술과 도구의 발전은 인간의 신체적 · 정신적 한계를 넘을 수 있도록 도와줌으로써 힘들고 더럽고 위험한 일들로부터 우리를 해방해 주는 반면에 판에 박힌 일을 하던 사람은 이제 일자리를 유지할 수 없게 만든다. 물론 경제적 효용과 법과 제도에 따라 조율이 되긴 하지만 결국에는 지식과 기술, 재교육을 위한 경제적 여유의 유무에 따라 사회경제적 격차가 심화하고 있다.

디지털 혁신이 위협하는 일자리

일의 미래는 세상의 변화와 운명을 같이한다. 최근 디지털 기술을 통한 혁신은 방대하게 축적한 디지털 데이터를 기반으로 한다. 인공지능(AI)과 자동화 기술을 활용하여 풀어야 할 문제를 사전에 정교하게 정의함으로써 사람을 대체하고 있다. 디지털 기술이 혁신적으로 발전하면서 인간의 일자리를 로봇과 인공지능에 내줄 수밖에 없다는 불안감이 본격화되기 시작했다. 세계 최대 전자상거래 업체인 아마존의 물류창고 직원들은 로봇과 로봇 프로세스 자동화(Robotic Process Auto, RPA)를 이용하고 있다. 창고 내에서 움직임을 줄이기 위해 자동화 선반에서 물건을 내려주는 어니(Ernie)와 독립적으로 시설을 탐색하는 자율이동로봇(AMR)인 버트(Bert)를 이미 사용한다. 패스트푸드점에서는 아르바이트생을 대신하여 키오스크가 주문을 받고, 텔레마케터가 대응하던 고객의 불만 사항을 인공지능 알고리즘이 맡고 있다.

디지털 기술의 발전에 따른 미래 일자리 대체 확률을 수치로 분석하여 세계적으로 관심을 끈 대표적인 연구가 옥스퍼드대학교의 프레이(Frey)와 오스본(Osborne)에 의해 발표되었다(2013). 이 연구는 현재의 직업들이 미래에는 컴퓨터에 의해 대체될 가능성을 평가했다. 미국에 존재하는 702개의 직업을 컴퓨터 전산화(computerization) 진행 속도와 직업 수행에 필요로 하는 창의성, 정교한 동작, 대인관계 능력 등을 종합 분석하여 전산화될 가능성을 0~1 사이의 확률적 수치로 표시했다(박가열 외, 2016). 〈그림 3〉에서 확인할 수 있듯이, 앞으로 20년

내 컴퓨터로 대체될 확률이 높은 0.7 이상의 고위험 직종이 전체의 47퍼센트나 된다. 반면 위험도가 하위 3분의 1로 낮은 직종은 33퍼센트 정도에 불과한 것으로 나타났다.

이후 아른츠(Arntz), 그레고리(Gregory) 그리고 지에란(Zierahn)(2016)은 각 직업에서 수행하는 과업(task)을 기준으로 OECD 국가

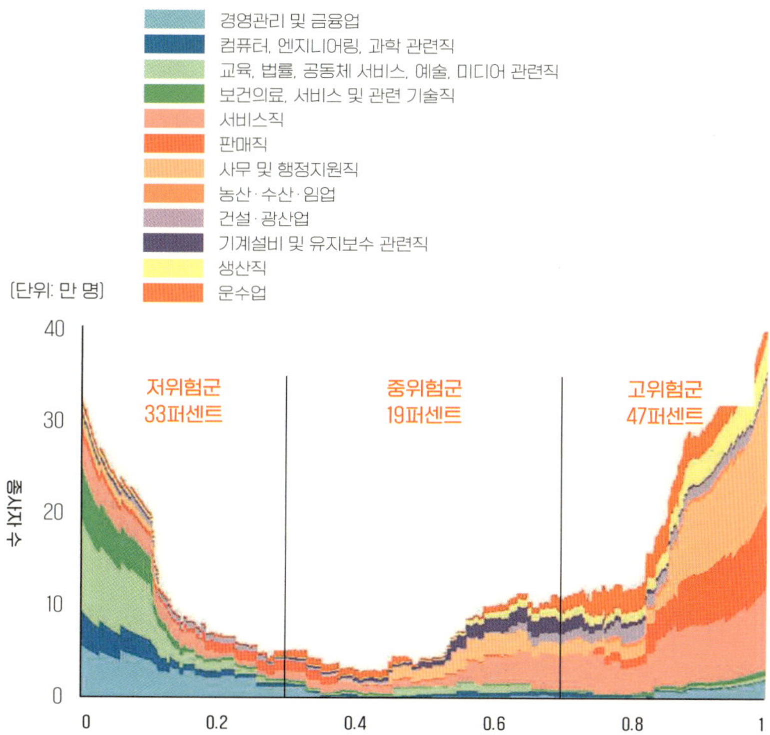

자료: Frey, C. B. and Osborne, M. A.(2013).

그림 3 직종별 컴퓨터 대체 위험도

직업들의 전산화 가능성을 추정했다. 이 연구 결과는 앞의 연구와는 다르게 21개 OECD 국가 전체 평균으로는 9퍼센트의 직업만이 자동화될 것이고, 특히 우리나라는 이러한 자동화 가능성이 가장 낮은 국가여서 대체될 직업이 6퍼센트에 불과한 것으로 나타났다. 이 연구에 따르면 디지털 기술에 의한 일자리 대체는 각 직업에서 수행되는 구체적인 과업 차원에서 이루어짐을 알 수 있다. 따라서 내가 평소 수행하는 과업이 단순 반복적이라면 창의적이고 디지털 기술을 활용할 수 있는 업무 능력을 높이기 위해 노력해야 할 것이다.

인공지능으로 인한 직업 세계 변화는 필연적이다. 사회적 영향력이 큰 청소년의 선호 직업인 의사, 법조인, 교사, 공무원에서 가장 창의적인 직업군인 예술가에 이르기까지 인공지능기술은 다양한 파급효과를 가져올 것으로 전망되며, 이미 점진적인 변화가 진행되고 있다(박가열 외, 2017). 인공지능이 이들 직업의 미래에 미치는 영향을 요약하면, 첫째, 데이터를 기반으로 한 업무의 인공지능 대체 가능성을 꼽을 수 있다. 단순 반복적인 업무뿐 아니라 진단, 판례 분석 등에 인공지능 기술이 활용됨으로써 의사나 법조인으로 대표되는 전문직에도 역할의 변화가 일어날 수 있다. 둘째, 불규칙하고 복잡한 일의 가치가 상승할 것이다. 교사 업무는 지식 전달보다는 학생들의 인성 교육이나 상담, 개인별 맞춤형 교수법이 중요해지고, 의사도 진단 외에 서비스 영역으로 역할이 확대될 것이다. 공무원 업무에서 대부분의 단순 업무는 대체될 수 있으나 기획이나 대면 장면에서의 현장 소통업무는 인간의 역할로 살아남을 것이다. 셋째, 문제를 정의하는 능력과 디지털 도구의 활용 능력이 요구될 것이다. 미래 변화를 대비하기 위해서는 문제를 잘 정의하는 능력이 필요하며 이를 위한 교육의 변화가 필수적이다. 단순히 도구를 사용하는 것뿐 아니라 시스템을 이해하는 것이 중요하고, 인공지능기술을 비롯한 도구의 활용 능력이 미래를 대비하는 주요 변수로 작용할 것이다.

한편 미래 신기술 도입이 공무원 직업에 미치는 영향에 관한 연구에서 2019년 기준으로 중앙정부 18개 부처의 본부 직원 1만 2,000여 명 중 약 3,000여 명인 25퍼센트가 대체 가능한 것으로 나타났다(문명재 외, 2019). 정부 업무는 기능별로 대체율의 차이가 있는데, 서무/민원, 회계, 예결산, 시스템 관리 등 반복적이며 데이터에 기초한 전산화가 쉬운 집행 운용 기능 업무의 인력 대체율이 높은 것으로 나타났다. 반면 높은 수준의 창의성과 재량, 관리 능력이 요구되는 기획관리 업무는 신기술 도입으로 인한 인력 대체율이 상대적으로 낮은 것으로 나타났다. 정부 업무의 기능별 대체 시기와 관련해서는 기획관리의 경우 기술 도입에 따른 인력 대체가 상대적으로 다소 느리게 이루어지고, 반면에 집행 운용 기능은 현재부터 10년 후 시점에서의 대체 가능 인력의 숫자가 가장 많게 나타났다. 행정 운영 기능은 현재로부터 20년 후 시점에서의 대체 가능 인력의 숫자가 가장 많게 도출되었다.

이러한 미래 디지털 기술이 일자리를 대체하는 연구 결과의 공통분모는 단순 반복적인 신체적 동작과 인지적 처리는 쉽게 데이터로 부호화되어 인력의 대체 위험성이 높다는 것이다.

디지털 혁신으로부터 생겨나는 일자리

약 150년 전에 근대적인 자동차가 발명되면서 마차를 몰던 마부의 일자리를 대체했지만, 자동차 조립원, 판매원, 수리원, 보험판매원 등 다양한 산업 및 직군에서 일자리를 창출했다. 이처럼 '똑똑한 기계(intelligent machine)' 시대에 더 나은 일자리를 창출하기 위한 노력을 다룬 매사추세츠공과대학교(MIT)의 연구는 인공지능 덕분에 더 많은 직업이 창출될 것이라고 전망한다(Autor, D., Mindell, D., and Reynolds, E., 2020). 그 이유를 살펴보면 범용성의 문제에서 찾을 수 있다. 예를 들어 도넛용 로봇팔은 도넛을 집어 초콜릿 소스를 적절히 묻힐 수 있다. 하지만 이러한 로봇팔을 건설자재 운반에 투입할 수는 없다. 각각의 용도에 맞게 로봇팔을 만들어야 하기 때문이다. 2018년 미국 내 존재하는 일자리 중 63퍼센트는 1940년에는 존재하지 않았던 것이다. 컴퓨터 산업과 태양광 에너지, TV 네트워크 등의 새로운 산업 부문에서 신기술을 기반으로 새로운 직업이 출현했기 때문이다. 특히 1980년대와 1990년에 개발된 컴퓨터와 인터넷 기술이 최근 20년간 양질의 일자리 증가로 이어지고 있으며, 앞으로 20년에 걸쳐 인공지능과 로봇 분야의 혁신으로 새로운 일자리 창출과 혁신을 전망했다.

산업과 직업이 발전하고 수요가 높아지면서 직무 전문화가 이루어져 새로운 직업이 창출된다. 디지털 혁신 분야에서도 데이터와 인공지능을 기반으로 다양한 일자리가 창출될 것으로 전망되고 있다.

먼저, 데이터와 관련하여 새롭게 창출될 일자리는 쉽게 진입 가능한 데이터 라벨러(data labeler)부터 데이터 랭글러(data wrangler), 그리고 전문가인 데이터 분석가(data analyst) 혹은 데이터 과학자(data scientist)에 이르기까지 다양하다. 최근에는 데이터 기반의 다양한 비즈니스 영역에서 신직업이 확대되고 있다.

분야	직업명	직무 개요
감지	스마트센서개발자	자율주행차, 로봇, 드론 등을 악천후, 심야에도 사용할 수 있도록 인식률 높은 고감도 센서(카메라, 라이다, 레이더 등) 개발
	비전인식전문가	자율주행차, 로봇 등이 도심이나 가정에서 수신호, 차선 등 각종 영상 데이터를 인식하고 의미를 해석하기 위한 알고리즘 개발
	사물·공간스캐너	사물을 스캔하여 3D 프린팅에 필요한 디지털 파일을 만들거나 현실공간을 스캔하여 가상공간(VR) 생성
활용	생성적디자이너	제품의 강도, 유연성, 사이즈 등 성능목표를 설정하면 스스로 디자인을 만들어 내는 생성적 디자인(Generative Design) 소프트웨어를 이용하여 사용자의 취향이나 사용환경에 맞춘 전자제품, 자동차, 운동용품 등 디자인
	P2P대출전문가	대출희망자의 소득, 부동산, 금융거래실적 외에 SNS, 대출신청서의 문장특성 등을 인공지능으로 분석하여 신용도를 평가하고 대출심사 및 이자율 결정
	예측수리엔지니어	인공지능을 활용하여 이상 징후가 감지된 설비를 고장 전에 유지·보수하여 설비 가동률을 개선
인터페이스	오감제어전문가	오감을 통해 가상현실을 경험하고, 가상공간 내 사물을 이질감 없이 조작할 수 있는 기술 개발
	로봇트레이너	직관적인 방식을 이용하여 로봇에게 주어진 업무를 교육·훈련하는데, 예를 들면 로봇 팔을 붙잡고 필요한 동작을 시연하는 것만으로 작업 훈련이 가능
	인간·자동차 인터페이스개발자	자율주행 모드에서 운행하던 자동차가 돌발 상황이 발생하면 적시에 효과적으로 인간에게 경고를 하고 운전 권한을 넘기는 기술 개발

자료: 조원영(2016).

표 1 인공지능 기반 3가지 분야 유망 직업

데이터 랭글러는 자동화 혹은 반자동화 도구로 데이터를 쉽게 사용할 수 있도록 데이터의 형태를 변환하고 정제하는 사람을 말한다. 데이터 라벨러는 인공지능 학습을 돕기 위해 글자, 사진, 영상 등 다양한 데이터에 인공지능이 이해할 수 있도록 이름을 붙이는 사람을 말한다. 마치 인공지능에 인간이 살아가는 세상을 알려 주는 길잡이 역할을 하는 셈이다. 빅데이터 분석을 통해 개인 맞춤형 광고를 제안하는 데이터 마케팅 전문가를 비롯해 광고 등 다양한 디지털 미디어의 전략과 정책 등을 수립하기 위해 데이터를 분석하는 디지털미디어 데이터 분석가와 통계적 지식 및 기술 이해를 바탕으로 데이터를 시각화하는 데이터 시각화 디자이너 등이 있다(김중진 외, 2021).

다음으로, 인공지능기술은 온라인과 오프라인에서 수집한 거대한 데이터를 통합하고, 분석하여 어떻게 행동할지 예측하고 판단하며, 판단 결과를 바탕으로 인간이 사물과 손쉽게 상호작용할 수 있도록 도와준다. 인공지능기술이 자율주행차, 로보틱스, 가상현실, 핀테크 등 미래 유망 분야에 적용되면 감지(sensing), 활용, 사용자 인터페이스(UI) 분야에서 새로운 직업이 등장할 수 있다(조원영, 2016).

일의 미래에서 요구되는 역량과 남겨진 숙제

재훈련이 요구되고 위기대처능력이 중요해질 것

세상의 변화를 반영하는 시금석인 일의 세계는 끊임없이 우리에게 적응을 권하고 있다. 지금 우리 사회는 급격한 고령화, 가상세계와 현실을 통합한 디지털 기술의 혁신, 그리고 쉽게 끝나지 않는 코로나19와 기후변화와 같은 환경적 도전으로부터 대전환의 길목에 서 있다.

이러한 전환기는 언제나 동전의 양면처럼 기회와 위험이 공존하는데, 일의 세계에서 위험을 피하고 기회를 잡기 위해서는 미래에 요구되는 역량을 길러야 한다.

최근 메타에서 발표한 인피니트 오피스는 가상현실 화면에서 사용자가 정의 가능한 여러 화면을 갖춘 작업 공간으로 등장했다. 여기에서는 오큘러스 브라우저(Oculus Browser)를 기반으로 하고 있으며, 전체 가상현실뿐 아니라 현실의 주변 상황까지 확인할 수 있다. 이처럼 일터의 작업 환경이 변화하면서 미래 일의 세계에서 요구하는 직업능력도 변화하고 있다.

세계경제포럼(WEF)의 「2020년 일자리의 미래 보고서」에 따르면, 모든 고용된 직원의 절반은 2025년까지 직업 능력 향상을 위한 재훈련(reskilling)이 6개월 내외로 필요할 것이라고 한다(WEF, 2020). 비판적 사고력과 문제해결 능력이 앞으로 5년 이내에 중요해질 것이고, 능동적 학습, 회복탄력성, 스트레스 감내력, 유연성과 같은 자기 관리 능력이 미래에 중요한 능력으로 새롭게 등장했다.

미래 트렌드를 전망하는 조사업체 퀀텀런(Quantumrun)은 '2030년까지 생존 가능한 50대 글로벌 기업'의 인재상을 분석해서 미래에 요구되는 직업기초능력 15개를 도출했다(박가열 외, 2018). 이를 통해 스마트서비스, 휴먼서비스, IT서비스, 사이버금융, 지능형플랫폼에 종사하는 전문가 집단의 경우 과거에는 열정이 가장 중요했지만, 미래에는 위기대처능력이 제일 중요한 것으로 평가했다. 위기대처능력 이외에 미래에 중요성이 높은 직업기초능력으로는 대응력과 미래예측력이 꼽혔다.

구분	과거(5년 전)		현재		미래(10년 후)	
	중요도	순위	중요도	순위	중요도	순위
대응력	3.54	4	3.95	3	4.24	2
다양성에 대한 포용력	3.07	13	3.65	12	4.10	8
호기심	3.24	10	3.66	11	3.98	12
전체조망력	3.11	12	3.71	9	4.13	7
환경친화성	3.40	7	3.75	8	3.91	13
위기대처능력	3.70	2	4.03	1	4.29	1
다재다능	3.37	8	3.50	13	3.62	15
열정	3.84	1	3.97	2	4.09	9
기업가정신	3.14	11	3.43	15	3.67	14
미래예측력	3.36	9	3.80	6	4.23	3
자기혁신	3.46	5	3.84	5	4.09	9
통찰적사고력	3.45	6	3.78	7	4.09	9
기계협업능력	2.82	15	3.50	13	4.17	5
인지적부담관리	2.96	14	3.71	9	4.19	4
회복탄력성	3.65	3	3.90	4	4.15	6
평균	3.34	·	3.75	·	4.06	·

자료: 박가열 외(2018).

표 2 미래에 요구되는 직업기초능력의 중요도 추이

인간 본연의 문제해결 중심 역량을 길러야

우리는 지금 인생의 많은 부분을 차지하는 일을 통해서 얼마나 보람과 긍지를 얻고 있는가? 디지털 혁신과 코로나19 사태를 겪으면서 사람들은 무표정한 기계와 같은 모습으로 바뀌고 있는 반면에 돌봄 로봇과 같은 기계를 통해 따뜻한 정을 느끼는 역설의 시대가 펼쳐지고 있다. 가상세계와 현실이 연결되고 인공지능과 로봇이 우리와 함께 일하는 장면이 점점 흔해지고, 고령사회의 도래로 은퇴 시기는 미루어질 것이 불을 보듯 뻔하다. 인간은 무한한 잠재력을 가진 동시에 한없이 나약한 존재이다. 이처럼 급격히 변화하는 일의 세계에서 보람과 긍지를 찾고 순조롭게 적응하기 위해서 우리는 어떤 선택을 해야 할까?

세상의 변화가 집약적으로 반영되는 일터에서 스스로의 부족함을 돌아보며 좌절하지 말고 굳건하게 적응하기 위해 노력해야 할 것이다. 실제와 가상공간을 통해 시간과 공간의 제약을 극복하게 될 미래 일터 환경을 고려할 때, 어제 한 일이 내일 할 일과 똑같다면 조만간 이 일은 로봇과 인공지능으로 대체될 위험성이 높다. 일을 수행하는 과정에서 인간의 고유한 능력인 창의성을 발휘하기 위해 고심하는 것이 일터에서의 생존력을 높이는 지름길이다. 인공지능, 로봇과 같은 디지털 혁신 기술과 도구를 활용하기 위한 능동적인 학습과 훈련은 불가피한 선택사항일 것이다.

장기적으로 기존의 특정 학과의 이론을 익히는 것을 넘어서, 각 분과 학문의 기본 지식을 바탕으로 다양한 분야의 지식을 통합하여 개인과 사회 문제에 적용하기 위한 인문학적 소양과 디지털 문해력의 균형감을 갖추어야 할 것이다. 인간과 인간, 인간과 기계가 협업할 수 있는 관계 역량은 물론, 더 근본적으로 인간다움을 잃지 않고 인간의 욕구에 천착한 문제해결 중심의 직업 역량을 기르기 위해 부단히 노력해야 할 것이다.

10
디지털 플랫폼 노동과 일하는 사람의 권리

남재욱 _ 한국교원대학교 교수

변화하는 세계처럼 일도 변화

기술변화와 디지털 플랫폼 노동의 등장

지난 몇 년 사이 국내외에서 노동 관련 이슈로 가장 관심을 받은 것 중 하나는 디지털 플랫폼 노동이었다. ICT 기술의 발전에 힘입어 등장한 디지털 플랫폼은 배달, 운송, 가사 · 돌봄과 같은 노동집약적 서비스 분야는 물론이고, IT, 디자인, 통 · 번역, 법률 · 회계 등 지식 기반 전문서비스 분야까지 다양한 영역에서 인간의 '노동'을 중개하기 시작했다. 이를 둘러싸고 한편에서는 공유경제에 기반한 비즈니스 혁신이 새로운 일자리를 만들어 냈다는 찬사가, 다른 한편에서는 지난 세기 힘겹게 형성된 노동법과 사회보장법을 우회한 새로운 노동착취가 이

이 장의 내용은 한국직업능력연구원의 2020년 기본연구과제인 「플랫폼 노동자의 사회적 권리 보장 연구」(남재욱 외, 2020)의 내용을 요약하고 수정 · 보완하여 작성했다.

루어지고 있다는 비판이 제기되었다. 극과 극의 평가에도 불구하고 기술 발전의 영향으로 나타난 디지털 플랫폼은 인간의 노동을 변화시키는 한 양상이라는 점은 모두 인정하는 바다.

바로 이 점이 우리가 디지털 플랫폼 노동 문제에 관심을 기울여야 하는 까닭이다. 사실 플랫폼 노동의 규모는 국내외 모두에서 그리 크지 않다. 게다가 현재까지의 플랫폼 노동은 기술변화에 의해 완전히 새롭게 나타난 일자리라기보다 기존의 일자리가 디지털 플랫폼의 등장으로 변화하고 있는 경우가 지배적이다. 생각보다 규모가 크거나 새롭지 않음에도 불구하고 디지털 플랫폼이 노동 영역의 주요 쟁점이 된 것은 디지털 플랫폼을 통해 노동을 중개하는 것이 일하는 사람을 보호하기 위해 지난 세기 만들어진 제도들을 우회하는 결과를 가져왔기 때문이다. 기술변화에 따라 기존의 노동방식이 변화되었는데, 그 변화가 기존의 사회적 보호 제도와 정합성이 낮아 불안정한 노동을 만들고 있는 것이 지금까지의 플랫폼 노동 문제의 핵심이다. 그런데 플랫폼 노동 문제의 이와 같은 특성은 어쩌면 기술 발전이 가져올 미래의 노동시장 문제를 예고하는 전주곡인지도 모른다.

디지털 기술 발전이 인간의 노동에 미치는 영향을 주제로 한 초기의 연구들은 기술 발전에 따라 기계가 인간을 대체하고, 그 결과 일자리가 대규모로 사라질 가능성을 제시했다(Frey and Osborne, 2013). 그러나 이후의 연구들은 기술이 대체하는 것은 직업(job)이 아닌 과업(task)이며, 일의 방식이나 유형, 요구되는 숙련(skill)은 변화하겠지만 그것이 반드시 직업 단위의 변화를 의미하지는 않는다는 점에 주목하고 있다(Autor, 2015; Arntz et al., 2016; Acemoglu and Restrepo, 2018).

그러나 일자리가 사라지지 않을 것이라고 해서 일하는 사람에게 아무런 문제가 없다고 말할 수는 없다. 일하는 방식이나 요구되는 숙련의 변화는 인간의 노동을 상당 부분 변화시킬 것이다. 따라서 그 변화와 조정이 이뤄지는 시기에는 노동인구에게 상당한 부담을 줄 가능성이 크다. 특히 교육수준이나 소득수준이 낮은 노동인구에게 조정의 위험이 집중되어 불평등의 증가를 가져올 가능성이 제시된다(OECD, 2017; ILO, 2019; World Bank, 2019). 사실 이미 노동시장에서 중간수준의 숙련을 요하는 일자리가 감소하고 고숙련과 저숙련으로 양극화되는 양상은 상당 부분 관찰되고 있다(Autor and Dorn, 2013; Goos et al., 2014; Eichhorst et al., 2019). 요컨대 기술변화는 기존의 일을 변화시키고, 그 변화는 일하는 사람에게 새로운 불안정을 가져올 위험이 크다.

이는 디지털 플랫폼 노동을 둘러싸고 나타나는 현상과 상당 부분 유사하다. 디지털 플랫폼이 노동을 중개한다는 것은 이미 존재하던 저숙련 노동이나 프리랜서 노동이 이루어지는 방식을 변화시키고 있으며 그 결과로 새로운 불안정이 나타나고 있다는 증거이기 때문이다. 디지털 플랫폼 노동이 노동시장에서 차지하는 비중이 그리 크지 않음에도 불구하고, 이 문제에 많은 관심을 기울일 필요가 있는 까닭이다. 물론 기술변화에 따라 나타나는 고용·노동 측면의 변화는 다양할 것이며, 디지털 플랫폼 노동이 이를 대표할 수는 없다. 그러나 플랫폼 노동을 둘러싼 노동 문제의 양상은 우리가 앞으로 기술 발전과 그로 인한 일의 세계 변화에 따라 경험할 문제들의 예고편으로서 가치를 가지고 있음이 틀림없다.

이 장에서는 디지털 플랫폼 노동이 현재의 노동 문제이자 미래 노동 문제의 예고편일 수 있다는 시각에서 디지털 플랫폼 노동 문제를 살펴보고자 한다. 특히 기존의 노동 · 복지 제도와 플랫폼 노동 간의 부정합성이라는 문제에 주목하고, 한편으로 새로운 기술이 가져오는 혁신의 편익을 누리면서 다른 한편으로는 일하는 사람의 권리를 보장하는 방안을 모색해 보고자 한다.

디지털 플랫폼 노동은 무엇인가

디지털 플랫폼 노동의 정의와 유형

디지털 플랫폼 노동의 가장 간단한 정의는 '온라인 플랫폼에 의해 중개되는 노동'이다. 이것이 무슨 동어 반복인가 싶을 수도 있지만, 이 단순한 정의는 의외로 함축하는 바가 적지 않다. 이 정의는 디지털 플랫폼 노동이 이렇게 불리는 노동의 본질적인 내용이나 성격, 특성이 아닌 노동이 이루어지는 방식으로 개념화되어 있다는 것을 보여 준다. 따라서 디지털 플랫폼 노동이라는 개념 안에는 대단히 다양한 내용과 성격의 노동이 포함될 수 있다. 또한 종전에는 디지털 플랫폼 노동과는 무관했던 업종이나 직종에서 얼마든지 새로운 플랫폼화가 이루어질 수 있다는 것을 짐작할 수 있다. 요컨대 디지털 플랫폼 노동은 매우 가변적이고 다원적인 개념이다.

이와 같은 개념적 특성은 디지털 플랫폼 노동에 관한 기존 연구가 대개 '유형화'부터 논의를 시작하는 원인이기도 하다. 이질적인 노동들이 디지털 플랫폼 노동이라는 한 범주로 묶여 있다 보니 그 유형을 구분함으로써 이질성을 감소시키고자 하는 것이다. 가장 많이 활용되고 있는 유형화 방식은 지역 기반(location-based)과 웹 기반(web-based)의 구분이다. 지역 기반 플랫폼 노동은 해당 일감에 대한 거래가 온라인 플랫폼에서 이루어지지만, 실제 노무의 제공은 오프라인에서 이루어지는 경우다. 국내의 플랫폼 노동 이슈는 대부분 지역 기반 플랫폼 노동을 중심으로 논의되었는데, 배달, 대리운전, 퀵서비스, 가사서비스 등이 모두 여기에 해당한다. 웹 기반 플랫폼 노동은 거래와 노무 제공이 모두 온라인에서 이루어지는 경우로, IT, 디자인, 통 · 번

과업 구분	온라인 웹 기반 노동	오프라인 지역 기반 노동
마이크로태스크 (tasks)	· 단순 타이핑(리멤버) · 인공지능 학습데이터 생산 · 상품평, 서베이 작성 · 번역(예: 플리토 집단지성)	· 배달대행 등 소화물 운송 · 대리운전/탁송 · 편의대행, 스쿠터 충전/이동 · 세탁 · 카풀 · 세차 · 주차대행
메조태스크 (daily jobs)	· 성우 활동 · 전문상담(법률, 세무 등)	· 가사, 돌봄, 펫케어 · 건설 등 일용노동 - 화물운송 · 크레인 등 특수장비 운전 · 이사서비스 · 전세버스 운전
매크로태스크 (projects)	· 영상, 음악 등 디지털콘텐츠 생산 · IT 솔루션, 소프트웨어 프로그램 등 운용, 디자인, 일러스트 · 번역	· 여행가이드 · 교육서비스 · 일대일 트레이닝 · 인테리어/간판 제작

자료: 장지연 외(2020: 18).

표 1 플랫폼 노동의 유형 분류의 예시: 거래의 장소와 과업의 규모를 기준으로

역, 콘텐츠 창작 등 프리랜서 노동의 중개나 디지털 플랫폼을 기반으로 새롭게 증가하고 있는 온라인 마이크로태스크(microtasks, 미세업무)가 여기에 해당한다.

그러나 엄밀하게 말해서 웹 기반과 지역 기반의 분류도 일의 성격이나 내용보다는 일의 거래가 어디에서 일어나는지에 기초한다. 물론 저숙련 서비스업의 경우 아직 웹을 통해 제공되기 어렵다는 점에서 일의 내용도 어느 정도 반영하게 되겠지만 한계는 분명하다. 그렇다 보니 웹 기반과 지역 기반의 분류 위에 추가적인 기준을 적용해서 분류를 상세화하기도 한다. 예를 들어, 거래의 장소 외에 플랫폼 노동자*에게 과업이 할당되는 방식이나(Schmidt, 2017), 과업의 규모 등을 고려하는 것이다(장지연 외, 2020). 이와 같은 분류의 세분화는 어느 정도 일의 성격을 담을 수 있다는 장점이 있다. 플랫폼을 통해 거래되는 서비스에서 작업자의 숙련에 대한 요구가 적을수록 과업을 더 잘게 쪼갤 수 있다. 과업이 잘게 쪼개져 있을수록 작업자의 협상력이 낮아진다는 점을 고려하면, 과업의 규모를 고려한 분류는 그 일의 숙련 수준이나 작업자에 대한 보수를 짐작할 수 있게 한다.

플랫폼 노동의 유형분류는 단지 분류의 정교화 이상의 의미가 있다. 앞서 언급한 것처럼 플랫폼 노동은 내적 이질성이 상당하기에 플랫폼 노동자가 경험하는 문제와 그 해결방안에도 차이가 있기 때문이

---

* 이 장에서 '플랫폼 노동자'라는 표현은 법적인 의미에서 근로자성을 가진 이들만을 가리키는 것이 아니라 플랫폼을 통해 일하는 사람 일반을 가리키는 의미로 사용되었다. 이와 별도로 법적인 근로자성을 가진 이들을 가리킬 때는 '노동자'라는 표현 대신 '근로자'라는 표현으로 구분했다.

자료: 유럽재단(2019. 6).

그림 1 플랫폼 유형에 따른 시장-위계 관계

다. 플랫폼 노동자 논의에서 가장 크게 이슈화되고 있는 '근로자성' 문제만 놓고 보더라도, 플랫폼 노동의 유형에 따라 그 차이가 뚜렷하다. 유럽재단(Eurofound)은 이와 관련하여 코즈(R. Coase)의 거래비용 접근을 빌려 와, 어떤 유형(예를 들어 배달, 운송 등과 같이 지역을 기반으로 플랫폼이 일감을 결정하는 반복적 노동)은 사실상 위계 조직(hierarchy)에 가까워 근로자와 유사성이 높지만, 어떤 유형(예를 들어, 웹 기반으로 전문적인 서비스가 거래되는 노동)은 시장(market)에 가까워 종전의 프리랜서 노동과 유사하다는 점을 지적했다.

요컨대 플랫폼 노동의 등장을 단순히 하나의 '현상'이 아닌 개입과 해결이 필요한 '문제'로 보는 관점에서도 유형을 구분하고, 유형에 따른 특성을 파악하고, 그 특성에 따른 정책적 접근방안을 모색하는 것은 중요하다. 따라서 본 장의 이하 논의에서도 플랫폼 노동의 유형에 따른 이와 같은 차이를 염두에 두고 논의를 진행한다.

디지털 플랫폼 노동의 규모와 구성

플랫폼 노동의 정확한 규모는 파악되지 않았다고 볼 수 있다. 국내뿐 아니라 해외에서도 기존의 노동력 조사 체계에 플랫폼 노동이 별도로 구분되어 있지 않기 때문이다. 미국에서는 2017년 노동통계국(U.S. Bureau of Labor Statistics, BLS)의 조사를 통해 디지털 중개 방식으로 고용된 이들의 비중이 전체 취업자의 약 1퍼센트 수준으로, 지역기반과 웹 기반의 비중은 각각 0.6퍼센트와 0.5퍼센트인 것으로 밝혀졌다.* 유럽은 조사가 국가마다 차이가 있는데, 연구에 따라 성인 인구의 4~10퍼센트가 디지털 플랫폼을 통한 노무제공 경험이 있는 것으로 알려졌다(Huws et al., 2017; Pesole et al., 2018).

국내에서 플랫폼 노동자의 규모를 파악하기 위한 대규모 연구는 두 차례에 걸쳐 이루어졌다. 한국고용정보원에서 2018년 수행한 연구에서는 플랫폼 노동자를 어떻게 정의하는지에 따라 취업자의 1.7퍼센트나 2.0퍼센트가 플랫폼 경제에 종사하고 있다는 결과가 도출되었고(김준영 외, 2018), 한국노동연구원에서 2020년 수행한 연구에서는 협의의 플랫폼 노동자가 0.92퍼센트, 광의의 플랫폼 노동자가 7.5퍼센

* 미국 노동통계국 웹사이트 참조(https://www.bls.gov/cps/electronically-mediated-employment.htm), 최종접속일: 2021-11-9.

트인 것으로 나타났다(장지연, 2020).* 두 조사는 플랫폼 노동에 참여하는 노동자의 인적 구성에서도 차이가 있었다. 성비에 있어서 남성이 여성의 약 2배에 이른다는 점은 두 조사에서 같았다. 하지만 연령대 구성에서 한국고용정보원의 조사는 50대 이상 중고령자 비중이 상대적으로 높았던 것에 비해, 한국노동연구원의 조사에서는 청년층 비중이 오히려 높았다. 이는 두 조사에서 플랫폼 노동의 정의가 달랐다는 점도 영향을 미쳤겠지만, 한국고용정보원의 조사와 달리 한국노동연구원의 조사는 코로나19가 노동시장에 미친 영향이 나타난 이후에 이루어졌다는 점의 영향을 받았을 가능성도 배제할 수 없다. 코로나19의 영향으로 청년층이 단시간 일자리 형태로 종사하던 대면서비스업이 위축된 상황에서 배달업 중심의 플랫폼 노동에 대한 참여가 증가했을 가능성이 있기 때문이다.

한국고용정보원의 조사에 따르면 플랫폼 노동자 중 서울권은 24.5퍼센트, 경인권은 34.7퍼센트로 비플랫폼 취업자(서울 19.3퍼센트, 경인 31.0퍼센트)에 비해 플랫폼 노동자의 수도권 집중도가 높다(김준영 외, 2018: 38). 서울 지역의 플랫폼 노동 규모를 조사한 한국노동사회연구소의 연구를 기준으로도 서울 지역의 플랫폼 노동자 비중은 광의로 볼

---

* 한국고용정보원의 연구에서는 플랫폼 노동자를 '지난 한 달 동안 디지털 플랫폼의 중개를 이용하여 고객에게 유급 노동을 제공하고 수입을 얻은 경우(정의 1)'와 '지난 한 달 동안 일거리 1건당 수수료나 수수료와 정액급여 혼방방식으로 소득이 결정되는 단기 아르바이트 앱/웹 이용자(정의 2)'의 합산으로 조사했고, '정의 2'는 '정의 1'의 조사시점으로부터 지난 1년 동안 디지털 플랫폼을 이용한 경험이 있는 이들을 포함하여 도출했다(김준영 외, 2018: 31~32). 한국노동연구원의 연구에서는 협의로는 플랫폼이 거래를 조율했다고 볼 수 있는 경우만을, 광의로는 단순구인구직사이트를 포함하여 플랫폼을 통해 거래가 이루어지는 모든 경우를 포함하여 산정했다(장지연, 2020: 2~3).

구분		15~64세 인구					
			취업자				
				플랫폼으로 일감을 구하는 사람(플랫폼A)			
					플랫폼B		플랫폼C
				전체	전자상거래 앱 이용자	단순구인 구직앱 이용자	플랫폼 노동자
서울*	비율 (단위: 퍼센트)		100	**9.38**	0.17	8.05	**1.16**
	추정규모 (단위: 천 명)			**469**	8	402	**58**
전국**	비율 (단위: 퍼센트)		100	**7.61**	0.16	6.54	**0.92**
	추정규모 (단위: 천 명)			**1,827**	38	1,569	**220**

자료: 한국노동사회연구소 조사*, 한국노동연구원 조사**, 김종진(2021)에서 재인용.

표 2 한국의 플랫폼 노동자 규모: 서울과 전국 비교

때 9.38퍼센트, 협의로 볼 때 1.16퍼센트로 추정되어 플랫폼 노동의 수도권 집중을 확인할 수 있다(김종진, 2021).

이렇게 본다면 한국에서나 해외에서나 플랫폼 노동자가 전체 취업자에서 차지하는 비중은 그다지 크지 않다. 이 때문에 한편에서는 플랫폼 노동자 문제가 과도한 쟁점이 되고 있다고 지적한다. 이와 같은 지적에도 일리는 있다. 그러나 서두에서 언급한 것처럼 플랫폼 노동은 디지털 기술의 발전이 노동시장에 미칠 영향을 미리 보여 주는 측면이 있다. 또한 플랫폼 노동에 관한 많은 전문가가 플랫폼 노동이 향후 더 증가할 가능성이 크다는 것에 동의한다는 점, 그리고 플랫폼 노동과 기존 제도 간의 부정합이 불안정 노동의 증가를 결과하고 있다는 점도 고려할 필요가 있다.

한편 플랫폼 노동의 규모나 구성에 있어서 국내와 해외가 다른 점도 있다. 한 가지는 한국고용정보원의 조사를 기준으로 볼 때 청년층의 플랫폼 노동 참여가 활발한 해외와 달리, 한국에서는 상대적으로 중장년층의 플랫폼 노동 참여가 높다는 점이다(김준영 외, 2018). 다만 좀 더 최근의 조사들에서는 한국 역시 청년층의 참여가 더 높게 나타난다는 것은 앞서 설명한 바와 같다. 또 한 가지는 플랫폼 노동의 유형에 있다. 한국노동연구원의 조사를 기준으로 볼 때 한국의 웹 기반 플랫폼 노동과 지역 기반 플랫폼 노동의 비중은 약 23 대 77로 지역 기반 플랫폼 노동의 비중이 현저히 높아, 두 유형의 비중이 비슷하거나 웹 기반 플랫폼 노동의 비중이 더 높은 미국과 유럽의 경우와 대비된다(장지연, 2020: 3).

한국 플랫폼 노동 구성의 2가지 특성은 모두 한국의 플랫폼 노동에서 저숙련의 지역 기반 서비스인 배달 · 운송 영역의 비중이 현저히 높은 데서 비롯된 것으로 파악된다. 그리고 이 점은 한국의 플랫폼 노동자의 다수가 매우 종속적으로 일하고 있으며, 노동환경이 열악하다는 문제와 연결된다.

한국의 디지털 플랫폼 노동환경

한국의 디지털 플랫폼 노동 현황에 대해 다양한 연구가 이루어져

왔다. 여기에서는 한국직업능력연구원에서 수행한 연구를 바탕으로 한국 플랫폼 노동자의 노동환경을 대략적으로 살펴보겠다(남재욱 외, 2020). 이 조사는 2020년 7~8월에 걸쳐 플랫폼 노동자 300명(지역 기반 플랫폼 노동자 219명, 웹 기반 플랫폼 노동자 81명)을 대상으로 이루어졌다.*

노동시간과 소득

플랫폼 노동자의 노동시간은 여러 가지 의미가 있다. 우선 플랫폼 노동의 효용으로 단시간 노동시간 참여가 가능하고, 노동시간의 결정권이 일하는 사람에게 있는 경우가 많다는 점에서 '자유로운 노동시간'은 플랫폼 노동의 긍정적 측면을 상징한다. 실제로 한국직업능력연구원의 조사에서도 플랫폼 노동자는 일하는 시간의 신축적 적용 가능성이 있고 일감을 구하기 쉽다는 점을 플랫폼 노동에 참여하는 가장 큰 이유로 꼽았으며, 조사대상자의 41.3퍼센트가량은 다른 직업과 플랫폼 노동 일자리를 겸업으로 하고 있었다. 다만 겸업 비중은 플랫폼 노동 유형에 따라 상당한 차이가 있었는데, 지역 기반 플랫폼 노동자의 다수(72퍼센트)가 전업 플랫폼 노동자였던 반면 웹 기반 플랫폼 노동자의 다수(78퍼센트)는 다른 직업이 있는 겸업 상태인 것으로 나타났다.

---

* 이하 별도의 인용표기가 없는 조사결과는 「플랫폼 노동자의 사회적 권리 보장 연구」(남재욱 외, 2020) 4장의 조사결과를 참조했음을 밝혀 둔다. 그 밖의 연구들을 참조한 경우에는 별도로 인용표기를 했다.

그러나 '자유로운 노동시간'이라는 일반적인 인식에 반하는 경향도 나타났다. 한국직업능력연구원 조사에서 플랫폼 노동자의 주당 평균 노동시간은 40.8시간이었고, 다른 직업이 없는 전업 플랫폼 노동자는 49.0시간이었다. 그러나 플랫폼 노동자는 장시간 노동하는 것에 비해 소득수준이 높지 않았다. 조사 대상이었던 플랫폼 노동자 전체의 평균 월 소득은 151만 원으로, 지역 기반 플랫폼 노동은 169만 원, 웹 기반 플랫폼 노동은 105만 원이었다. 노동시간을 고려하여 시간당 소득으로 환산하면 플랫폼 노동자 전체가 시간당 1.16만 원, 지역 기반이 1.01만 원, 웹 기반이 1.56만 원으로 다수를 차지하는 지역 기반 플랫폼 노동자의 소득이 더 적다.

사실 진입장벽이 낮아 누구에게나 손쉽게 참여할 수 있는 경제활동이라는 플랫폼 노동의 장점은 낮은 소득을 의미할 수밖에 없다. 높은 수준의 숙련이 불필요한 경우가 많고 공급자 간 경쟁이 치열하기 때문이다. 그럼에도 불구하고 플랫폼 노동자의 장시간 노동과 낮은 소득을 노동 문제로 인식하게 되는 것은 이들이 대개 스스로 서비스 가격을

(단위: 시간, 만 원)

구분	주당근로시간	월평균소득	시간당소득
전체	40.8	151	1.16
지역 기반 플랫폼	45.6	169	1.01
웹 기반 플랫폼	25.1	105	1.56

자료: 남재욱 외(2020: 4장)에서 편집하여 재구성.

표 3 플랫폼 직종별 지난 6개월간 월평균 소득

결정하지 못하는 종속적인 노동상황에 있으면서도, 고용관계를 맺고 있는 근로자와 달리 임금이나 노동시간에 대한 규제가 없기 때문이다.

종속과 통제

플랫폼 기업은 많은 경우 자신들은 플랫폼을 통해 공급자와 수요자를 중개할 뿐이며, 따라서 플랫폼 노동자와 플랫폼 기업은 독립적 계약관계라고 말한다. 그러나 실제로 플랫폼 노동자와 플랫폼 기업의 관계를 살펴보면 이렇게 간단히 이야기할 수는 없다.

한국직업능력연구원의 조사에 참여한 플랫폼 노동자 중 자신이 제공하는 노무의 가격을 스스로 결정한다는 사람은 29.3퍼센트에 불과했다. 가장 높은 비중을 차지한 가격결정의 주체는 플랫폼 기업(39.3퍼센트)이었으며, 플랫폼 기업과 별도로 중개업체가 있는 경우는 중개업체(26.7퍼센트)가 결정하는 경우가 많았다. 플랫폼 노동 유형별로는 웹 기반 플랫폼 노동자의 경우 75.3퍼센트가 서비스 가격에 대한 결정

(단위: 명, 퍼센트)

구분	전체	플랫폼 노동의 가격결정 주체			
		플랫폼	중개업체	노동자	고객
전체	300	39.7	26.7	29.3	4.3
지역 기반 플랫폼	219	48.4	35.6	12.3	3.7
웹 기반 플랫폼	81	16.0	2.5	75.3	6.2

자료: 남재욱 외(2020: 139).

표 4 플랫폼 노동의 가격결정 주체

권을 가지고 있지만, 지역 기반 플랫폼 노동자는 불과 12.3퍼센트만이 가격결정권을 가지고 있었다.

플랫폼 노동자가 플랫폼을 통해 일감을 정하는 과정에서도 지역 기반 플랫폼 노동자는 제한적인 자율성만 가지고 있었다. 일감을 실제로 거절할 수 없는 경우는 지역 기반 플랫폼 노동자의 4.6퍼센트, 웹 기반 플랫폼 노동자의 7.4퍼센트로 낮았지만, 지역 기반 플랫폼 노동자 중 43.5퍼센트는 일감을 거절하면 불이익을 받을 수 있다고 인식하고 있었다. 자신이 제공하는 서비스 가격이 대개 타인에 의해 결정될 뿐 아니라 일감의 선택 자체에서도 일정한 제약을 받는 것이다.

플랫폼 기업과의 관계에서 플랫폼 노동자의 52.7퍼센트는 수수료 등 거래조건을 '플랫폼이 자신의 동의 없이 임의로 결정한다'고 응답했다. 나머지 중 14.0퍼센트는 거래 조건이 변경되었을 때 동의를 구하는 경우에 '동의하지 않으면 일감을 얻을 수 없으므로 변경된 조건에 동의할 수밖에 없다'고 응답했다. 플랫폼과의 관계가 상당히 일방적이라는 것을 알 수 있는 지점이다.

플랫폼 노동자의 68.7퍼센트는 자신이 수행한 서비스의 이용자로부터 평점을 받는데, 이 중 대부분(68.9퍼센트)은 평점이 낮으면 일감 감소나 계정 정지 등의 불이익을 받을 수 있다고 인식했다. 거래조건 동의 문제에 있어서는 지역 기반 플랫폼 노동과 웹 기반 플랫폼 노동 사이의 차이가 뚜렷하지 않았다. 평점에 있어서는 오히려 웹 기반 플랫폼 기업이 더 많이 평점제도를 운영하고 있었다(82.7퍼센트).

플랫폼 노동자와 플랫폼 기업 간 관계에서 평점제도나 거래조건의 임의적 변경 등은 플랫폼 노동자와 기업 간 관계가 대등하지 않은 '갑

(단위: 명, 퍼센트)

구분	전체	평점 있음	평점관리				
			없음	일감 감소	정지 박탈	보수 차감	기타
전체	300	68.7	31.1	28.2	34.0	1.5	5.3
지역 기반 플랫폼	219	63.5	24.5	37.4	34.5	1.4	2.2
웹 기반 플랫폼	81	82.7	44.8	9.0	32.8	1.5	11.9

자료: 남재욱 외(2020: 146).

표 5 플랫폼 직종별 평점 및 평점관리

을관계'의 성격이 강하다는 것을 보여 준다. 이와 달리 가격결정이나 일감의 수용 문제는 실질적으로 플랫폼 노동자가 서비스를 제공하는 과정이 플랫폼 기업 혹은 별도의 중개업체로부터 통제되고 있다는 것을 의미한다. 즉 전자가 일종의 '불공정한 계약관계'의 문제라면 후자는 '위장된 자영업(bogus self-employed)' 관계의 문제일 수 있다는 것이다.

후자의 문제는 특히 지역 기반 플랫폼 노동자 문제에서 두드러지게 나타나고 있다. 가격 결정이나 일감 수용 면에서 지역 기반 플랫폼 노동의 결정권이 현저히 낮다는 것이다. 이는 다른 연구들에서도 확인되고 있는 사실이다. 예컨대 전술한 한국노동연구원의 연구에서는 플랫폼 노동의 자율성 정도를 0~4점(점수가 높을수록 자유로움)으로 측정하여, 웹 기반 플랫폼 노동은 평균 2.85점, 지역 기반 플랫폼 노동은 평균 1.86점을 나타낸다고 평가한 바 있다(장지연, 2020: 5). 이는 플랫폼 노동의 유형에 따라 문제해결을 위한 접근도 달라질 필요가 있음을 의미한다.

사회적 보호

플랫폼 노동자가 사회적 보호에서 배제되는 문제는 법적으로 근로자 지위를 인정받지 못하고 있는 것과 밀접하게 연관된다. 대부분 국가에서 노동관계법은 취업자를 '근로자'와 '자영업자'라는 2가지 기준으로 분류하는데, 이처럼 분류된 기준에 따라 사회적 보호가 적용되는 정도가 다른 경우가 많다. 이는 주로 임금근로자를 대상으로 하는 사회보험 제도에서, 그리고 특히 산재와 실업급여처럼 전통적으로 종속적 노동관계에서 나타나는 사회적 위험을 보호하는 제도에서 두드러진다(Forde et al., 2017).

(단위: 명, 퍼센트)

구분		전체	고용보험 가입	산재보험 가입	국민연금 가입		국민건강보험 가입	
					사업장 가입자	전체 가입률	직장 가입자	전체 가입률
전체		300	18.3	23.7	12.7	44.7	11.3	95.3
플랫폼	지역 기반	219	14.2	22.8	9.6	40.2	6.8	98.2
	웹 기반	81	29.6	25.9	21.0	56.8	23.5	87.7
다른 직업	없음	176	5.1	15.3	0.0	26.1	0.0	94.9
	있음	124	37.1	35.5	30.6	75.8	27.4	96.0

자료: 남재욱 외(2020: 152).

표 6 플랫폼 노동자의 사회보험 가입현황

한국의 플랫폼 노동자가 대상인 사회보험 가입 현황에서도 이 점은 확인된다. 조사에 참여한 플랫폼 노동자의 고용보험과 산재보험 가입률은 각각 18.3퍼센트와 23.7퍼센트에 불과했다. 그나마 대부분은 다른 직업이 있는 겸업 플랫폼 노동자의 가입으로 플랫폼 노동을 통해 고용이나 산재보험에 가입한 경우는 매우 드물었다. 사실상 대부분의 플랫폼 노동자는 실업에 대한 보호나 산재에 대한 보호에서 배제되어 있다. 플랫폼 노동자의 일감이 매우 불안정하다는 점, 한국 플랫폼 노동의 대부분을 차지하는 배달 · 운송업이 업무상 사고의 위험이 매우 크다는 점을 고려하면 실업(일감의 상실)과 산재를 보호할 필요성은 매우 높지만, 제도적으로 배제되어 있다. 이들은 계약상 근로자가 아니기 때문이다.

플랫폼 노동자가 사회적 보호로부터 배제되어 있다는 것을 확인할 수 있는 또 다른 측면은 직업능력개발기회의 부족이다. 플랫폼 노동자 중 현재 업무와 관련한 직업훈련 경험이 있는 이들은 32.7퍼센트에 불과했다. 대개 직무관련 교육훈련을 받는 데 있어 사용자의 역할이 크다는 점을 고려할 때, 플랫폼 노동자의 낮은 직업능력개발기회는 '사용자의 부재'에 기인한다고 하겠다. 물론 최근에는 국민내일배움카드와 같이 사용자의 유무와 무관하게 개인 주도 직업능력개발에 참여할 수 있는 기회가 확대되고 있지만, 플랫폼 노동자와 같은 자영업자 혹은 특수형태근로종사자의 참여 수준은 여전히 높지 않다(김미란 외, 2020).

고용보험이나 산재보험, 혹은 직업능력개발을 위한 제도가 임금근로자를 주된 대상으로 설계된 것은 이 제도의 필요가 주로 임금근로자에게 있다고 여겨 왔기 때문이다. 그리고 이는 취업자가 '종속적인 근로자'와 '독립적인 자영업자'로 구성되어 있다는 이분법적 시각의 반영이기도 하다. 그러나 지금껏 살펴본 플랫폼 노동자의 사례가 시사하듯이 더 이상 우리의 노동시장을 이러한 이분법으로 나누어 재단하는 것은 적합하지 않다. 플랫폼 노동자는 계약상 근로자가 아니지만 실질적으로는 플랫폼에 상당 부분 종속적으로 일하고 있는 분명한 사례이기 때문이다.

디지털 플랫폼 노동자 문제해결과 일하는 사람의 권리

사실 근로자와 자영업자 사이의 모호한 지위 문제가 플랫폼 노동에서 처음 나타난 것은 아니다. 이른바 '특수형태근로종사자'로 불리는 보험설계사, 신용카드 · 대출모집인, 학습지교사, 택배기사, 방문판매원, 퀵서비스, 대리운전, 골프장 캐디 등의 직종에서는 이미 2000년대 초중반부터 그 법적 지위를 두고 다툼이 있었다. 게다가 이들 중 상당수 업종은 지금까지 살펴본 지역 기반 플랫폼 노동과 중첩되며, 설사 직접적으로 중첩되지 않는다고 할지라도 그 성격이 매우 유사하다.

플랫폼 노동의 또 다른 유형인 웹 기반 플랫폼 노동의 상당수는 사실상 프리랜서 노동에 가깝다. 실제로 IT 서비스, 디자인, 콘텐츠 창작 등 주요 웹 기반 플랫폼 노동의 주요 직종은 플랫폼 이전부터 프리랜서 형태의 노무 제공이 광범위하게 이루어져 왔다. 프리랜서는 특수형태 근로종사자에 비해 '근로자'로부터 거리가 멀지만, 우리가 일반적으로 생각하는 독립적 '자영업자'와도 다른 모호성을 가지고 있다. 그리고 이와 같은 불안정한 지위 탓에 사회적 보호에서 배제되는 등 마찬가지로 '보호받지 못하는 노동'의 성격을 지닌다(이승렬 외, 2013).

이렇게 본다면 디지털 플랫폼 노동은 '새롭지만 새롭지 않은' 노동이다. 플랫폼 노동 문제가 새롭지 않은 측면은 이미 특수형태 근로종사자의 문제로, 프리랜서의 문제로 존재하고 있었다는 점이다. 주로 빅데이터 수집에 사용되거나 불완전한 인공지능(AI)을 훈련하는 일로 채워져 있는 웹 기반 미세업무 정도는 종전에 없던 새로운 노동이라고 할 수 있다. 하지만 달리 보면 이는 특수형태 근로종사자보다도 오래된 '인형 눈 붙이기'와 같은 파편적이고 불안정한 노동의 성격을 지니고 있다.

새로운 측면은 디지털 기술 발전에 힘입어 이와 같은 노동이 증가하고 있다는 것이다. 그러나 이것도 순수하게 디지털 기술에 의해 만들어진 것이 아니다. 이는 오히려 1980년대부터 지속되어 온 기업의 "고용 털어 내기"(Weil, 2014) 경향의 최신판이라고 볼 수 있다. ICT 기술 발전은 기업 밖에서 일하는 사람의 노동을 감시하고 통제하는 데 들어가는 거래비용을 감소시켰고, 기업들은 이를 활용하여 종전에는 고용하던 인력을 이제는 시장에서의 계약으로 대체하고 있다. 이는 그 계약의 성격이 전형적인 근로계약이 아니라는 점에서 종전의 노동과 다르지만, 일하는 사람의 입장에서 근본적으로 달라진 것이 있는지는 의문이다. 확실하게 달라진 것이 있다면 더 이상 이들이 노동법과 사회보장법의 혜택을 받지 못하거나 부분적으로만 받을 수 있다는 것이다. 그리고 기업 입장에서는 아무래도 고용했을 때만큼 노동을 강하게 통제할 수 없겠지만, 어느 정도의 통제력을 유지하면서 노동법과 사회보장법이 부과하는 책임을 우회하는 결과가 된다.

문제 유형이 서로 다른 플랫폼 노동은 '보호받지 못하는 노동'이라는 공통의 요소를 가지고 있다. 이들이 보호받지 못하는 까닭은 '지위의 모호성'과 그로 인해 비롯되는 '기존 제도와의 부정합'에 있다. 따라서 이의 해소도 두 측면 모두에서 이루어져야 한다. 첫 번째는 '지위의 모호성'을 해소해야 한다. 이는 '플랫폼 노동자의 근로자성'에 대한 물음과 관련된다. 두 번째는 '기존 제도와의 부정합'을 해소해야 한다. 이는 기존 제도가 '모호한 지위'를 포괄할 수 있도록 재설계할 필요성과 관련된다. 둘 중 하나만 해도 되는 것인지 질문할 수도 있다. 그러나 이 장에서 반복해서 이야기한 것처럼 플랫폼 노동자는 이질적인 집단으로 구성되어 있다. 어떤 집단은 '지위의 모호성'을 해소함으로써 완전한 보호를 받을 수 있다. 그러나 다른 집단은 지위의 모호성을 해소하고도 기존 제도의 불완전성으로 인해 여전히 보호받지 못하는 노동으로 머무를 수 있기에 제도를 개선해야 한다.

디지털 플랫폼 노동자 문제해결을 위한 정책적 방향

남재욱 외(2020: 6장)의 연구에서는 이 두 문제를 해결하기 위한 정책적 방향을 3가지로 제시했다. 첫째, 플랫폼 노동자를 포함한 모호한 노동 문제에서 '지위의 모호성'을 해소하기 위한 첫걸음은 위장자영업 문제의 해결, 즉 법적 오분류(miclassification)의 개선에 있다. 특수형태근로종사자도 그렇고 플랫폼 노동자 중 상대적으로 종속성이 높은 유형도 그렇고, 사실 현재의 법체계 안에서도 근로자로 볼 수 있는 여지가 상당 부분 있다. 그럼에도 이들의 노무를 제공받는 기업과의 계약 형태에 따라 근로자의 권리를 보장받지 못하는 경우가 있다. 이를 바로잡는 것이 오분류의 개선이다. 실제로 미국, 영국, 프랑스, 스페인 등에서는 배달 · 운송 부문 노동자의 근로자성을 두고 법적 다툼이 이루어지고 있으며, 근로자로 인정된 사례가 증가하고 있다.

근로자를 근로자가 아닌 것으로 오분류할 경우, 오분류한 기업은 노동법과 사회보장법이 보장하는 보호를 제공하는 데 들어가는 비용을 절감하는 반면, 근로자는 마땅히 보장되어야 할 권리가 박탈된다. 또한 정상적인 고용관계에 기반해 사업을 영위하는 기업과의 관계에서 오분류한 기업이 부당한 이익을 편취하며, 기업이 회피한 사회적 보호의 책임은 사회 전체로 전가된다. 한편으로 오분류의 존재는 실제로 '모호한' 지위에 있는 노동자를 보호하려는 시도를 제약하는 결과를 가져오기도 한다. 이는 플랫폼 노동자 보호를 위한 국내의 입법 시도에서 이미 나타나고 있는 현상인데,* 플랫폼 노동자라는 분류 안에 오분류된 근로자와 진성 프리랜서에 가까운 이들이 뒤섞여 있다 보니 '플랫폼 노동자'라는 범주를 보호하고자 하는 입법은 논란이 된다. 후자를 염두에 둔 입법이 결과적으로 전자의 근로자성을 부인하는 것이 아니냐는 비판을 일으킬 수밖에 없다.

따라서 오분류 문제를 해결하는 것은 모든 '모호한 지위' 문제해결의 선결 과제이다. 모호한 지위 문제를 해결하기 위해서는 우선 '실제

---

* "플랫폼종사자법 공청회…노동계 '노동자 제3영역화' 우려", 경향신문, 2021. 7. 14.

로 모호하지 않음에도 모호한 것으로 위장된 사례'를 바로잡아야 한다. 이를 기반으로 할 때 진정으로 새롭게 나타나는 모호한 지위 문제를 위한 논의가 상호 신뢰의 기반 위에서 이루어질 수 있다. 궁극적으로 오분류를 판정하는 것은 법원의 몫이고 법정 쟁송의 과정이 필요하다. 그러나 그 전에 정부가 오분류 문제를 해결하기 위한 적극적 근로감독 역할을 수행할 필요가 있다.

둘째, 변화하는 고용관계에 맞추어 '근로자'와 '사용자'의 개념에 대한 변화가 필요하다. 앞서 플랫폼 노동자의 현황에서 살펴본 것처럼 많은 수의 플랫폼 노동자가 서비스 제공 여부나 서비스의 가격에 대한 결정권이 없거나 제한적이다. 또한 최근 언론보도에서 노출되었듯 지역 기반 플랫폼 노동자의 '알고리즘을 통한 통제'는 종전의 사용자-근로자 관계와 같은 방식은 아닐지라도 결과적으로 플랫폼 노동자의 노동 과정을 통제하고 있다.* 그리고 플랫폼 비즈니스 중 어떤 유형은 하나의 사업자가 아닌 복수의 사업자가 네트워크를 형성하여 플랫폼 노동자의 노무를 수취하기도 한다.** 이러한 사례들은 하나의 근로자 노동을 하나의 사용자가 직접적으로 통제하는 과거의 전형적인 고용관계와는 차이가 있지만 그렇다고 이들을 자영업자로 볼 수 있는 것도

* 다음과 같은 기사들을 참조할 수 있다.
"인공지능, 노동을 지배한다", 경향신문, 2020. 2. 15.
"배달 라이더들 '사심 없다는데 먼 곳 배차 … 인공지능이 더 힘들어'", 한겨레, 2020. 11. 3.
"'배달 AI알고리즘 못 믿겠다' 라이더유니온, 직접 검증 나선다", 머니투데이, 2021. 6. 4.

** 배달업이 전형적인 경우로, 음식배달업의 비즈니스 네트워크에는 주문 플랫폼, 식당, 배달 플랫폼이 포함되며, 경우에 따라서는 플랫폼 노동자를 관리하는 별도의 중개업체까지 포함되기도 한다. 이들은 모두 어느 정도씩 플랫폼 노동자로부터 노무를 수취하는 관계에 있다.

아니다.

이는 종전의 '사용자'와 '근로자'의 개념이나 이를 판별하는 방식도 변화하는 노동시장 상황에 따라 달라져야 함을 의미한다. 미국 캘리포니아주의 AB5(Assembly Bill5) 사례는 이와 같은 변화의 한 사례이다. AB5는 근로자에 대한 법적 표지를 포괄적으로 규정하고 입증 책임을 사용자에게 둠으로써 변화하는 고용관계 안에서 권리와 책임 관계를 재조정하고자 하는 시도였다. 비록 AB5의 플랫폼 노동에 대한 적용은 주민투표로 부결되었지만, 앞으로 변화하는 노동시장을 둘러싼 법적 지위 분류의 기준조정 필요성은 계속해서 논쟁의 대상이 될 것이다.*

셋째, 모호한 지위 증가와 기존 제도의 부정합을 개선하기 위해서는 기존 제도의 포용성을 증가시켜야 한다. 그 기준이 무엇이든 근로자로 분류된 취업자와 그렇지 않은 취업자, 특히 직접 소비자를 상대하는 것이 아닌 타인의 사업에 노무를 제공하는 취업자 간의 권리와 보호 차이를 축소하는 것이다. 기존의 노동법과 사회보장법이 '근로자'를 핵심적인 보호의 대상으로 하고 '근로자가 아닌 취업자'를 배제한 것에는 자신의 노동을 판매함으로써 생계를 영위하는 이들을 보호하려는 목적이 있었다. 하지만 사업주의 입장에서 이와 같은 분류는 노무를 제공하는 이들을 근로자가 아닌 것으로 위장하고자 하는 유인을 증가시키는 부작용을 낳았다. 게다가 기술 발전과 기업의 노동전략 변화로 인해 종속적이지만 근로자로 보기에는 어려운 노동이 증가하고 있다. 이에 전술한 2개의 '모호한 지위'를 개선하려는 노력과 별도

---

* AB5의 내용, 의미, 전개과정에 대해서는 남재욱 외(2020: 5장)를 참조.

로 제도적 포괄성을 증가시키고자 노력해야 한다. 즉 고용관계 여부나 형태와 관계없이 모든 일하는 사람의 권리보장을 증진하는 접근이다.

이와 같은 접근이 가장 유효한 영역은 사회적 보호이다. 사회적 보호는 원칙적으로 임금노동자만을 대상으로 해야 할 이유가 없다. 실제로 국제노동기구(ILO)는 디지털 노동 증가에 대응하는 사회적 보호에 관한 논의에서 사회보험을 중심으로 하는 사회보장제도를 보편화하여 임금근로자가 아닌 모든 취업자에게로 확대할 필요가 있다고 주장했다(ILO, 2018a; ILO, 2018b; Behrendt et al., 2019). 국내에서 최근 추진되고 있는 전국민 고용보험 논의도 같은 방향을 지향한다. 국민내일배움카드, 국민취업지원제도 등도 모든 일하는 사람을 포괄하는 접근을 원칙으로 한 제도들의 예시이다. 다만 종전의 사회보장체계가 오랫동안 근로자를 중심으로 발전되어 왔음을 고려하면, 모든 취업자로의 확대가 실효성 있게 이루어질 수 있도록 제도를 조정하는 데 상당한 노력이 필요할 것이다.

모든 일하는 사람의 기본적 권리를 보장하는 접근은 노동법적 권리 측면에서도 충분히 논의할 만하다. 임금근로자가 아니라도 타인의 사업을 위해 노무를 제공하는 이들은 사업주와의 관계에서 일정한 권리를 보장받을 필요가 있기 때문이다. 이를 위해서는 일종의 '보편적 노동법'이 필요한데, 최근 '일하는 사람 기본법'에 관한 논의들이 이와 같은 내용을 담고 있다(이승욱 외, 2019; 이병훈 외, 2020). 노동법이 근로자에게 보장하는 권리들 중 가장 기본적인 권리의 목록을 보편적으로 보장하는 법제화를 통해 일하는 사람 전체로 보호 대상을 확대할 수 있다는 것이다. 이러한 보편적 권리에는 차별받지 않을 권리, 괴롭힘이나 성희롱으로부터 보호받을 권리, 인간으로서 존엄성에 대한 권리, 노무제공과 관련된 보건과 안전의 권리, 임신 · 출산 등 모성보호에 관한 권리, 일 · 생활 균형에 관한 권리, 공정한 보수에 관한 권리, 사회보장의 권리 등이 포함될 수 있을 것이다(이승욱 외, 2019: 3장). 2021년 3월 발의된 「플랫폼 종사자 보호 및 지원에 관한 법률」에도 부분적으로 이와 같은 권리가 규정되었다. 그러나 이러한 보편적 권리보장이 필요한 모호한 노동이 플랫폼 노동만이 아니며 앞으로 다양한 형태로 증가할 수 있다는 점을 고려하면, 플랫폼 종사자를 위한 법이 아닌 일하는 사람의 법으로 제도화되는 것이 바람직하다.

기술 발전과 모든 일하는 사람의 권리 보장

현대 자본주의 경제에서 '혁신(innovation)'은 누구도 거부하기 어려운 복음처럼 받아들여진다. 특히 한국과 같은 발전된 경제에서 요소투입 증가를 통한 경제성장은 더 이상 어렵기 때문에 경제적 혁신은 발전의 유일한 방법으로 여겨지기도 한다.

그러나 혁신이 누군가의 희생을 발판으로 한다면 그 혁신은 지속가능하지 않다. 우리가 경제적 혁신을 칭송하는 것은 그것이 혁신의 주체들뿐 아니라 사회 전체에 대한 긍정적 파급효과가 있을 것으로 여기기 때문이다. 누군가의 희생을 대가로 다른 누군가가 혁신의 과실을 전유할 때 그와 같은 효과를 기대하기는 어렵다.

디지털 기술의 발전에 따른 혁신도 마찬가지이다. 플랫폼 노동에서 나타나는 혁신의 부작용은 일하는 사람에 대한 최소한의 권리와 보호가 위협받는 상황이며, 이 문제를 해결하지 못한다면 그 혁신이 계속될 수 없다. 이는 권리를 위협받는 이들의 저항에 직면하기 때문이기도 하지만, 혁신의 결과가 고작해야 값싼 노동력을 마음껏 사용하기 위한 규제의 회피라면 우리가 기대하는 의미의 기술혁신 · 경제혁신이 아니기 때문이기도 하다. 오히려 어떤 방식의 계약에서든 일하는 사람이 보장받아야 하는 최소한의 권리를 보장하는 사회적 규범을 수립하는 것은 일차적으로 그 일하는 사람들을 보호하는 일이다. 동시에 기업이 디지털 기술을 값싼 노동력의 이용보다 더 높은 수준으로 추구하도록 유도하는 방법이 될 것이다. 그것이 디지털 시대에 일하는 사람의 권리 보장이 더욱 중요한 까닭이다.

디지털 플랫폼의 등장으로 발생한 노동의 변화와 그 변화를 둘러싼 노동의 보호를 위한 제도 간의 부정합은 앞으로 증가하는 디지털화의 과정에서 나타날 수 있는 사회문제들의 전주곡 성격을 가지고 있다. 이 전주곡에서부터 기술혁신이 누군가의 희생을 디딤돌 삼아 나아가는 비인간적 과정이 아니라 사회 구성원 전반의 편익을 증가시키는 과정이라는 점을 설득력 있게 제시하는 것이 우리에게 주어진 과제이다. 앞으로 기술변화를 둘러싸고 나타날 수 있는 사회갈등을 예방하는 차원에서라도 디지털 플랫폼 노동자의 권리 문제를 슬기롭게 해결해 가야 할 것이다.

위기를 넘어 지속적인
성장 패러다임을 모색하다

참고문헌

01

- 강현주, 2020, 「한국 경제의 장기추세와 코로나19」, 《이슈보고서》, 20-21, 자본시장연구원.
- 박창현 · 유민정, 2020, 「코로나19의 노동시장 수요 · 공급 충격 측정 및 평가」, 《이슈노트》, 2020-11호, 한국은행.
- 삼정KPMG, 2020. 12., 위드&포스트 코로나 시대, 기업의 5대 경영전략.
- 서울연구원, 2020. 12. 22., 「코로나19가 바꾼 시민생활」, 《서울인포그래픽스》, 308호.
- 신세돈, 2020, "[신경제] 역대 한국경제 위기와 극복의 교훈: (1) 경제위기는 몇 번 있었나?", 국가미래연구원.
- 왕광익, 2008, 「저탄소 녹색도시의 국내외 사례 및 시사점」, 국토연구원.
- 장민, 2020. 6., 「포스트 코로나 경제패러다임 변화와 과제」. 한국금융연구원.
- 주원, 2021, 「2021년 한국 경제의 10대 키워드」, 현대경제연구원.
- 통계청, 국가통계포털.
- 중소벤처기업진흥공단, 2018, [중진공 뉴스] 공정경제 생태계 조성 설문결과.
- EY한영회계법인 보도자료(2021. 2. 17.), "한국경제 점진적 회복서 … '응변창신' 정신으로 미래 전략 수립해야".
- EY한영회계법인 보도자료(2021. 6.), "포스트 코로나 시대의 기업경영 환경은 어떻게 변화할까요?".
- Elsby, M., B. Hobjin, and A. Sahin, 2010, The Labor Market in the Great Recession, *NBER Working Paper*, No.15979.

- GOV.UK, 2019. 2., Guidance Emerging infections: how and why they arise, www.gov.uk.
- Papanikolaon, D. and L. Schmidt, 2020, Working Remotely and the Supply-side Impact of COVID-19, *NBER Working Paper*, No.27330.
- 대한민국 정책브리핑 홈페이지(https://www.korea.kr/main.do).
- "'대학을 혁신기지로' … 서울시, 창업밸리 조성 유니콘기업 키운다", 매일경제, 2021. 5. 6.
- "IMF 외환위기 최대 상처는 양극화 · 실업 · 비정규직 심화", 한겨레, 2017. 11. 14.
- "녹색 패러다임, 지속 가능한 발전을 추구하다!", 덕성여대 신문, 2020. 3. 26.
- "서울시, 양천구 에너지혁신지구 선정 … 그린 랜드마크 조성", 아주경제, 2021. 7. 29.
- "[스페셜리포트] 코로나 감염 한국 경제, '메르스 교훈'이 치료제", 이투데이, 2020. 3. 2.
- "올 한국경제 최우선 과제는 '혁신성장 · 규제완화'", 문화일보, 2019. 1. 2.
- "자산 2조 상장사, 지속가능보고서 제출 현실로", 매일경제, 2021. 1. 14.

02

- 강두용 · 민성환, 2021, 「코로나 팬데믹의 국내 지역경제 영향」, 《산업경제이슈》, 제114호.
- 문미성 외, 2018, 「경기도 산업구조 변화와 입지정책 방향」, 경기연구원.
- 사센, 사스키아(Saskia Sassen), 2016, 『사스키아 사센의 세계경제와 도시』, 남기범 외 옮김, 푸른길.
- 이건우, 2021, 「구조변화지수를 통해 본 한국 산업의 활력, 지속적으로 저하」, 《산업경제이슈》, 제111호.
- 이정은 외, 2020, 한국경제의 구조변화와 대응전략: 총론, 국회예산정책처.
- 이정은 외, 2020, 한국경제의 구조변화와 대응전략 I: 경제구조 변화에 대응한 지속성장 과제, 국회예산정책처.

- 이정은 외, 2020, 한국경제의 구조변화와 대응전략 Ⅲ: 지속성장을 위한 산업구조변화 대응전략, 국회예산정책처.
- 이태규, 2020, 「한국경제의 역동성 진단: 산업구조 변화와 성장의 국제 비교」, 《KERI 정책 제언》, 20-13.
- 웨스트, 제프리(Geoffrey B. West), 2018, 『스케일: 생물 · 도시 · 기업의 성장과 죽음에 관한 보편 법칙』, 이한음 옮김, 김영사.
- 맥캔, 필립(Philip McCann), 2006, 『공간적 접근법을 이용한 도시 및 지역경제학』, 최병화 외 옮김, 시그마프레스.
- Aiginger, K., 2001, Speed of Change and Growth of Manufacturing in: M. Peneder, K. Aiginger, G. Hutschenreiter, and M. Marterbauer, Structural Change and Economic Growth, WIFO, study commissioned by the Ministry of Economics and Labour, Vienna.
- Florence, P.S., 1929, *The Statistical Method in Economics and Political Science*, Harcourt Brace and Company, New York.
- Hirschman, A.O., 1945, *National Power and the STructure of Foreign Trade*, Berkeley: University of California Press.
- Hirschman, A.O., 1964, The Paternity of an Index, *The American Economic Review*, 54(5), p.761.
- Krugman, P., 1991, *Geography and Trade*, MIT Press.
- Martin, R. et al., 2016, Structural change and productivity growth in cities, ESRC City Economic Evolutions Project Woaking Paper 2, available at: https://www.cityevolutions.org.uk/wp-content/uploads/Research-Paper-2-Structural-Dynamics-and-City-Growth-December-2016.pdf.
- Martin, R. et al., 2018, The city dimension of the productivity growth puzzle: the relative role of structural change and within-sector slowdown, *Journal of Economic Geography*, 18(3), pp.539~570.
- McCann, P., 2001, *Urban and Regional Economics*, Oxford University Press, Oxford.
- Michaely, M., 1962, *Concentration in International Trade*, Amsterdam: North Holland.

- Palan, N., 2010, Measurement of specialisation: The choice of indices, Working Paper 62, Forschungsschwerpunkt Internationale Wirtschaft, Vienna.
- Peneder, M., 2003, Industrial Structure and Aggregate Growth, *Structural Change and Economic Dynamics*, 14(2003), pp.427~448.
- Rhoads, S. A., 1993, The Herfindahl-Hirschman Index, Federal Reserve Bulletin, 188, pp.188~189.
- Stoikov, V., 1966, Some Determinants of the Lovel of Frictional Unemployment: A Comparative Study, *International Labour Review*, 93, pp.530~549.
- Wölfl, A., 2005, The Service Economy in OECD Countries, STI Working Paper 2005/3, OECD, Paris.
- Young, A., 1992, A Tale of Two Cities: Factor Accumulation and Technical Change in Hong Kong and Singapore, O. J. Blanchard and S. Fischer(eds.), *NBER Macroeconomics Annual 1992*, MIT Press, Cambridge, Massachusetts.
- 통계청 국가통계포털(https://kosis.kr/).

03

- 김주훈 · 이경애 외, 2020, 4차 산업혁명과 제조지원서비스의 발전: 제조업과 ICT의 융합, 한국개발연구원.
- 남기범, 2013, 구로공단 앞으로 50년, 구로공단 50년의 평가와 의의 세미나 발표자료(2013. 12. 4.).
- 대통령직속 4차산업혁명위원회, 2019, 4차산업혁명 대정부 권고안.
- 박형근 · 김영훈, 2014, 「인더스트리 4.0, 독일의 미래 제조업 청사진」, 《POSRI 보고서》.
- 삼성경제연구소, 2012, 「기업생태계와 플랫폼 전략」, 《SERI 연구보고서》.
- 삼정KPMG, 2020. 12., 위드&포스트 코로나 시대, 기업의 5대 경영전략.
- 성지은 · 송위진 · 박인용, 2013, 「리빙랩의 운영체계와 사례」, 《STEPI Insight》, 제127, 과학기술정책연구원.
- 심우중 · 권오성 · 김종기, 2021, 「CES 2021: 디지털 전환과 한국산업의 과제」, 《i-KIET 산업경제이슈》, 제104호.

- 이상현 외, 2019, 디지털 전환에 대응한 국내 제조혁신역량 분석과 정책과제, 산업연구원.
- 정미애 외, 2020, 「지역 위기 극복과 새로운 성장을 위한 혁신플랫폼의 과제」, 《STEPI Insight》, 제245호.
- 정은미 외, 2019, 한국형 스마트 제조전략, 산업연구원.
- 황혜란, 2019, 대전의 혁신 플랫폼 구축을 위한 기초연구, 대전세종연구원.
- Amin A. and Thrift N., 1992, Neo-Marshallian nodes in global networks, *International Journal of Urban and Regional Research*, 16(4), pp.571~587.
- Anne, T. and Robert, M., 2018, The Bass Initiative on Innovation and Placemaking, Assessing Your Innovation District: A How-to Guide, The Brookings.
- Brenner, T. and Schlump, C., 2011, Policy measures and their effects in the different phases of the cluster life cycle, *Regional Studies*, 45(10), pp.1363~1386.
- O'Brien, R., 1992, *Global Financial Integration: The End of Geography*, Royal Institute of International Affairs.
- Barthelt, H. and Cohendet, P., 2014, The creation of knowledge: local building, global accessing and economic development—toward an agenda, *Journal of Economic Geography*, 14, pp.869~882.
- Carlino, G. and Kerr, W., 2014, Agglomeration and innovation, *NBER Working Paper 20367*, Cambridge, Mass.: NBER.
- Cohen, B. and Muñoz, P., 2016, *The Emergence of the Urban Entrepreneur: How the Growth of Cities and the Sharing Economy Are Driving a New Breed of Innovators*, Santa Barbara, CA: ABC-CLIO.
- Cooke, P., 2012, From Clusters to Platform Policies in Regional Development, *European Planning Studies*, 20(8), pp.1415~1424.
- Credit, K., 2018, Transit-oriented economic development: The impact of light rail on new business starts in the Phoenix, AZ Region, USA, *Urban Studies*, 55, pp.2838~2862.
- Florida, R., 2014, *The Rise of the Creative Class: Revisited*, New York, NY: Basic Books.

- Florida, R., Adler, P., and Mellander, C., 2017, The city as innovation machine, *Regional Studies*, 51(1), pp.86~96.
- Frey, W.H., 2018, *The Millennial Generation: A Demographic Bridge to America's Diverse Future*, Washington, DC: Brookings Institution.
- Gianoli, A. and Henkes, R., 2020, The evolution and adaptive dovernance of the 22@ innovation district in Barcelona, *Urban Science*, 4(2), pp.1~17.
- Guisard, D., Le Bas, C., and Nief, P., 2010, "The French regional industrial clusters policy: lessons from the Lyon urban trucks and bus cluster," *Local Economy*, 25, pp.668~677.
- Hamidi, S. and Zandiatashbar, A., 2019, Does urban form matter for innovation productivity? A national multi-level study of the association between neighbourhood innovation capacity and urban sprawl, *Urban Studies*, 56, pp.1576~1594.
- Janssen, M. and van der Voort, H., 2016, Adaptive governance: Towards a stable, accountable and responsive government, *Government Information Quarterly*, 33, pp.1~5.
- Katz, B. and Wagner, J., 2014, *The Rise of Innovation Districts: A New Geography of Innovation in America*, Washington, DC: Brookings Institution.
- Malecki, E. and Poehling, R., 2010, Extroverts and introverts: Small manufacturers and their information sources, *Entrepreneurship and Regional Development*, 1(3), pp.247~268.
- Markusen, A. and Park, S., 1993, The state as industrial locator and district builder: the case of Changwon, South Korea, *Economic Geography*, 69(2), pp.157~181.
- McCann, E., 2007, Inequality and politics in the creative city-region: Questions of livability and state strategy, *International Journal of Urban and Regional Research*, 31(1), pp.188~196.
- McNeill, S. and Steiner, M., 2010, Leadership of cluster policy: lessons from the Austrian province of Styria, *Policy Studies*, 31(4), pp.441~455.
- Morisson, A., 2018, A typology of places in the knowledge economy: Towards the fourth place, in Calabrò, F., Spina, L. and Bevilacqua, C., eds., New Metropolitan Perspectives: Smart Innovation, Systems and Technologies, *Springer*, pp.444~451.

- Roland Berger Strategy Consultants, 2020, *The Digital Transformation of Industry: How important is it? Who are the winners? What must be done now?*, BDI.
- Scott, A. and Storper, M., 2015, The nature of cities: the scope and limits of urban theory, *International Journal of Urban and Regional Research*, 39(1), pp.1~15.
- Sharma-Wallace, L., Velarde, S.J., and Wreford, A., 2018, Adaptive governance good practice: Show me the evidence, *Journal of Environmental Management*, 222, pp.174~184.
- Shearmur, R., 2012, Are cities the font of innovation? A critical review of the literature on cities and innovation, Cities, 29(2), 9~18.
- Shearmur, R. and Doloreux, D., 2014, Knowledge-intensive business services (KIBS) use and user innovation: high-order services, geographic hierarchies and Internet use in Quebec's manufacturing sector, *Regional Studies*, 49(10), pp.1~18.
- Sydow, J., Lerch, F., Huxham, C., and Hibbert, P., 2011, "A silent cry for leadership: organizing for leading (in) clusters," *Leadership Quarterly*, 22, pp.328~343.
- Teirlinck, P. and Spithoven, A., 2013, Research collaboration and R&D outsourcing: Different R&D personnel requirements in SMEs, *Technovation*, 33(4-5), pp.142~153.
- Termeer, C.J., Dewulf, A., and Lieshout, M., 2010, Disentangling scale approaches in governance research: Comparing monocentric, multilevel, and adaptive governance, *Ecology and Society*, 15(4), pp.29~43.
- Urban Land Institute, 2013, *America in 2013: A ULI Survey of Views on Housing, Transportation, and Community 2013*, Washington, DC: Urban Land Institute.
- van Alstyne, M., Parker, G., and Choudary. S., 2016, Pipelines, platforms, and the new rules of strategy, *Harvard Business Review*, 94(4), pp.54~62.
- van Winden, W. et al., 2014, *Urban Innovation Systems: What Makes Them Tick?*, Routledge.
- Wagner, J. and Watch, D., 2017, *Innovation Space: The New Design of Work*, Washington, DC: Brookings Institution.
- Yigitcanlar, T., Velibeyoglu, K., and Martinez-Fernandez, C., 2008, Rising knowledge cities: the role of urban knowledge precincts, *Journal of Knowledge Manage-*

ment, 12(5), pp.8~20.

- Zagorsek, H., Svetina, A. C., and Jaklic, M., 2008, Leadership in clusters: attributes of effective cluster leader in Slovenia, *Transformations in Business and Economics*, 7, pp.98~113.
- Zandiatashbar, A., Hamidi, S., Foster, N., and Park, K., 2019, The missing link between place and productivity? The impact of transit-oriented development on the knowledge and creative economy, *Journal of Planning Education Research*, 39(4), pp.429~441.
- 혁신지구 홈페이지(http://www.innovationdistrict).

04

- 조덕희, 2021, 「성장 정체 중소기업의 실태 및 대책」, 《이슈페이퍼》, 2021-08, 산업연구원.
- Carrol, Archie B., 1991, The Pyramid of Corporate Social Responsibility: Toward the Moral Management of Organization Stakeholders, *Business Horizons*, 34,: pp.39~48.
- 통계청 KOSIS 전국 사업체 조사.
- 통계청 KOSIS 주민등록 인구 현황.
- 통계청 KOSIS 장래 인구 추계.
- 통계청 KOSIS 가계금융 복지 조사.
- KBIZ 중소기업중앙회, 2020, 중소기업 경영실태 및 2021 경영계획 조사.
- 국가법령정보센터 홈페이지(https://www.law.go.kr/LSW/main.html).
- 뉴욕 중소기업 및 소규모 사업자 지원센터(NYC Small Business Support Center) 홈페이지(https://www.governor.ny.gov/news/governor-cuomo-announces-applications-now-open-800-million-covid-19-pandemic-small-business).
- 파리 중소기업 지원센터(Pousses Paris) 홈페이지(https://pousses.fr/).

05

- 오덕교, 2012, 중소 · 중견기업의 ESG 현황 분석, 한국기업지배구조원.
- Kim, Yongjun and Lee, Jiyoon, 2021, Do firms manage corporate social responsibility strategically?: Evidence from ESG ratings of Korean firms, Working paper, Available at SSRN: https://ssrn.com/abstract=3914419.
- Volkswagen, 2020, SUSTAINABILITY REPORT.
- 남양유업 홈페이지(http://company.namyangi.com).
- 서울시청 홈페이지(https://www.seoul.go.kr).
- 월스트리트저널 홈페이지(https://www.wsj.com).

06

- 남윤형, 2021, 소상공인 디지털 전환 현황 및 단계별 추진 전략, 중소기업연구원.
- 딜로이트, 2020, 비대면 경제, 딜로이트 안진회계법인.
- 소상공인 디지털 실태 조사 결과 보고서.
- 조혜정, 2021, 전통시장 및 상권의 비대면 경제 활성화 방안, 중소기업연구원.
- 소상공인 디지털 전환 정책 방안, 2021, 중소벤처기업부 블로그(https://blog.naver.com/bizinfo1357/222092232798).
- 소상공인시장진흥공단, 2020, 소상공인 디지털/스마트화 현황을 파악하기 위한 703개 실태조사.
- 대한상공회의소 · 삼정KPMG, 2021, 중소기업 중견기업 CEO를 위한 알기 쉬운 ESG.
- 신동희, 2013, 『휴머니타스 테크놀로지』, 커뮤니케이션북스.
- 한경 경제용어사전, 이용자 인터페이스.
- KoreanLII 홈페이지(http://koreanlii.or.kr).
- Fast Campus 홈페이지(https://fastcampus.co.kr).
- "'매출 반 토막' 서울 핵심 상권 사실상 붕괴", 문화일보, 2021. 8. 18.

- "2021년 외식산업 성장의 문을 열 '공유주방' 6가지 트렌드", 국민일보, 2021. 1. 13.
- "공간의 진화 음식점 × 타업종 '믹스토랑' 트렌드", 식품외식경영 신사업 리포트, 2020. 2. 13.
- "해체되는 도심 상권 … 코로나19에 걸린 서울의 변화", KBS NEWS, 2021. 1. 21,

07

- 공정거래위원회, 2020, 일반지주회사의 CVC 제한적 보유 추진방안.
- 국회입법조사처, 2017, 벤처 · 창업 활성화를 위한 정책방향.
- 산업연구원, 2017, 창업정책 추진 실태와 정책과제.
- 중소벤처기업부, 2020, 창업기업 실태조사 보고서.
- 중소벤처기업부, 2020, 2020년 창원지원사업.
- 중소벤처기업부, 2021, 2020년 신규벤처투자 실적성과 발표.
- 한국벤처캐피털협회, 2021, 2020년 Venture Capital Market Brief.
- 맥킨지, 2015. 3., 벤처산업 선순환 구조 구축: 한국 벤처기업 생태계 조성을 위한 지속가능한 장기성장 경로 모색.
- CBinsights, 2020, Step Ventures-Investments & Acquisitions.
- OECD, 2012, Introducing the Entrepreneurship Ecosystem; Four Defining Characteristics.
- OECD, 2015, Cross-country evidence on start-up dynamics.
- OECD, 2021, Inclusive Growth Review of Korea; CREATING OPPORTUNITIES FOR ALL.
- PIIE, 2016, The Origins of the Superrich: The Billionaire Characteristics Database.

08

- 과학기술정책연구원, 2020, 「미래연구 포커스: COVID-19 이후, 뉴노멀과 미래 전망」, 《Future Horizon+》, 제46호, pp.4~51.

- 김승현 외, 2020, 전환 시대 지역 혁신 생태계에서 선도 기업의 역할과 기여, 과학기술정책연구원.
- 모미령, 2017, 「지역별 창업 인포그래픽스」, 《Entrepreneurship Korea》, 7권, pp.5~21.
- 문미성, 2019, 「창업생태계의 개념과 공간적 함의」, 《국토》, 제456호, pp.6~10.
- 박건철 · 이승하, 2017, 서울시 벤처생태계 현황 및 성과 분석, 서울디지털재단.
- 이우진 외, 2019, 지역 창업생태계 활성화 관련 분석 모델 · 지표 개발 및 지역 창업 인프라 구축 · 운영 사업의 성과지표, 중소벤처기업부 · 창업진흥원.
- 조성철, 2018, 「혁신성장을 위한 기술형 제조창업기업 육성 방안」, 《국토정책 Brief》, 제679호, pp.1~8.
- KOTRA(대한무역투자진흥공사), 2020, 2021 『글로벌 스타트업 생태계』, 국일미디어.
- Brooklyn Tech Triangle, 2013, Strategic Plan.
- Startup Genome, 2020, Global Startup Ecosystem Report 2020.
- 서울창업지도(https://seoulstartuphub.com/map/map.do).
- 이코노미스트(https://www.economist.com/).
- 통계청 홈페이지(https://kosis.kr/).
- "Business view: Silicon Alley 2.0", 이코노미스트(https://www.economist.com/).
- "[스타트업] 창업 클러스터만 8곳 … 서울 10년 '스타트업 강산' 바뀌었네", 매일경제, 2021. 2. 10.

09

- 김중진 외, 2021, 2020 국내외 직업 비교 분석을 통한 신직업 연구(문화예술 분야를 중심으로), 한국고용정보원.
- 문명재 외, 2019, 미래 신기술 도입에 따른 정부인력 운용 방안 용역 연구, 연세대학교산업협력단, 행정안전부 연구 용역 보고서.
- 박가열 외, 2018, 4차 산업혁명시대 미래직업 능력 연구, 한국고용정보원.
- 조원영, 2016, 「미래 일자리의 금맥, 소프트웨어」, 《SPRi 이슈리포트》, 제2016-009

호, p.12, 소프트웨어정책연구소.

- 통계청, 2019, 2019년 장래인구특별추계를 반영한 세계와 한국의 인구 현황 및 전망, 보도자료.
- 통계청, 2021, 2020년 인구동향조사 출생사망통계 잠정 결과, 보도자료.
- Arntz, M., T. Gregory, and U. Zierahn, 2016, "The Risk of Automation for Jobs in OECD Countries: A Comparative Analysis", OECD Social, Employment and Migration Working Papers, No. 189, OECD Publishing, Paris(https://doi.org/10.1787/5jlz9h56dvq7-en).
- Autor D., Mindell, D., & Reynolds, E., 2020, *The Work of the Future: Building Better Jobs in an Age of Intelligent Machines*, MIT Report.
- Frey, C. B., & Osborne, M. A., 2013, The future of employment: how susceptible are jobs to computerisation, *Retrieved September*, 7, 2013.
- WEF(World Economic Forum), 2020, The Future of Jobs Report 2020.

10

- 김미란 외, 2020, 『국민내일배움카드 추진 상황 평가 및 활용 방식』, 한국직업능력개발원.
- 김종진, 2021, 플랫폼 노동 실태와 제도적 · 정책적 과제 검토, 경제사회노동위원회 플랫폼산업위원회 발표 자료.
- 김준영 외, 2018, 『플랫폼 경제 종사자 규모 추정과 특성 분석』, 한국고용정보원.
- 남재욱 · 김봄이 · 크리스티나히슬, 2020, 『플랫폼 노동자의 사회적 권리 보장 연구』, 한국직업능력개발원.
- 와일, 데이비드(David Weil), 2014, 『균열일터: 당신을 위한 회사는 없다』, 송연수 옮김, 황소자리.
- 이병훈 외, 2020, 『일하는 사람 보호를 위한 제도 연구』, 고용노동부.
- 이승렬 외, 2013, 『프리랜서의 노동과 위험: 프리랜서 사회안전망 구축을 위한 정책 과제』, 한국노동연구원.
- 이승욱 외, 2019, 『일하는 사람 전체에 대한 일반법 제정에 관한 연구』, 고용노동부.

- 장지연 외, 2020, 『디지털 시대의 고용안전망: 플랫폼 노동 확산에 대한 대응을 중심으로』, 한국노동연구원.
- 장지연, 2020, 「플랫폼 노동자의 규모와 특징」, 《KLI 고용노동브리프》, 제104호(2020-11).
- Acemoglu, D. and Restrepo, P., 2018, *Artificial intelligence, automation and work*(NBER Working paper No. 24196). National Bureau of Economic Research.
- Arntz, M., Gregory, T., and Zierahn, U., 2016, *The Risk of Automation for Jobs in OECD Countries: A Comparative Analysis*(OECD Social, Employment and Migration Working Papers No. 189), OECD Publishing: Paris.
- Autor D., 2015, Why are there still so many jobs? The History and Future of Workplace Automation, *Journal of Economic Perspectives*, 29(3), pp.3~30.
- Autor, D. H. and Dorn, D., 2013, The growth of low-skill service jobs and the polarization ofthe US labor market, *American Economic Review*, 103(5), pp.1553~1597.
- Behrendt, C., Nguyen, Q. A., and Rani, U., 2019, Social protection systems and the future of work: Ensuring social security for digital platform workers, *International Social Security Review*, 72(3), pp.17~41.
- Forde, C. et al., 2017, *The social protection of workers in the platform economy*, Policy Department-Economic and Social Policy, Employment and Social Affairs(European Parliament).
- Eichhorst, W. et al., 2019, *Designing Good Labour Market Institutions: How to Reconcile Flexibility, Productivity and Security*?, IZA Institute of labor economics.
- Eurofound, 2019, *Platform work: Maximising the potential while safeguarding standards*?, Publications Office of the European Union, Luxembourg.
- Frey, C. B. and Osborne, M. A., 2013, *The Future of Employment: How Susceptible Are Jobs to Computerisation*?, University of Oxford.
- Huws, U. et al., 2017, *Work in the European Gig Economy*, FEPS, UNI Europa and University of Hertfordshire.
- Goos, M., Manning, A., and Salomons, A., 2014, Explaining Job Polarization: Routine-Biased Technological Change and Offshoring, *American Economic Review*, 104

(8), pp.2509~2526.

- ILO, 2018a, *Digital labour platforms and the future of work: Towards decent work in the online world*.
- ILO, 2018b, *Innovative approaches for ensuring universal social protection for the future of work*.
- ILO, 2019, *Work for a brighter future*.
- World Bank, 2019, *The Changing Nature of Work*.
- OECD, 2017, *Future of Work and Skill*.
- Pesole, A. et al., 2018, *Platform Workers in Europe*, Luxembourg: Publications Office of the European Union.
- Schmidt, F., 2017, *Digital Labour Markets in the Platform Economy: Mapping the Political Challenges of Crowd Work and Gig Work*, FRIEDRICH-EBERT-STIFTUNG.
- 미국 BLS 웹사이트(https://www.bls.gov/cps/electronically-mediated-employment.htm).

서울 경제 혁신 시나리오

1판 1쇄 인쇄 2022년 9월 20일
1판 1쇄 발행 2022년 9월 26일

지은이 박희석, 김묵한, 남기범, 우영진, 이지윤,
정원석, 배두현, 한지혜, 박가열, 남재욱

펴낸이 박형수
펴낸곳 서울연구원
편 집 전말숙, 송도숙
디자인 투에스북디자인 정태성
인쇄제본 민언프린텍

주소 서울시 서초구 남부순환로 340길 57
전화 02-2149-1234
팩스 02-2149-1019
홈페이지 www.si.re.kr

ISBN 979-11-5700-693-9 03320

• 책값은 뒤표지에 있습니다.